U0619934

聚焦"软实力"：
走向教育治理现代化

本册主编 / 张瑞田

副主编 / 徐燕雯　陈一铭

上海教育出版社
SHANGHAI EDUCATIONAL
PUBLISHING HOUSE

图书在版编目（CIP）数据

聚焦"软实力"：走向教育治理现代化 / 张瑞田主编.
— 上海：上海教育出版社，2020.12
（面向现代化的黄浦教育综合改革丛书 / 姚晓红主编）
ISBN 978-7-5720-0480-3

Ⅰ.①聚… Ⅱ.①张… Ⅲ.①教育管理 – 研究 – 黄浦区
Ⅳ.①G526.225.13

中国版本图书馆CIP数据核字(2020)第263681号

序　一

　　上海是现代化国际大都市,黄浦区是上海开埠以来最核心的区域。在这20余平方公里的地域里,有着很多全国乃至世界闻名的标志性建筑和商业、文化产物:南京路、淮海路——中国最繁华的商业街;市百一店——中国最大的百货商场;国际饭店——改革开放前中国最高的大厦;江南造船厂——中国历史最悠久的近代造船企业。此外,还有着上海最早的江南园林——豫园,有万国建筑博览群之称的外滩,以及在改革开放年代建起来的上海博物馆、上海大剧院……这些都集中反映了上海海纳百川的开放胸怀和海派精神。从城市发展的角度看,上海在不太长的时间里就成为国际性大都市,这种发展模式和开放氛围在中国是特有的。而黄浦区就是典型的代表,由此它也成为上海的商业中心、金融中心和文化中心。可以说,在对国家作出贡献和推进上海社会经济发展方面,黄浦区都体现了特殊的地位与价值,发挥了独有的示范引领作用。

　　这种特殊的地位与价值同样反映在教育方面。黄浦区有全市历史最悠久的中学、第一所现代学制的小学、第一所教会女子中学,最早中外合作传授现代科学知识的中学和近代第一所职业学校。这种深厚的历史底蕴和文化积淀为黄浦区教育事业的发展奠定了坚实的基础。作为上海市整体教育综合改革实验区和全市唯一整体推进课程领导力实验项目的区域,多项全市性的教育改革在黄浦先行先试,为在更大范围内推广提供了成功的经验。在改革的进程中,黄浦区十分重视处理好历史传承和创新发展的关系,使老校焕发活力、新校崭露头角,达到了传统与现代的完美结合。

　　在改革早期,办学条件的改善、各项保障教育发展措施的落实是亟待解决的难题。黄浦区以敢为人先的改革精神成功地破解了这些难题。由于黄浦区位于市中心，又有成片的老城区，人口密度高，学校的场地面积可以说是寸土寸金，所谓"大楼中学""弄堂小学""石库门幼儿园"就是对该区学校办学条件的生动写照。在这种区位条件十分艰苦的情况下，区委、区政府和区教育行政部门充分利用国家关于土地批租的有关政策，在全面规划的基础上，把土地予以系统、有序的批租和置换，对学校进行了连锁改造，使学校面貌发生了翻天覆地的变化，在硬件改造方面提交了一份让老百姓满意的答卷。由此形成了黄浦区通过盘活现存资源、有效改善办学条件的改革经验，原国家教委还将这些经验向全国推广。

特别值得一提的是，黄浦区的改革精神和创新意识还突出表现在促进教育的内涵发展上，即用"打造一流教育"的标准去发现问题，用科学务实的态度去研究问题，用教师、校长共同的智慧去解决问题，形成了一些在全市领先的区域品牌和学校特色。

三十多年前，黄浦区就开始了对学生学习指导和非智力因素培养的研究，形成了一系列的研究成果，至今仍在深化，并在相当大的范围进行推广，这在全国产生了良好的影响。这一研究一开始就提出要关注学生的"学"，立意开发学习潜能，培养学生健康心理，促进学生自主发展以及用脑科学研究有关成果指导教与学，这完全符合当今的教育理念和核心素养培育的基本要求。

在弘扬传统和改革创新中涌现出一批特色鲜明的学校，如格致中学的科学教育，其严谨求实的校风培养出一大批理科见长的优秀学子；大同中学的课程改革，尤其是活动课程的设置与实施，得到普遍赞誉；向明中学的创造教育，通过创造实验、自主管理、社会实践、主题活动来培养学生创造性人格；大境中学的体育特色，体现了"螺蛳壳里龙腾虎跃"的艰苦奋斗、勇创一流的体育精神；北京东路小学的小班化教育，在生源高峰回落、资源相对宽松的情况下给予学生更充分的教育；还有商职校、旅职校为顺应经济发展的需要在办学方面进行的卓有成效的探索等，当时这些改革举措在上海和全国都产生了很大的影响。

进入 21 世纪，在课程教材改革、教学方式转变、学生心理辅导和信息技术应用等方面,更多学校呈现出自己的亮点,如卢湾高级中学的人工智能,光明中学的法语教育,市八中学的男生班实验,同济黄浦设计创意中学的新型办学模式,上海市实验小学的开放教育,蓬莱路二小的"蓬莱小镇"系列课程,卢湾一中心小学的"云课堂",思南路幼儿园鼓励幼儿自主探究、创意发现的启蒙教育,荷花池幼儿园倡导多元融合、师幼共生、创意表达的艺术教育,等等。

十年前,黄浦区提出"办学生喜欢的学校",强调学校要倾听学生的呼声,关注学生的需求,努力顺应和鼓励学生追求快乐的天性,让校园生活时时处处都充满快乐的元素,让学生在成长中享受追求快乐的权利,使学校生活成为学生美好难忘的人生回忆。全区所有的中小学、幼儿园都参与了研究和实验,广大教师真正树立起了"以学生为本"的理念,把丰富学生的情感体验、促进学生健康快乐成长作为追求的目标。这样就把区域教育内涵发展提升到新的高度。

当然,黄浦区在教育改革与创新中的特色和亮点还有许多,不再一一赘述。

综上所述,黄浦区教育改革不断深化的脉络十分清晰:从历史传承到创新发展;从硬件的改善到对软件的变革;从教学外围的改革直指教学主阵地的改革;从对教师"教"的研究转到更加关注学生"学"的研究;从重视学生知识习得、方法应用等显性变化转向更加重视学生脑的开发,情感、态度、价值观的变化和学生内心成长等精神层面的发展。这种发展、变化的过程,说明黄浦区广大教师和校长对教育规律的认识在不断深化,关注学生情感、尊重学生生命的意识也在不断增强。由此,我认为黄浦区在整个区域教育改革中体现出来的特征也是明显的:其一,它始终以改革来推动教育的发展。从上海开埠以来,黄浦区就是在不断进取和改革中发展起来的,而改革又是站在研究的基础上进行。其二,学校校长和教师是改革与研究的主力军。研究不是请外来的专家"代劳",而是依靠校长和广大教师在实践中发现问题,解决问题,然后又在新的高度提出新的问题,以此持续不断地推动改革的深入。这正是黄浦教育发展的不竭动力。其三,创新精神贯穿于改革的全过程。黄浦区善于从国际视野以及教育未来发展的高度来定位改革方向,因而能抓住教育本质,直指改革核心,使许多工作始终在上海处于领先定位。

我高兴地看到,黄浦区《面向现代化的黄浦教育综合改革》丛书正式出版了！在此表示祝贺！这是全区教师多年来围绕教育综合改革和创新教育开展实践与研究的智慧结晶。相信这套丛书能在更大的范围发挥其借鉴和指导作用。今天已进入新时代，教育正处于全面深化改革的关键期。党的十九大报告指出，"建设教育强国是中华民族伟大复兴的基础工程"。希望黄浦区的广大教师、校长秉承以往一贯的改革创新精神，继续在改革的深度、广度上攻坚克难，不懈探索，以自己的智慧和勇气为加快推进教育现代化作出更大的贡献！

序 二

党的十八大以后,以习近平同志为核心的党中央坚持把教育摆在优先发展的战略位置,全面深化教育领域综合改革,一批标志性、引领性的改革在全国范围深入展开。因为教育改革点多、面广、线长,需要做的事情很多,而且教育问题在各地的反映既有共性又有个性,往往呈现出不同的特点。因此要解决好这些问题,需要按照中央的总体部署和指导原则,在一些承担教育综合改革的区域,按照中央指明的方向,率先大力推进教育体制改革创新,在注重教育改革的系统性、整体性、协同性,以及教育改革发展的重大问题和群众关心的热点问题解决上,提供可复制的经验。特别强调以改革激活力、增动力。

我们经常说的一句话是:改革进入了深水区。究竟深在哪里?深在如何在制约教育发展的落后规则体系上打开缺口;深在如何在以改革激活力、增动力,释放基层与个体的活力和创造力上找到突破;深在如何在构建新的教育质量观的基础上,重新思考人才培养、办学质量这些根本性问题上有新的布局;深在如何在重新思考区域教育发展战略规划,创新区域学校课程与教学上创造新局面。总之,要寻找区域教育新的增值点,凸显区域教育改革的新方向、新举措、新成果。这是对区域教育发展的一次重新检验。

令人高兴的是,黄浦区在综合改革的实践中交出了一份漂亮的答卷。从中我们可以看到,黄浦区教育综合改革的几个鲜明的特征:

第一,注重教育思想领导,突出价值引领。教育思想的现代化是提升教育现代治理能力的重要前提。对区域教育的领导首先是教育思想领导。确立区域教育发展理念,坚持育人为本、五育融合、全面发展,引领区域教育高质量发展。在总结、凝练、提升区域教育发展理念过程中,黄浦区注重结合地域历史、文化特色,继承区域教育的优良传统;注重坚守教育的本质,紧扣国内外教育发展的趋势和方向;注重以人民群众向往的美好教育为行动准则,赋予区域教育发展以特定的内涵。

第二,认真做好顶层设计,绘就远景蓝图。黄浦区一直重视凝聚全区心力,绘就未来发展的共同愿景。共同愿景是对长远战略目标所描绘的纲领性蓝图,是全区干部和教育系统心目中教育发展的理想目标和追求,也是发自内心深处的真实愿望和教育理想。通过建立共同愿景争得全社会的广泛支持,多方形成合力,凝聚人心,为共同愿景的实现而努力拼搏。

第三,坚持创新、创造,打造现代教育的区域特色。黄浦区把创新教育定位在培养中小学生的创新精神和创新能力。他们认为,创新教育是以培养创新精神和创新能力为根本目的的教学活动,是着重解决在基础教育领域如何培养中小学生的创新意识、创新思维、创新能力问题的必由之路。社会要求我们创新,创新的社会才能不断进步;时代要求我们创新,不创新就会落后,就会失去进取的动力。创新教育,不仅是对教学方法的改革或者教学内容的改变,而且是重新审视教学的根本目的,对教育的功能有更全面的认知和定位,是带有全局性、结构性的教育革新和教育发展的价值追求,是新时代背景下教育的发展方向。正因为全区各级各类学校和机构长期坚持不懈的实践和努力,创新、创造已经成为区域教育的一大特色。

第四,发挥基层首创精神,激发学校办学内生动力。黄浦区历史名校众多、传统资源丰富。全区注重鼓励广大学校凝聚师生的价值追求,培育多样化的校园文化,注重拓展社会资源,打造社会实践大课堂,以多样化的校园活动,提高育人质量。全区积极创新学校人事、职称等评价制度,注重从精神荣誉、专业发展、岗位晋升、绩效工资、关心爱护五个方面对教师进行激励。积极鼓励学校坚持依法办学,营造风清气正的氛围,推动学校健康发展,为广大教师静心专业发展、潜心立德树人创造更好条件,充分激发广大教师教书育人的主动性、积极性、创造性,全心全意为国家育才、为民族铸魂。当前已进入全面提高基础教育质量的新阶段,黄浦区的广大学校工作重心集中在提高质量上,教学改革和探索真正成了学校的主责主业,在大力推广优秀教学成果、深化课堂教学改革、创新教育教学方法、不断提高育人质量和水平方面都有布局和深耕。

　　在全国教育大会上，习近平总书记着眼我国教育事业的长远发展，对深化教育体制改革作出了重点部署，为坚决破除制约教育事业发展的体制机制障碍指明了方向和路径，对于加快推进教育现代化、建设教育强国、办好人民满意的教育具有重大意义。今天在总结"十三五"、迎接"十四五"的时刻，我们完全有理由相信黄浦作为区域教育综合改革的实验区，一定会以新的气象、新的举措，创造出更美好的教育，为发展具有中国特色、世界水平的现代教育提供区域的经验和典范。

CONTENTS | 目录

前　言

　　这里是优质教育资源的集聚地，26所百年老校名校、全市历史较悠久的中学、第一所现代学制的小学、第一所教会女子中学、近代第一所职校，都在这里生根成长。"海纳百川，兼容并蓄，追求卓越，勇于创新"的海派文化风格深深融入了黄浦的血脉，在上海教育现代化和黄浦高质量发展的全局中，黄浦教育围绕"高、先、精"，确立教育改革引领区、创新教育先行区和教育发展精品区的发展定位。黄浦区委、区政府部门以习近平新时代中国特色社会主义思想为指导，全面贯彻党的十九大和十九届二中、三中、四中全会精神，坚持优先发展教育事业，坚持和完善党对教育事业全面领导的制度体系，践行立德树人，深化教育综合改革，加快推进教育治理体系和治理能力现代化，整体提升黄浦教育文化品位和育人品质。

一、政府部门统筹协同、聚力共绘国际大都市中心城区现代教育的新蓝图

　　黄浦区政府部门坚持统筹领导区域教育事业发展，加强党对教育事业的全面领导，把学习贯彻习近平新时代中国特色社会主义思想贯穿到教育改革发展全过程，落实到加快区域教育现代化各领域各环节。在工作机制上，区政府部门统筹协调，多部门齐抓共管，把教育作为更大的民生工程、德政工程优先发展。在组织框架上，成立了由区领导任组长，职能部门与街道共同参与的区委教育工作领导小组、区教育督导委员会、区城乡义务教育一体化工作领导小组、区未成年人思想道德建设领导小组、区教育综合改革领导小组、区托幼工作联席会议等部门，协同推进教育发展，协商解决教育重点难点问题。

　　黄浦教育以培养担当民族复兴大任的时代新人为着眼点，以加快推进教育现

代化为工作主线,围绕为党育人、为国育才的工作中心。

强化党建引领,推进德育创新,积极探索社会主义核心价值观落细、落小、落实的新路径。黄浦区是中国共产党诞生地所在区,区内已查明的红色革命遗址、遗迹有127处,爱国主义教育基地32家。在区委宣传部门统一领导下,黄浦区未成年人思想道德建设工作领导小组各相关部门分工协作,充分挖掘和利用红色资源,深入开展"红色文化教育"。区文明办、教育部门开展"文文明明颂经典,红色故事育初心"黄浦青少年讲党的诞生地故事活动;区团组织依托渔阳里、复兴公园马恩像等资源开展红色文化仪式教育系列活动;区老干部部门、关工委在广大青少年中开展"我为祖国点赞——学习党史国史,传承红色基因,争做时代新人"主题教育品牌活动;各街道党建服务中心开展形式多样的红色主题教育活动;各学生社会实践指导站组织开展红色人文行走活动,让红色文化引领青少年健康成长。

近年来,黄浦区坚持深化"放管服"改革,严格规范行政执法,全面推进依法治教,确保政府部门法定职责履行到位,教育管理科学有序。区教育部门重点以六项工作为抓手做好行政审批改革:打好行政审批制度改革工作基础,执行取消和调整行政审批事项的决定,杜绝变相审批,落实行政审批目录管理,完善窗口服务工作,实施行政审批标准管理。

加强教育行政执法工作、创新依法行政机制,是提高教育治理体系和治理能力现代化水平的重要任务。黄浦区教育部门在民办培训机构规范管理的行政执法中,坚持依据民办教育促进法和上海市民办培训机构"一标准两办法"的工作要求规范执行,完善民办培训机构审批联席会议制度,建立专门且专业的服务管理队伍,积极探索综合执法和联合执法机制,为规范教育秩序、办好人民满意的教育提供保障。

与一般的行政执法不同,教育行政执法更要尊重教育规律。在对社会力量举办的3岁以下幼儿托育服务机构的指导和督查中,黄浦区教育部门更加重视事中、事后的监管。区教育部门制定了《黄浦区3岁以下幼儿托育机构(点)事中监管办法》,逐步探索建立包括托育机构定期自查、托育服务指导中心"实地随访+网上巡查"、专业部门抽查、多部门联合年检在内的多元化、全覆盖的日常检查机制,指导机构办出质量,满足3岁以下婴幼儿家庭多元化需求,并为全市托育服务机构事中监管提供试点经验。

把教育管理和办学活动纳入法治轨道,是推进教育治理体系和治理能力现代化的重要内容。为提升学校内部治理水平,营造依法治校的良好环境,建立区域教育法治的良好生态,早在 2017 年,黄浦区便明确以全区所有中小学、幼儿园为创建对象全面启动依法治校示范校创建活动,全方位多层次指导,分批分阶段有序推进,明确提出到 2019 年区属学校要全面达到依法治校的基本要求,并创建一批依法治校示范校。

二、学校自主办学全力打造深化教育综合改革整体实验区的"策源地"

2015 年,黄浦区倡导全区所有学校在条件成熟的情况下,逐步建立适应学校自主发展的一套章程配套制度体系,引导各校逐步围绕学校章程这一"基本法",形成教育、教学、教师、学生、安全、财务、设施设备采购、基建、后勤、校务公开等完整、配套的规章制度体系并加以落实。

截至目前,全区 96 所公办中小学、幼儿园、中职校全部完成章程的制定、修订工作,其中包括 2 所职校、30 所中学、29 所小学、29 所幼儿园。5 所民办学校、16 所民办幼儿园的章程已根据《中华人民共和国民办教育促进法》的规定报教育部门备案。

"一校一章程"让依法治校有了基本规程可循,学校能切实根据章程中确立的办学宗旨、管理体制及各项重大原则,制定出具体的配套管理制度和发展规划,建立并完善自身的管理系统,依法、自主、规范、有序地组织实施各项管理和教育教学活动。

教育治理现代化必须通过治理能力的现代化来达成。在"一校一章程"建设过程中,黄浦区教育部门充分发挥法规科督促作用,通过法规科督促指导学校落实章程建设工作,多次组织培训(校园长培训、联络员培训、评审专家培训),为学校提供章程样本,组织专家组协同对学校章程进行审核,使学校章程审核工作规范、有序,逐步引领学校增强依法治校意识,提升依法治教、依法办学、依法治校能力。

各校按照区教育部门的要求,组成章程建设领导小组(含行政、教职工代表、民主党派等),通过座谈会、联谊会、少代会等形式广泛听取意见,凝聚各方力量完善学校治理结构。章程文本的起草涉及科研、教导处、办公室等多部门,工会组织全程参与,多方收集意见,形成草案提请教代会提出修改意见。与此同时,学校还分年级组、教研组展开讨论,听取学校领导班子和教师的补充意见后,工会对学校章程草案再修改。修改稿报送区教育部门审核修改后,反馈学校报教代会讨论、票决制通过,再报教育部门正式核准后试行。学校做到审核通过后的章程教代会代表人手一本,并做好相应的网站公示工作。章程及其制度的起草、修订过程也是学校依法治理能力提升的过程。

全面推进教育法治建设,关键要提高运用法治思维和法治方式深化改革、推动发展、化解矛盾、维护稳定、应对风险的能力。坚持依法治校,首先要增强广大干部师生尊法、学法、守法、用法的意识。黄浦区教育部门一直坚持法治教育与课堂教学活动相结合、坚持法治教育与普法活动相结合的理念,大力开展宣传,为"一校一章程"的实施孕育土壤。

黄浦区坚持以"第一课堂"为阵地,全面落实学校校本课程梳理和修订,把法治内容和精神渗透到区域共享课程、学校校本课程中,增强法治教育的实效性和感染力。坚持以"第二课堂"为平台,鼓励引导各校结合实际,针对不同学生的特点和需要,有计划、有步骤地进行综合的、系统的、经常的法治教育。黄浦区教育部门连续7年坚持在宪法宣传周活动期间组织举办中学生法律知识竞赛,推动学生"学法用法,崇德尚法",组织开展普法专题讲座,组织学校开展"学宪法、讲宪法"演讲比赛,提升大家学法用法的积极性。

各学校也积极创新,开展形式多元的法治宣传活动。向明中学利用学校电视台配合主题升旗仪式内容,制作了一部反映校园暴力的微电影《破冰》,通过微电影,共享学习成果,完成学生自育,有效激发学生牢固树立宪法法律至上、法律面前人人平等的基本法治理念,收获成长。卢湾第二中心小学积极组织学生开展"法治进校园"绘画征文活动,使法治教育以学生喜闻乐见的形式呈现,培养青少年对宪法的认同和尊崇,使学生的法治素养不断提升,自我保护能力不断提高。新晖中学全体师生在12月4日国家宪法日升旗仪式上进行集体宣誓,开展中小学宪法晨读活动,还通过国家教育部门青少年普法网进行网络直播,一同唱响歌曲《宪法伴我成长》。

"一校一章程"建设和法治宣传教育,正引领黄浦全区学校逐步提升学校依法决策、民主管理的水平,不断激发学校发展过程中的活力。

为了支持学校更大程度地发挥自主性,为学生提供更适宜的学习空间,营造更生动的文化环境,让校园环境这本无字的育人书发挥更多的育人功能,区教育部门秉持"办学生喜欢的学校"的初衷,鼓励学校对区域内各中小学幼儿园的空间环境进行个性化改造,对改善办学条件的投入从原先较低层次的修缮翻新转型为能调动学生学习积极性、体现学校特色的高层次的创意设计。全区空间环境创意设计项目共收到申报项目近380项,300余个项目立项并投入使用,在小学、幼儿园阶段项目覆盖率高达97%。

空间改造的自主权下放,基层学校的能动性和创造性被充分激发,师生参与学校治理的热情大大增加。如今走进黄浦区的中小学校园,可以看到校长教师们充分发挥想象和创意,结合特色课程和学校文化,从学校已有的资源条件出发,在有限的空间里因地制宜、巧思妙想地设计环境、布局空间,使学校空间由小变大,由低变高,由暗变明,由乱变美,由单调变多元,空间环境变化汇聚成一种关乎教育本质的重塑力量,让学生将成长梦想渗透进活泼、快乐、创新的学习环境中。

教育治理现代化的核心是促进每一个学生的终身发展。随着学校自主办学力度的增加,学校的办学特色更加明显,区域协作更加紧密。这种良性循环的积极效应在区域协作块中逐步释放出来。

由大同中学、市南中学、民办立达中学、大同初级中学、尚文中学、黄浦学校、蓬莱路第二小学等组成的大同教育集团汇聚各成员校特色优势,打造德育、科技、体育、艺术、教师发展联合体,组建集德育教育、课程开发、教育科研、文化建设、队伍建设、信息共享、技术服务、制度创新、衔接教育和升学指导为一体的学习型、可持续发展的优质教育联盟。今年5月,集团将大同中学特级教师研修室及学科带头人专题工作坊扩大到集团所有成员校,成立集团首批研修室、工作坊,助推集团内教师专业化发展。

格致教育集团是一个涵盖各学段的纵向联合型教育集团,集团依托各成员校的办学传统,以学生创新素养培养为核心,确定集团协同发展的特色项目——以"创新素养人才一体化培养"总课题为引领,贯通小学—初中—高中三个学段,加强纵向和横向联系,重点通过建设科创课程和科创实验室,致力于培养学生的创新素养,做大、做强、做优各学段品牌特色项目。格致初级中学的学生来到格致中学参加大别山考察项目;曹光彪小学的学生参加格致中学的博物馆课程和天文知识课程,探索学习方式的改变;应昌期围棋学校派遣教师到格致初级中学开展数学学科和计算机学科的师资交流学习。各成员校充分协作、优势互补,使学生成为最大的受益者。

上海市实验小学集团协作块里各校的校际合作已经进入课堂核心领域。上海师范专科附属小学与新凌小学的同步教研、双周互动成为常态；上海市实验小学与光明小学的管理互访及英语学科交流进入常态化。从行政工作的沟通交流到教育教学工作的互通互融，协作块实现了学校规模的做大做强，有效提高了相关区域的教育品质，扩大了社会成员享受优质教育的可能。合作由重点工作的互动到具体项目的对接，极大丰富了校本培训的内容，拓宽了培训的范围，受益的是全体师生，提升的是教育专业化的水平，助推了学校教育内涵的持续发展。

三、多元立体参与借力优化区域教育高水平优质均衡发展的"生态圈"

现代教育治理的内在要求是主体多元、决策民主、运行规范、意见包容，要在政府部门主导下形成包括政府部门、学校、学生、家长、社会组织和公民个人等多元主体共同参与的教育治理架构，使各方面不同主体参与教育决策的过程，从根本上体现以受教育者为核心的教育需求，满足多元教育主体特别是受教育者的权益需求，以办人民满意的教育作为治理创新的根本方向。

黄浦区在创新、协调、绿色、开放、共享发展理念的指导下，借鉴学习当下不同区域的督导实践模式，对照督导工作的"理想模型"，整合督导观念、督导队伍、督导对象、督导实务及行政、社区、家长等利益相关方作为督导要素，以系统各要素的共同发展作为愿景，正在着力构建形成学校和督学两个主体，行政、社区、家长等多元参与，督导过程全面开放，参与人员全面沟通、合作共建、专业引领、互相促进、共同生长的发展性督导新模式，努力使督导工作成为教育决策的"千里眼"。

在工作要求上，黄浦区坚持教育督导过程、程序和结果的公开，提前一个月把督导方案在网上公开。督导结束一个月后，督导意见书在网上公开。在队伍建设上，积极开辟多种渠道和途径让家长更加深入地了解学校，有更多机会参与到学校的发展建设中来。在评价方面，公开教育督导评估日程表，让社区人员了解教育督导评估的时间、内容和标准，邀请社区中各类有代表性的人员参与到督导评估工作过程中来。并依托网络技术完善教育督导信息平台建设，通过信息公开为教育督导部门和社会各界建立互通渠道，发挥社会各界的教育监督作用。此外，黄浦区还委托中介机构进行质量监测，参与教育督导评估，提高评估结果的全面性、公正性和公平性。

在区属各校,多方主体协同参与教育治理的实践每天都在发生,并不断开出创新之花。尚文中学通过开展"学生参事"活动,帮助学生形成自主管理、主动学法的良好行为习惯。"学生参事"有机会与学校的校级干部共同参与学校的值勤、巡视等工作。在与校级干部面对面的过程中,学生不仅能将自己发现的问题、难点或者痛点及时反馈给学校领导,还会和校领导一起积极讨论解决问题的方法,并通过调研从学生的视角分析提出解决问题的对策和建议,供学校领导和有关部门研讨。

哪里有教育改革发展需要,哪里就有教育督导;哪里有要解决的教育重点、难点、热点问题,哪里就有教育督导。在黄浦,教育督导全方位发力,正在成为与教育发展互促共生的重要力量。

第一章

思想引领，统筹协同，聚力下好教育"先手棋"

　　黄浦区以加快推进教育现代化为工作主线，坚持教育优先发展战略，加强党对教育工作的组织领导，以推进现代教育治理体系和提升现代教育治理能力为改革思路，加强对教育发展的统筹规划，注重思想引领，着力推进教育改革创新，明确区域教育发展的科学定位和顶层设计。举全区之力推进教育改革发展，政府切实依法履职，引导和支持教育事业发展，协调各方，凝聚发展力量，共同关注教育发展品质提升，形成了职责明确、部门协同的区域教育现代化发展合力，体现了区政府相关职能部门、各街道依法履行教育职责的责任意识和积极作为，开启了全区共同推进教育改革发展的良好局面。

　　黄浦区重视教育资源规划布局建设，立足区域总体规划，把落实办学标准与城区建设改造相结合，合理布局，不断优化教育资源配置，加大设施更新力度，落实学校教育教学设施设备均衡配置。优化队伍结构，保障教育可持续发展，坚持有利于教师队伍建设的政策导向，聚力教师发展，构筑专业成长平台，加快优秀人才和青年教师培养，提升教师队伍的专业结构和素养，形成区域优秀教师人才队伍梯队。为加快推进"教育改革引领区、创新教育先行区和教育发展精品区"建设，提供了有力的保障和支持，为打造国际化大都市中心城区"高、先、精"的现代化教育，增强了核心竞争力。

第一节 坚持党对教育事业的全面领导

教育是国之大计、党之大计。教育工作旗帜鲜明讲政治，对于全面贯彻党的教育方针、培养德智体美劳全面发展的社会主义建设者和接班人具有决定性意义。党的十八大以来，以习近平同志为核心的党中央高度重视教育工作，围绕培养什么人、怎样培养人、为谁培养人这一根本问题，对教育工作作出重大部署，全面加强党对教育工作的领导。

加强党对教育工作的组织领导

一、掌稳"方向舵"，坚持党对教育工作的政治统揽

黄浦区坚持党对教育事业的全面领导，坚持社会主义的办学方向。按照市委、区委的部署要求，成立区委教育工作领导小组，切实发挥党在教育工作方面的政治核心作用，抓好教育现代化重要任务落地，为教育治理现代化把方向、管大局、议大事。

教育工作领导小组全面建立教育工作的协同机制，担负起教育发展顶层设计、总体布局、统筹协调、整体推进、督促落实等职责，定期研究教育体制改革和中长期发展规划，协调解决跨部门、跨行业的教育工作重大问题。成员单位各负其责、紧密配合、形成合力、抓好落实，有效承担起教育改革发展各项任务的贯彻实施工作。领导小组办公室发挥好参谋服务、沟通协调、督促检查作用，认真吸收领导小组成员的意见建议，深入调研、科学论证，把问题找到位、把对策研究透，推动各项工作落到实处。区委教育工作领导小组的全体成员站在"抓教育就是抓未来"的全局，

担起谋教育、抓教育的使命责任，推动全区域、全系统形成齐心协力办教育的强大合力。

二、把准"定盘星"，切实履行管党治党的主体责任

教育党工委切实履行管党治党的主体责任，紧紧围绕上级要求，以"融入教育抓党建、抓好党建促发展"的理念为引领，主动对接黄浦教育"高、先、精"发展目标和打造教育改革引领区、创新教育先行区、教育发展精品区的发展定位，以思想建设为基础、以组织建设为重点、以制度建设为保障，加强各级各类学校党的领导和党的建设工作，加快形成党的领导纵向到底、横向到边的全覆盖工作格局，着力提升区域教育系统党建整体水平，以高质量党建引领教育治理新高度。

以思想建设领航教育改革。党的十九大以来，教育党工委以习近平新时代中国特色社会主义思想为指导，切实将思想建设贯穿基层党建工作各领域、各环节，作为思想政治理论课的重要内容。始终坚持不懈推进理论武装，将"两学一做""不忘初心、牢记使命"主题教育融入教育教学，有序开展理想信念宗旨教育，发挥理论学习在统一思想认识、落实立德树人任务中的突出作用。

以组织建设夯实人才支撑。教育党工委聚焦选优配强，坚持正确用人导向，将班子配备、干部岗位调整与干部队伍调养相结合，力求配备一个岗位，激活一些干部，让班子结构优起来、领导能力强起来。聚焦管好用好，坚持分层分类培养机制，实施"登峰""强基""固原""蓄水"四计划，打造有影响力的领军团队、有发展潜力的后备力量、整体素养与能级不断提升的教师队伍。

以制度建设助推学校治理。教育党工委坚持把制度建设贯穿党的建设始终，努力将制度优势转化为教育治理的效能。紧扣新要求、新变化，抬底板、补短板、拉长板，推进制度建设不断与时俱进。坚持在制度建设中不断丰富内涵、拓展外延，将党的各项议事制度、决策制度、领导制度与教育教学管理制度紧密结合，形成相互促进、相互保障的新格局。

三、锤炼"金刚钻"，突出党组织的战斗堡垒作用

强化"党建＋"，融入教育促协同共治。教育党工委坚持系统思维，推动党的建

设与教育教学深度融合。全面厘清党组织书记第一责任、班子成员一岗双责、分管人员具体责任,形成责任共同体,变"配"为"融"、合"二"为"一",努力将党的建设融入学校教育管理、教学实施的方方面面,构建主体多元、协同共治的新模式。

聚焦创新、释放潜力促功能优化。教育党工委以党建基础项目建设和品牌项目培育为抓手,在夯实基础和打造亮点上协同推进。通过理论创新、实践创新和机制创新深化党建内涵,充分激活和释放基层党组织活力,切实将广大党员的能动性和创造性凝聚到教育教学事业上来,感染和带动更多教职工共同参与学校治理,探索变管理为服务、以服务促管理的新路径。

紧抓落实,丰富实践促提质增效。黄浦区教育党工委致力于质量建党、质量强党,着力打通基层党建的"最后一公里",将无形变有形、以执行促落地,不断在实践中锤炼真功夫。充分考虑校本特色,尊重发展规律,将决策部署、路线方针、党建理念赋予操作内涵,丰富实践载体,以督、评、改促行动落实,在做和改中找突破、求提升,真正让基层党组织在引领教育治理现代化中永葆战斗力、焕发生命力。

（黄浦区教育党工委）

探索构建基于品牌项目化建设的基层党建新格局

——黄浦区教育党工委创新党建的实践探索

黄浦区教育党工委切实履行管党治党的主体责任，以"融入教育抓党建、抓好党建促发展"的理念为引领，主动对接黄浦教育"高、先、精"发展目标和打造教育改革引领区、创新教育先行区、教育发展精品区的发展定位，以党建品牌项目化建设为抓手，创新党建理念、丰富实践载体，着力破解"虚功难实做"的难题，探索构建基层党建新格局，致力于提升区域教育系统党建整体水平，以高能级党建引领高质量教育。

一、以突破创新寻求党建实效

黄浦区教育系统现有党员人数占现有教职工总人数的 44.7％，教育党工委下属基层党组织 116 个，其中基层党委 1 个，党总支部 7 个（下属党支部 24 个），党支部 108 个（含联合党支部 3 个）。区教育系统已组建 4 个学前主题式教育集团、5 个小学教育协作块、1 个职业教育集团，跨学段组建了三大教育集团和四大学区，初步形成了纵向衔接、横向联动、学区特色鲜明的发展脉络，为集团化、学区化党建联建、形成团块区联动长效机制提供了良好基础。但与此同时，也存在基层党组织体量大小不一、资源环境各异、发展不平衡等现实矛盾。

在此背景下，教育党工委通过示范点实践点带动强化辐射引领、依托团块区联动实现共建共享、借力督导组推动加强引导指导，以项目化建设求得党建工作实效，以突破创新释放党建工作活力、激发探索实践的热情，真正让党组织活起来、党建工作实起来、党员干部动起来。

二、形成三大党建价值目标

一是"坚持党对一切工作的领导"，充分发挥党的政治核心作用。通过党建品牌项目化建设，推动党的建设与教育教学的融合发展，构建主体多元、协同共建的新模式，进一步展现领导力、扩大影响力、增强凝聚力。

二是提质增效，"不断提高党的建设质量"。通过品牌项目化管理，引导基层党组织把党建品牌与党建工作有机结合起来，强调质量导向，持续提升品牌内涵和品牌形象，从而强化党组织的整体功能。

三是释放潜力，实现"党组织的创新发展"。在党建品牌项目化建设的过程中，不断推动理论创新、实践创新和机制创新，拓宽基层党组织工作渠道，充分激活和释放基层党组织活力，探索变管理为服务、以服务促管理的新路径。

三、在实践探索中凸显党建工作实效

（一）坚持理念引领，提升"感召力"

党建理念体现校本特色、价值观念、行为准则和发展方向，具有引领价值取向、凝聚党员思想和激励共同奋斗的重要作用。

黄浦区教育党工委将党建理念的凝练作为党建品牌项目化建设的基点，引导基层党组织以习近平新时代中国特色社会主义思想为指导、坚持社会主义办学方向，结合学校的办学历史、文化积淀、实践经验以及办学方向，在深刻思考"建设什么样的党组织""怎样建好党组织"的基础上提炼党建理念，重点把握好三点：

一是以政治建设为根本，把牢精神内核。党建理念的凝练以旗帜鲜明讲政治为前提和根本，立足培养社会主义建设者和接班人，体现党在教育事业方面的战略部署。

二是以思想建设为基础，充实文化内涵。党建理念须体现马克思主义真理信仰、共产主义远大理想和中国特色社会主义共同理想，赋予立德树人精神内涵。

三是以发展经验为实质，注入特色内容。党建理念须围绕中心工作和大局，既反映党组织党建特色，又体现学校办学特色与教学宗旨，在实践中动态磨合后，形成成熟的党建理念。

目前，黄浦区教育系统已有 20 家基层单位党组织形成了相对成熟的党建理念，比如中山学校的"初心恒坚，匠心恒守，画好党建同心圆"、曹光彪小学的"不忘初心，追光立标"、瑞金一路幼儿园的"夯实党建，凝心聚力，思睿创新，勇做先锋"等。

（二）坚持项目推进,增进"行动力"

黄浦区教育党工委确立党建品牌项目化建设"1 + X"模式,即:党建基础品牌项目建设和若干特色品牌项目培育。

基础品牌项目主要包含党务工作、制度建设、党员经常性教育等方面,旨在建立标准化管理流程与制度、夯实党建基础。例如:教育党工委牵头每年举办的"党员进党校"学习教育培训班、新入职党员教师培训班等。

特色品牌项目则关注品牌亮点的打造。例如:教育党工委基于系统内红色资源的盘整和挖潜,开设红色移动课堂,通过广大教师与红色故事的"代入式体验"厚植爱党和爱国情怀。

而在学校层面,已经有一些特色品牌凸显出来。

立德树人型特色品牌:向明中学依托自 1987 年成立至今的"青年共产主义学校",坚持对青年学生进行有组织、有计划的理论教育与培训,先后有 2000 多名学生参加,164 名学生宣誓入党;大境中学的"政治导师制",发动党员教师对学生进行"滴灌"式教育,引导学生将青春理想与强国复兴中国梦同频共振;市十中学的"市十阳光导师"行动,关注学生个性化的心理需求,以心理微论坛、心理沙龙、案例交流等形式搭建学习平台,切实为学生成长助力;上海市实验小学的"党员故事屋",由党员教师在红色场馆开展历史讲述、活动挑战、仪式教育等活动,以参与式、体验式、互动式的授课方式为学生厚植爱国主义情怀。

学习提升型特色品牌:大同中学"顾老师讲红色故事",主讲青年历史老师顾博凯成为黄浦区的"红色主播",并扩展成立了"顾老师人文教育工作室",吸引了多学科教师加入;上师大附属卢湾实验小学的"红色导师团",聚焦思想建设,通过学习专著,内化并转化为系列微课,开展系列研学活动;教育学院的"种子计划",聚焦实践问题开展课题研究,实现以团队合作推进教学实验,不断提升优秀骨干教师的能力水平;思南幼儿园创新"1 + X复合学习路径",即围绕一个学习目标通过多种形式开展政治学习选修课,通过"每周政论微讲""每月格言金句""随时红色教育"等形式激发党员教师学习热情。

服务奉献型特色品牌:敬业中学的"家庭教育嘉年华",聚焦解决家庭教育和学生心理健康问题,举办由近千名家长、专业工作者和师生共同参与的家庭教育嘉年华,服务教育民生;商贸旅游学校的"南京路便民志愿者服务队",坚守服务阵地30 年,为市民提供携幼助残、信息咨询、语言服务等特色服务;荷花池第二幼儿园的"宝贝伴读"公益行,组织党员志愿者为重病患儿讲故事,彰显党员先锋模范作用。

（三）坚持机制保障,强化"执行力"

黄浦教育党工委坚持在制度建设中不断丰富内涵、拓展外延,将党的各项议事制度、决策制度、领导制度与教育教学管理制度紧密结合,强调把制度与机制建设贯穿于党建品牌项目化建设全过程中,形成相互促进、相互保障的格局。

一是健全决策机制。应对新问题、新情况,教育党工委指导基层党组织进一步修订完善议事决策制度,增强其制度建设意识,切实强化基层党组织在党建品牌项目化建设中的领导决策功能。

二是健全监督机制。落实党建工作"3＋1"同步机制,在党政工作同部署、同推进、同考核的基础上,进一步完善"四个责任制"巡查机制,将党建品牌项目化建设的评估考核嵌入其中,着力构建责任落实体系。

三是健全教育机制。以项目为抓手推动集中培训常态化、日常教育规范化,高质量推进"登峰""固原""强基""蓄水"计划的实施,全方位、系统性、规范化构建分层分类培养体系,多形式、多维度提升党员干部党建工作的领导力和组织力。

四、进一步提升党建品牌项目化建设

目前,黄浦区教育党工委探索基层党建品牌项目化建设已取得初步成效,一批经过实践检验的党建品牌走出去、亮起来,也有一批发展中的党建品牌逐渐成熟,但仍存在着一些不足。在教育党工委层面,对基层党组织创新党建的专业指导和培训需强化;对因党组织体量差异造成党建品牌项目化建设质量的差异,还需加强研判与引导;党建品牌项目化建设的动态管理流程还不够成熟,工作机制还不够健全。在基层党组织层面,部分基层党组织对党建品牌项目化建设的理解存在偏差,理念和方法需变革;部分基层党组织在兼顾制度的刚性和创新的柔性方面有待提升。

针对以上不足,教育党工委和基层党组织的下一步努力方向为:

一是聚焦"党建＋",融入教育促协同共建。依托党建品牌项目化建设的具体化实施,推动党建与教育中心工作深度融合。强调师生共育功能,发挥党建品牌对团建、队建的带动作用,打造主体多元、协同共建的新模式。

　　二是构建长效化、系统性工作格局。整合"创"与"育",兼顾品牌孵化与扶持,着眼"上下联动、以大帮小",形成区—校纵向统筹、协作块横向联动的生动局面,促进党建品牌项目化建设的良性可持续发展。

　　三是提升党建品牌项目化建设科学化水平。全面梳理党建品牌项目化管理流程,建立健全组织领导机制、责任监督机制、评价激励机制、宣传推广机制等动态化管理机制,以治理的思维实化理念、精化制度、细化措施,真正让党建品牌项目成为贯彻落实党的教育方针政策的有力抓手。

　　当前,黄浦教育正处于改革攻坚阶段,创新基层党建对于全面贯彻党的教育方针、引领和支撑教育现代化具有深远意义,黄浦教育党工委将进一步增强使命感和责任感,不断提升教育系统基层党建水平,全力推动黄浦教育再上新台阶。

（黄浦区教育党工委）

第二节　切实履行政府部门法定的教育职责

黄浦区委、区政府立足国之大计、党之大计，统筹领导区域教育事业发展，进一步明确了各委办局、街道所承担的与教育事业发展相关的职责，全区上下凝聚共识，各司其职，形成区政府统筹协调，多部门齐抓共管，确保政府法定职责履行到位，教育目标责任制运行有序，为教育事业优先发展提供了有力保障。

优先发展教育事业，纳入发展规划，优化教育资源配置

根据《中华人民共和国教育法》《中华人民共和国义务教育法》《中华人民共和国民办教育促进法》《中华人民共和国职业教育法》《未成年人保护法》《教育督导条例》《上海市教育督导条例》等相关法律法规要求，区发改委积极落实《黄浦区人民政府相关职能部门、街道履行教育法规主要职责要求》，现将 2016~2020 年目标责任落实情况汇总如下：

一、积极将教育事业纳入发展规划及年度计划

作为社会事业的重要部分，区发改委坚持将教育事业发展纳入"十三五"规划纲要及 2016~2020 年度计划报告。在"十三五"规划纲要中明确提出加快教育改革发展：整合区域教育资源，积极开展教育综合改革试点。全面加强学生思想道德建设，深化区域中小学德育体系一体化建设。推动学前教育普惠化发展，提升各级各类幼儿园办园水平。强化义务教育高位均衡发展，加快高中教育特色化多样化

表 1-1　2016～2020 年度计划中涉及教育事业的目标任务

年度	目　标　任　务
2016	● 推进教育资源整合。实施教育资源整合方案,推进董家渡 18 号地块小幼联合体建设 ● 全面推进教育综合改革。推进落实中高考改革方案;推进教育集团建设和五大小学协作块建设;以"绿色指标"为导向,完善区、校二级教育质量保障体系 ● 促进教育均衡化。以教育集团化建设推动小初高联动发展,提升均衡化水平;推进区域—大学合作,促进普通高中特色发展 ● 推动教育国际化。推进国际学校建设;深化国际课程研究;加强国际合作交流 ● 推进国民教育和终身教育体系融合发展。创建全国社区教育示范区
2017	● 有序推进教育综合改革。深化集团化、学区化办学,推进组建新的教育集团和学区,完善教育集团和学区工作模式,扩大优质教育覆盖面 ● 推进教育质量保障体系建设。深入实施以绿色指标为导向的教育评价,加强优秀研究成果的推广和示范 ● 做好同济黄浦设计创意中学开办筹备工作,积极开发以"设计思维"为核心的创新课程 ● 推进国际化学校建设
2018	● 加快学校建设及教育资源布局优化。推进 094-1 地块十二年贯制学校、18 号地块幼小联合体、10 号地块幼儿园、李惠利中学、同济黄浦设计创意中学等项目 ● 深化教育综合改革。建立健全区、校两级质量保障体系,加强学区化、集团化办学内涵建设,推进新优质学校集群发展,整体提升区域办学水平 ● 深入推进教育国际化。积极拓展国际交流渠道,稳步推进高中国际课程。继续开展小语种人才的早期培养,提升区域教育国际化的内涵
2019	● 深化教育综合改革。深化高考、中考改革探索;深化信息化与课堂教学深度融合;开展"小学低年级主题式综合活动课程试点" ● 创新模式提升教育品质。探索创新人才育人模式;深化集团化学区化内涵发展;实施"幼儿健康促进计划",做好公益性普惠性托育服务全覆盖;拓展终身教育服务内涵 ● 优化教育资源布局。加快推进 18 号地块幼小联合体、比乐中学、094-1 地块等重点项目建设,推进大境初级中学、光明初级中学、储能中学等改建项目
2020	● 推动优质均衡发展。持续推进教育教学综合改革,加强紧密型学区化集团化建设,优化"五育并举"课程体系,推动"减负增效"。编制实施新一轮学前教育三年行动计划;深入发展终身教育、职业教育,做强职教优质品牌 ● 推进创新教育发展。全面实施创新教育三年行动计划,启动创新教育标杆学校、联盟学校、项目学校创建,设立"黄浦青少年创新英才研究院" ● 推进教育设施建设。推进董家渡 18 号地块幼小联合体、308-02 地块以及 094-01 地块等项目建设;加快大境初级中学、储能中学、向明初级中学、星光幼儿园(分园)、南京东路幼儿园(分园)等新建和大修项目施工建设

发展。注重特殊教育内涵发展。构建区域职业教育联盟,促进终身教育国民教育融合优质发展。建立健全以"绿色指标"为导向的教育质量保障体系,全面提升教育教学质量。在"十四五"规划编制过程中,安排编制黄浦区教育改革和发展"十四五"规划,作为"十四五"规划体系的重要组成部分。

根据"十三五"规划的目标任务,区发改委将教育事业的建设项目和任务举措分解细化到每年的年度计划报告中加以推进落实。

二、积极促进教育资源优化配置

区发改委高度重视教育项目建设,在编制年度政府投资计划时,根据区教育局上报情况,经过实地踏勘、认真评估,对一定规模的教育设施改扩建项目,尤其是涉及安全方面的项目,优先纳入年度投资计划并加以执行。2016～2020 年,区发改委立项批复 3000 万元以上的项目有:大境中学新建学生宿舍楼工程、18 号地块小幼联合体新建、比乐中学扩建、大境初级中学教学楼综合楼改造项目、董家渡社区 308-2 地块新建荷花池幼儿园、094-01 地块新建九年制一贯制学校和高级中学等 6 个项目。列入年度政府投资计划的教育项目共 58 个,涉及总投资约 57.9 亿元,其中:2016 年列入政府投资计划的教育项目 11 个,总投资约 2 亿元;2017 年列入政府投资计划的教育项目 18 个,总投资约 48 亿元;2018 年列入政府投资计划的教育项目 11 个,总投资约 7 亿元;2019 年列入政府投资计划的教育项目 18 个,总投资约 0.9 亿元;2020 年列入政府投资计划的教育项目 30 个,总投资约 4 亿元。

此外,区发改委严格控制改变或影响教育设施用途的建设项目的审批,确保教育资源不流失,促进教育资源的优化配置。为确保教育项目尽早落地实施,区发改委坚持重点沟通、先期介入,在项目前期可行性研究报告编制阶段,加强与区教育局沟通,明确编制要求和内容;在项目评审阶段,针对评审中出现的问题和矛盾,组织会议协调,大大缩短了项目审批时间。

三、积极规范非义务教育阶段和各类社会力量办学的收费标准

一是做好社会力量办学的收费备案。2016 年对上海和韵文化艺术进修学校等 55 家社会力量办学单位进行了收费备案。2017 年起,社会力量办学收费无须

到区发改委备案。

二是开展非义务教育阶段收费调查工作。2018年对本区徐家汇路幼儿园等17家民办幼儿园的保育费、代办费、收费信息公示等情况进行了排摸,提醒各民办幼儿园做好明码标价收费公示和事前告知工作,切实维护双方的合法权益。

三是加强民办学校收费管理。根据上海市物价局、上海市教委《关于民办中小学学历教育收费管理有关事项的通知》(沪价费〔2011〕015号)的精神,依据区教育局对各民办学校收费调整的意见,对本区民办学校的收费进行了调整。2016年,对民办立达中学、明珠中学、永昌学校的学费,震旦外国语中学的学费和住宿费进行了调整。2017年,对民办立达中学住宿费进行了调整,对上海康德双语实验学校初、高中学费进行了审批。2018年,对上海康德双语实验学校小学学费进行了审批。2019年,委托会计师事务所对民办立达中学、明珠中学、永昌学校、震旦外国语中学等4所学校2016、2017、2018年度学校的运营成本进行评估分析,形成评价报告,并将此作为民办立达中学、明珠中学、永昌学校、震旦外国语中学4所学校学费调整审批的主要依据之一,确保做到学费调整过程客观、合理、公正和有效。同时,为进一步规范民办学校的收费行为,要求调整学费的学校,加强内部管理,做好收费调整后的宣传解释及收费公示工作,接受社会监督。

(黄浦区发展和改革委员会)

有效履行教育职责，推动教育人力资源不断优化

在推进我区教育综合改革工作中，我局根据《黄浦区人民政府相关职能部门、街道履行教育法规主要职责要求（试行稿）》（黄府督办〔2019〕2 号）和其他相关文件的要求，从有利于我区教育综合改革，推进教育事业健康发展出发，严格贯彻执行各项人事、劳动政策，有效履行了部门职责。我们结合区实际，与相关部门密切配合，共同为推进我区教育事业健康发展作出了一定的贡献。

一、积极指导支持教育系统加强人事制度改革

（一）事业单位岗位设置及调整工作

根据《上海市幼儿园、义务教育学校、普通高中、中等职业学校、教师进修院校岗位设置管理的实施办法》（沪教委人〔2010〕72 号）、《黄浦区事业单位岗位设置调整工作实施办法》的文件规定，指导区教育局做好区教育系统事业单位岗位设置方案调整工作，按照相关单位实际需求，合理优化岗位设置方案。2016～2019 年，共指导 18 家事业单位完成岗位设置方案调整。

（二）事业单位人员公开招聘及等级晋升工作

根据上海市事业单位公开招聘相关规定，指导区教育局每年 11 月起组织实施教师的公开招聘，次年 6 月集中办理聘用审批，2016～2019 年共招聘教师 853人。对区教育系统事业单位招聘普通管理岗位人员及通用性较强的专业技术岗位，区人社局每年分两批组织统一的公开招聘工作，2016～2019 年共招聘 78 人。

2016 年，区人社局会同区教育局共同研究制定了《关于教育系统事业单位岗位日常管理的操作口径》，明确了"原则上每年 3 月集中开展一次教师岗位等级晋升工作"，"区校级骨干教师、区学科带头人，在退休前一年可在同级别内晋升岗位等级，且不占单位岗位等级职数"。2017 年，研究制定了《黄浦区关于上海市特级教师、特级校长岗位等级晋升操作口径》，明确了"上海市特级教师和特级校长在本

职级内晋升,不占本单位职数"。2016～2019 年,黄浦区教育系统共有 1469 名教师进行岗位等级晋升。

(三)教育系统教师职称评审工作

指导区教育系统做好教师职称评审工作。2016～2019 年,共有 579 名教师通过评审获得中级职称,179 名教师通过评审获得副高级职称。

2016 年起,区人社局、区教育局根据市教委、市人社局关于开展中小学正高级教师评聘工作的要求,共同组建成立教师职务评聘纪律监督委员会,对照评选的条件和程序,履行全程监督职责,向市教委正高级教师评审委员会推荐本区教师参加评审。2017 年,推荐人选 7 名,通过 5 名;2018 年,推荐人选 5 名,通过 4 名;2019年,推荐人选 21 名,通过 15 名。

二、全面落实绩效工资政策,最大限度给予教育局统筹分配权

绩效工资是教师工资收入的主要组成部分,也是教师工作实绩在工资收入中的直接体现。每年上海市会出台事业单位绩效工资的调整操作办法,由各区根据操作办法制定分配方案。我区历年都是将教育局下属事业单位的增资额度全额下达给教育局,由教育局根据实际情况、在一定的操作规则下,进行内部统筹分配。教师的绩效工资收入每年都有较大幅度增长,2016 年至 2019 年,我区初等教育学校人均增加绩效工资 4.7 万元,中等教育学校人均增加 5.1 万元,学前教育学校人均增加 3.4 万元。

近几年,为了让教育局能更有效地运用绩效工资作为管理的抓手,我们逐步放开了对额度统筹的限制。2016 年允许在同一行业小类间进行统筹,2017 年开始允许在同一行业大类内不同小类间进行统筹,2018 年放宽到跨行业大类间也可进行统筹。我们认为,允许教育局在最大范围内进行绩效额度的统筹分配,更有利于教育局搞活工资分配制度,真正实现多劳多得、优绩优酬,充分调动学校、教师教书育人的积极性,稳步推进各项教育改革,促进教育事业发展。实际上,教育局在每年区绩效调整方案出台后,都会相应调整教育局的事业单位绩效分配方案,统筹分配各级各类学校的额度,使各类学校教师收入保持合理梯度,收到了较好的反响。

三、扎实做好各类教育人才的交流和引进工作

（一）加大高层次教育人才培育力度

卢湾高级中学校长唐关胜被评为"区自主创新领军人才"，上海市格致中学副校长吴照、蓬莱路第二小学校长余祯被评为"区专业技术拔尖人才"，上海市实验小学校长杨荣被评为"享受国务院政府特殊津贴人员"。历年来共有 16 位校长、副校长、园长、特级教师等优秀教育人才入选市、区优秀人才。

（二）推进优秀教育人才引进工作力度

积极支持区教育系统人才引进工作，在人才引进、办理居住证转常住户口等工作方面，明责放权、简化审批程序，为教育系统人才引进开辟快速通道。近年来为教育系统办理直接人才引进 1 人，解决夫妻两地分居调沪 2 人，办理居住证转常住户口 9 人，为教育现代化发展提供人才保障。

（三）区人才公寓政策覆盖区教育系统优秀人才

近年来，区教育系统总计 10 人次享受了区人才公寓政策待遇，一定程度上缓解了人才的阶段性居住困难。

（四）充分发挥人才服务区域工作机制作用

主动适应发展需要，有效整合区域资源，充分发挥优秀、拔尖人才服务区域工作机制，连续两年和区委组织部、长征医院合作推出了青少年脊柱侧弯的公益筛查项目，为我区青少年健康成长提供了有力保障，收到了良好反响。

（五）使用区专项资金对教育系统优秀人才实施奖励

为进一步支持黄浦教育综合改革，加强对教育系统人才队伍建设的支撑力度，更好地发挥优秀教育人才示范、引领和辐射作用，2019 年，使用区人才发展专项资金对教育系统优秀人才实施奖励。

四、有序构建职业培训体系，促进劳动者技能提升

（一）需求导向，切实提升培训服务就业效能

坚持以需定培、以培供需。一是完善以需求为导向的补贴培训机制。结合本区产业发展和劳动力市场的需求，根据不同就业群体特点，发挥补贴培训政策积极

作用，开展以落实失业人员就业为重点的定向培训，探索开放会计师、经济师、统计师、审计师等确有就业前景项目补贴，2019 年本区户籍人员职业培训人数 18904人。二是助推企业开展结合岗位实际的职工培训。实施使用地方教育附加资金开展职工培训政策，鼓励企业开展职业技能类、专业技术类、岗位能力类、综合素质类等项目培训。2016 年至 2019 年，推动区内 495 家企业开展职工培训，其中为区内417 家中小企业提供集中培训服务。加强区域重点培训项目扶持力度，推出重点领域急需技能人才培养、社区工作及养老护理等重点群体培训等扶持政策。2016年至 2019 年，本区 51 家企业获得急需高技能人才培养补贴，涉及 206 人次，11342名本区社区工作人员及 44 名养老护理人员参加重点岗位项目培训。

（二）强化主体责任，探索技能人才激励新路径

联合区发改委牵头实施全国首批技能人才专项激励试点工作，一是推出具有黄浦特色的"三个清单"，即：制定促进技能发展"政策清单"，涉及六方面共计 20项；研究满足个性化需求"服务清单"，推出 1.0 版和 2.0 版，涉及 19 条新举措；明确企业主体作用"责任清单"，"3＋X"，一份约定书、一份协议书、一个试点方案、X 项个性化激励措施。二是建立试点工作评估资助机制。注重发挥企业主体作用，对参与试点的 39 家重点监测企业试点情况实施中期评估，2019 年给予 32 家企业差异化资助。三是建立试点创新举措资助机制。鼓励各企业事业单位在社会氛围营造和技能人才培养激励等方面积极开展探索实践，2019 年分别给予大富贵酒楼技能竞赛项目、南市机电公司长三角合作"上海战略仓库项目"、恒源祥老字号传承创新项目等 5 个项目经费资助。

（三）实现"三突破"，加强技能工作室建设

加强高技能人才示范引领作用，带动企业职工素质整体提升。一是完善区级首席技师资助制度，突破范围。将国家职业资格未涵盖的技能技艺纳入区级首席技师项目资助范围，2018 年、2019 年给予"邵万生糟醉""培罗蒙西服定制"等 14 个区级首席技师工作室称号。二是加强非遗、老字号传统技能传承创新，突破年龄限制。聚焦非遗、老字号，建立传统技能工作室资助制度，并将企业选聘的劳动年龄段以外技能传承人纳入资助范围，2019 年给予恒源祥绒绣、鲜得来排骨年糕制作、三阳南货店宁式糕点制作等 18 个传统技能工作室称号。三是发挥国家级、市级、区级各类技能人才工作室作用，突破培养模式。创新协同育人模式，推进技能人才工作室与院校、企业间联合培养技能人才，同时辐射长三角、对口支援地区院校及

企业,共建共育技能人才工作室。

五、对青少年的保护

2016 年至 2019 年,区劳动保障监察部门在对我区用人单位依法用工执法监察中,未发现区教育系统存在招收尚未完成九年义务教育和未满十八周岁儿童、青少年经商或从事其他雇佣性劳动的情况。区劳动人事争议仲裁部门在日常办案中也未发现上述情况。

(黄浦区人力资源和社会保障局)

完善财政投入机制，优化支出，强化监管，保障教育事业发展

党的十九大从新时代坚持和发展中国特色社会主义的战略高度，作出了优先发展教育事业，加快教育现代化、建设教育强国的重大部署。区委区政府历来高度重视教育事业，始终坚持将教育放在优先发展的位置，区财政局按照中央、市委市政府和区委区政府的要求，一直秉承教育优先发展原则，履行教育法定职责，财政资金优先保障教育投入，通过深化财政教育经费投入机制改革，优化支出结构，强化管理，为本区教育事业的改革发展助力，为本区教育事业高质量发展提供支撑。

一、完善财政投入机制，保障教育事业优先发展

区财政局依法保障教育经费投入，坚持把教育事业放在优先位置，认真落实区级财政教育投入责任，教育经费投入保持持续稳定增长。为贯彻落实国家有关清理规范重点支出同财政收支增幅挂钩的要求，2018 年起区财政局完善对教育的投入机制和预算拨款制度，教育经费投入不再与财政经常性收入的增幅挂钩，教育作为财政保障和预算安排的重点，继续给予优先保障，确保两个"只增不减"。2016～2019 年一般公共预算教育支出分别为 37.16 亿元、37.71 亿元、37.88 亿元、37.89亿元，确保了一般公共预算教育支出逐年只增不减。其中义务教育一般公共预算教育支出分别为 19.20 亿元、19.48 亿元、19.76 亿元、19.78 亿元。2016～2019 年小学生均经费分别为 32818.69 元、37620.44 元、40713.86 元、45655.51 元；初中生均经费分别达到 45258.91 元、51770.40 元、53707.71 元、60606.13 元，明显高于上海市小学 23500 元和初中 29000 元的生均标准，确保了按在校学生人数平均的一般公共预算教育支出逐年只增不减。

二、优化支出结构，促进义务教育优质均衡发展

2016～2019 年教育经费投入坚持向义务教育城乡一体化改革优质均衡发展

倾斜;向教育综合改革项目倾斜;向提高教职工收入待遇倾斜;向家庭经济困难学生倾斜。进一步改善学校办学条件,促进教育内涵发展,提高教职工的工作积极性。

一是认真贯彻落实《上海市人民政府关于进一步完善本市城乡义务教育经费保障机制的通知》以及《关于深入推进本市义务教育城乡一体化改革促进优质均衡发展的实施意见》文件精神,积极落实义务教育阶段公办学校建设、设施设备配置、信息化建设、教师配置与收入、生均经费等城乡义务教育一体化"五项标准"任务所需经费投入,促进义务教育均衡发展。

二是统一定额标准,建立动态调整机制。2019 年初中生均公用经费定额标准从 2016 年 4500 元增加到 4900 元,小学生均公用经费定额标准从 2016 年 3900 元增加到 4300 元,远远超过市教委规定的生均公用经费定额标准。为了确保小规模学校的正常运转,对初中不满 350 人的按照 350 人计算,小学不满 300 人的按照 300 人计算。

三是切实保障教师队伍建设投入。认真落实上海市有关精神,按规定落实好教师待遇,提高教师队伍保障水平,通过财政平台,确保教职工绩效工资及时、足额到位,这在很大程度上稳定了教师队伍,调动了广大教师的工作积极性。在预算经费安排上,注重向提高教师素质、支持教师开展课题研究、加强教师培训等方面倾斜。2016～2019 年教职工收入逐年增加,有效地调动了教职工的积极性、创造性,促进了中小学的均衡发展。

三、强化预算管理监督,提高教育资金管理水平

坚持依法理财和可持续发展,突出绩效导向,提高财政管理水平。

一是严格执行预算法等法律法规,强化预算管理监督。加强对教育经费的预决算管理,指导监督区教育局进一步细化预算编制,同步编制政府采购预算和申报绩效目标,确保对各类教育专项资金、中央专款和市级转移支付全部用于自主的教育项目。将教育经费预决算情况向同级人大报告,及时下达预决算批复,并督促做好预决算信息公开工作。

二是落实支出进度考核监督,督促预算执行进度。将教育经费预算执行全部纳入国库单一账户体系,通过财政支付平台,督促教育系统严格预算执行,认真执

行国库管理制度以及政府采购制度。根据市财政局对预算执行率的量化要求，实时了解教育各单位预算执行进度，对部门预算、重点项目支出预算执行进度进行考核。

三是逐步建立教育项目绩效评价机制，提高教育经费使用效益。加强教育经费绩效评估的研究，强化教育部门绩效管理实施主体责任，组织教育系统开展预算绩效评价，2016～2019 年，教育系统预算绩效目标管理项目资金量从 60％提高到基本达到"全覆盖"，绩效跟踪项目资金量从 20％提高到了 80％，绩效评价项目资金量从 10％提高到了 40％。区财政局对城乡义务教育一体化项目、空间环境创意项目、创新实验室项目等开展了重点绩效评价，组织了对教育专项业务费绩效专项调研，梳理专项业务费项目分类，为教育专项业务经费的分类立项奠定了基础。目前教育系统建立了部门自评价和财政重点评价相结合预算绩效评价机制。

四是加强财务会计业务辅导，提高财务业务水平。2019 年 1 月 1 日起，行政事业单位执行新的《政府会计制度》，为了使教育系统财务人员能及时、准确地掌握新的会计核算方法，做好各方面工作平稳过渡，2018 年区财政局会同区教育局组织了全体财务人员的培训，通过专家讲解、主管部门调研、会计核算软件升级更新、实务操作，全方位、全覆盖地帮助财务人员提高业务水平。

（黄浦区财政局）

提供卫生公共服务，促进学生身体健康

为推进教育综合改革，深入贯彻落实党的十八届三中全会关于进一步明确办好人民满意的教育重大策略，黄浦区卫生健康委员会带领委属各卫生医疗机构积极履行法定教育职责，在推进教育治理体系和治理能力建设中积累了宝贵经验，现将相关工作开展情况汇报如下：

一、口腔防治工作经验和成效

（一）健全三级口腔健康教育网络建设

充分发挥三级网络优势，建立以牙防所为主导，社区卫生服务中心为龙头，以居委和学校为基础的健康教育工作网络。在医院、学校、社区等重点场所设立健康教育专（兼）职人员并建立联系人制度，不断强化健康教育从业人员的业务能力，定期开展能力培训和技术指导，确保健康教育任务落实和健康教育知识的传播。同时，在组织保障上，设有区级口腔预防三级网络体系和区域预防协调会议机制，建立牙防所预防保健工作组织架构，形成合力，共同推进健康教育工作的有效开展和落实。

（二）口腔健康管理优化项目

从 2015 年起，按照国家卫健委要求完成每年度"全国儿童口腔疾病综合干预项目"，质量达到项目要求的标准；常规开展"儿童口腔健康检查""龋齿预防性充填""适龄儿童窝沟封闭"等市基本公共卫生服务项目，在项目开展过程中，重视过程管理，强化区级质控；完成一年两次的上海市口腔公共卫生工作联合督导监测工作，并接受市专家对本辖区学校现场消毒隔离工作、学校口腔教育和学校口防工作质量的督导。

（三）深入开展口腔健康教育宣传

通过建立完善的医教结合网络，以卫生教师为授课主体，医务人员予以专业指导。发挥各学校教学优势，探索课堂形式的创新，提高儿童在课堂中的参与度，达到师生积极互动的课堂活动氛围。在宣传内容选择上，结合不同年龄段儿童的口腔特点和认知水平，选择符合儿童年龄特征的知识和宣传方式，以中华口腔医学会下发的各年龄段口腔健康教育规范化课件为蓝本，依托影像资料、多媒体课件、校园广播、学校电子屏、口腔健康宣传海报和口腔健康知识宣传单页等，开展了包括口腔健康知识讲座、口腔健康教育课、主题班会、家长会、口腔健康主题知识竞赛及绘画比赛、主题板报、爱牙主题小品、主题歌舞剧等多种形式的口腔健康教育活动，每年开展活动 100 余场，幼儿园、中小学校覆盖率达 100％。

2017 年举办"学校口腔健康教育展示交流会"，从 25 堂规范化口腔健康教育课和 20 场多形式的口腔健康活动中选取 8 个特色学校口腔健康教育活动参与展示交流，并在 2018 年的全国项目表彰会上荣获特等奖及最佳图片展示奖。2019年以不同年龄段儿童的口腔健康教育模式探讨为主旨，分别开展幼儿园、中小学卫生教师口腔健教课展评活动，通过展示互评促进学校和卫生教师间的交流学习。特邀复旦大学公共卫生学院讲师、复旦大学健康传播研究所副秘书长贾英男博士，对社区和学校口腔健康教育人员进行《健康促进和健康传播理论与实践》的专题培训，全员参与率稳步提升。

每年"六一"儿童口腔卫生日期间，均会为辖区内阳光学校和文庙路幼儿园特殊班的儿童的进行口腔健康检查和龋病预防干预，并开展口腔健康亲子讲座，指导家长正确地为特殊儿童进行口腔保健护理，回答家长的日常护理困惑。

积极利用牙防所和各社区卫生服务中心的微信公众号发布原创科普文章，转发权威的口腔健康知识。在常规的学校儿童健教的基础上，还对一些没有保健能力的残障儿童及其家长开展口腔健康教育。

（四）建立建成口腔预防保健中心

2016 年 6 月，位于斜土路 780 号的黄浦区第二牙病防治所口腔预防保健中心在区卫健委的大力支持和关心帮助之下改建完成。现建有区域口腔预防保健中心，面积为 372 平方米，包括口腔宣教展示厅（配备了多媒体触屏和广告机）、实训室（配置牙椅 4 台）、会议室、会客室、预防科办公室、消毒隔离室等，集办公、口腔预防保健知识宣教、现场教学与远程教育、口腔预防适宜技术临床操作与社区医生实训、口腔预防专业中小型会议、论坛等多功能于一体。

口腔预防保健中心自建成以来，已成为本辖区社区牙防人员和学校卫生老师口腔健康教育和口腔预防适宜技术临床操作的培训基地，它还与上海口腔医学会合作,作为继续教育学习班的学习基地。同时,牙防所还在此开展了多次"小小牙医"亲子体验活动,受到家长和孩子的欢迎。它的建立使得牙防所"防治二位一体"的功能定位得到了完善和延伸,极大地提升了区域的口腔公共卫生防治水平。

随着人们生活水平的提高,口腔健康越来越多地受到人们的重视。《"健康上海 2030"规划纲要》提出要"完善健康教育体系",强调应"充分发挥医疗卫生机构、学术团体、医务人员、媒体在健康科普中的重要作用",并将"健康口腔"作为"深入开展全民健康教育"的专项行动之一,提出要"创新健康教育策略,加强对儿童等重点人群的健康教育"。

二、医教结合工作经验和成效

（一）深化医教结合社区医师进校工作

以指导学校做好疾病预防控制工作和关注学生中主要的健康问题为目标,指导进校医师做好学校基本卫生工作,在梳理已开展的"医教结合"工作内容基础上,进一步完善全区所有中小学校课桌椅配置情况调查,实施肥胖、视力不良学生的健康管理,探索重点常见病干预新途径,逐步健全健康管理方法,将个体随访和群体健康教育相结合。提高学校突发公共卫生事件应急能力,定期组织学校开展手足口病现场应急演练。

（二）加强健康教育课件资源库建设

加强学生重点常见病（肥胖、近视、脊柱弯曲异常）的健康教育课件资源库建设,组织动员 10 个社区的进校医生,在明确健康教育知识点的基础上,制作适合小学生的健康教育课件。区疾控中心指导社区统一课件要求,规范关键知识点,由各社区先进行课件推选,报送图文并茂、主题鲜明的优秀课件,然后各社区选派优秀进校医生进行试讲演示,区疾控中心组织市区健康教育、疾病控制和教育系统专家开展现场评价活动,评选最佳课件。征集课件活动也将填补社区规范开展学生常见病健康教育的空白。

（三）稳步开展中小学生肥胖预防控制工作

一是加大监测力度。做好每年一次的监测点学校学生肥胖相关指标筛查工作,建立完善学生常见病筛查档案,对检查中发现的肥胖超重学生及时告知,并发放健康处方,指导学生和家长采取防控措施。二是大力开展健康教育工作。将肥胖预防和营养膳食知识纳入学校健康教育工作计划，每学期利用健康教育课、主题班会、宣传栏、黑板报和广播、电视等对学生进行肥胖相关知识的宣传。制作学龄儿童如何选择零食等方面的宣传片，在部分学校向家长开设营养与健康教育课。三是开展健康干预工作。以学生常见病干预项目为契机，开展肥胖相关影响因素调查，针对调查结果指导监测点学校开展合理膳食、体育锻炼等方面的干预工作。

（四）多渠道实施近视防控工作

第一，将近视筛查纳入学生健康体检。为掌握黄浦区学龄儿童青少年屈光发育状况并尽早发现近视等屈光性眼病，黄浦区在原有开展儿童青少年视力普查的基础上，逐步将小瞳屈光检查等项目纳入眼健康筛查内容，开展分档视力筛查管理。2019 年黄浦区基本实现 4～18 岁儿童青少年屈光建档筛查和管理的全覆盖，对筛查中发现的近视高危学生发告家长书，指引他们到定点医院做进一步医学干预和治疗控制近视的发展。学生家长也可通过上海市眼防中心开发的明眸 APP 软件查看孩子的屈光档案和检查结果评定情况，并可在线问诊和在线预约就诊。

第二，试点开展近视干预研究。黄浦区作为上海市 8 个试点区之一，自 2016 年起参与上海市青少年近视干预项目。本区有 3 所试点小学，其中 2 所干预学校每学期在原有课外活动课基础上制定学生户外活动实施计划，并按照计划组织教师落实好干预一组学生每天 40 分钟和干预二组学生每天 80 分钟（包括课间 40 分钟）户外活动内容。监测数据显示，近年来学生近视发生率有所下降。目前项目还在进行中，将为今后近视干预项目推广运用奠定基础。

第三，针对相关危险因素开展近视干预。以点带面，在中小学校、幼儿园开展近视防控健康教育工作：以专家进校园形式，针对教师和卫生保健老师开展培训；针对学生开展预防近视健康教育课；在幼儿园结合家长健康课堂开展预防近视宣传工作。开展学校灯光和课桌椅符合情况监测和整改：每两年对辖区各中小学校开展教室光照度监测评价或课桌椅符合率调查，对评价不达标学校指导整改，给出改进措施和方法。开展学生近视相关危险行为因素监测：通过抽取学校学生开展调查，定期了解学生近视相关危险行为因素发生情况，为调整干预措施提供依据。

（黄浦区卫生健康委员会）

大力开展学校体育工作，提高青少年体质

黄浦区体育局以党的十八大、十九大精神为指导，深入贯彻落实《中华人民共和国义务教育法》，不断整合体育、教育资源，推动我区青少年思想道德建设，增强青少年体质，加强对全区学校体育工作的指导和督察。现将工作经验总结如下：

一、加强领导、规范运作，确保教育职责的有效履行

（一）加强组织领导

成立体教结合领导小组，建立了由分管区长担任组长，区教育局、体育局主要领导任副组长，双方分管局长、科长参加的联席会议制度。小组成员定期开会沟通联系，研究体教结合的重要事项，形成了体教资源共享、责任共担、人才共育、特色共建的良好格局，增强了工作合力。

（二）建立日常运行机制

建立与教育局的日常沟通机制，重点研究学校体育、竞技体育发展规划，定期召开区体教结合工作会议，制定《黄浦区体教结合促进计划》等相关政策。进一步发挥学校体育教学训练办公室功能作用；进一步协调学校体育俱乐部、传统校及学校带队体育教师的业务培训、业余训练；进一步规范体育特长生招生程序及流程。从制度上保障了学校体育工作的有序开展，促进了体教结合工作的全面发展。

（三）建立经费保障机制

按照"确保重点、鼓励发展、绩效挂钩、以奖代拨"的原则，进一步发挥"体教结合专项资金"的功能作用，根据新形势下的财政纪律，完善规范原有的区体教结合资金管理办法，明确使用流程和责任人。

（四）建立督查考核机制

积极组织体育局各基层单位和相关科室学习教育法律法规，提高体育局工作人员的工作能力，坚持以科学发展观为指导，加强对学校体育工作重要性的认识。将学校运动队建设、传统学校建设，学校体育俱乐部、学校体育场地开放，学校体育

特色发展，体育特长生招生等工作纳入体教结合的目标管理，建立目标管理责任制和定期检查评估制度，教、体两家统一部署，统一检查评估，统一奖惩。

二、深入改革、优化布局，推进体育教育现代化进程

（一）推进体育教学改革

深入开展各级各类学校的体育教学改革，建立多种体育教学模式，提高课堂教学质量；大力推进素质教育，促进学生生理、心理和社会适应三方面和谐发展；积极开展体育信息化教学，推进体育教育现代化进程。随着体育课程建设和体育教学改革不断深入，从体育课程目标出发，对体育课程结构与功能的研究步步深入，同时进行了多种体育课程教学改革试验。学校体育逐步摆脱了单一的教学模式，围绕有效增进学生身心健康发展的教育目标，出现了多种体育教学模式并存、百花齐放、百舸争流的大好局面。

（二）推进体育项目"一条龙"布局

根据区域特点和项目情况，合理布局体育传统学校，将适合学生特点、利于学生发展、具有一定基础的体育项目布局到学校。建立多种体育教学、课余训练模式，形成了一批如向明中学女篮，五爱高级中学男篮，敬业中学游泳，格致中学、卢湾高中排球，大同中学足球，浦光中学击剑，大境中学射击，区一中心小学射箭，巨一小学乒乓球等体育传统特色学校。在区内一条龙项目布局上，大部分项目已形成幼儿园、小学或小学、初中、高中的一条龙布局。我区现有 2 所国家级体育传统学校（向明中学、敬业中学）、23 所市级体育传统学校。28 所区级体育传统学校。体育传统学校的比例占全区中小学的 80％，还有 13 个二线运动队、18 所青少年体育俱乐部，以及许多体育社团，从体育组织的数量上看在全市名列前茅。

（三）推进体育教师队伍建设

坚持把师资培训工作放在战略位置，大力开展体育师资职务培训，加强青年骨干教师的培养，不断提高全区中小学体育教师的师德与专业素质。根据全国体育传统项目学校体育师资培训计划的要求，平均每年选派 4 至 8 名体育教师参加全国和市体育传统项目学校体育师资培训，拓宽教师思路，提高工作能力。为加强学校体育和竞技体育的"双师"型教育，每年暑假期间，选派优质的教练员和有关专家为学校体育教师开设篮球、保龄球、羽毛球、健美操、体育舞蹈等项目的专项技能培

训,每年培训总人数约 150 人。另外,根据学校体育特色需要、选派优秀的教练员进校园和学校体育教师共同组织特色课的拓展和专项课的教学。2019 年我区推出了篮球、排球、羽毛球、体育舞蹈、咏春拳、桥牌、五子棋、围棋、跆拳道、足球、武术、射箭、乒乓、击剑等 15 个项目,有 60 位教练在 56 所中小学开展此项工作。

（四）规范体育特长生招生管理

认真做好体育特长生的对口升学和体育特长生的高考报名工作。根据市教委、市体育局体育特长生有关招生精神,结合黄浦区体育特长生录取条件,以"公开、公平、公正"为原则,要求相关招生学校网上公布拟推荐运动员名单、有关招生运动项目及相关招生方案和项目测试信息,加强招生工作的透明力度和监督力度。严格签名制度,按照"谁主管谁负责"的原则,体育特长生推荐认定由推荐学校校长、体育局业务部门、教育局业务部门共同签字盖章交区招办复核。

三、强化特色、以人为本,促进学生健康促进工程建设

（一）推进普及与提高

学校体育实施"六个率先",即:率先在全市探索落实"三课、两操、两活动",落实每天一小时锻炼制度;率先推出每周五的"创新实践活动日";率先建立专项督导制度,将学校体育的开展情况纳入年度考核;率先建立学生综合素质评价系统,设立专项指标鼓励学生自觉养成运动健身的习惯;率先将区域内体育俱乐部、体育场馆、社区活动中心等全部向区内学生开放,学校运动场地向市民开放;率先试点小学二年级开设游泳课,切实提高学生生命质量和生存技巧。在全面提高学生健康的同时,坚持"输送人才"的指导思想,完善青少年后备人才选材、培养、引进体系,每年向一线、二线运动队输送 70~80 名优秀体育后备人才,促进了黄浦体育事业的可持续发展。

（二）推进青少年体育赛事的开展

体育比赛是激发青少年体育热情的重要载体,我区统筹市运会、学生运动会、阳光体育大联赛、校园联盟联赛、十项系列赛等赛事资源,构建宽领域、多层次、相衔接的青少年体育竞赛参与和选拔体系,促进青少年全面参与体育运动。每年开展中小学生田径运动会、踢跳比赛、弄堂游戏、篮球、乒乓球、阳光伙伴集体跑比赛等体育竞赛,参赛率 100%。在丰富学生课外活动的同时,横向间进行对比交流,

以市体育传统项目学校为龙头,通过比赛展示把好的活动经验、做法辐射到全区各校,总体上提升全区阳光体育活动质量,实现区域资源共享,形成合力。

（三）推进体育场馆对外开放

为贯彻落实黄浦区全民健身实施计划,有效提升公共体育场馆公益服务特性和开放服务水平,区体育局采用对系统内体育场地使用实行成本补贴的方式,为区域内相关单位开展青少年体育活动提供免费场地服务,为区内文化学校召开运动会提供免费的场地,确保青少年能享受到优质、高效的场馆服务。先后制定了《黄浦区体育局关于免费使用体育系统场地的试行办法》《黄浦区体育系统场地公益性开放服务细则》《黄浦区创建文明城区体育场所规范服务手册》,提升服务管理水平。黄浦市民健身中心免费为北京东路小学、报童小学、中华职校等上体育课提供场地。设置黄浦区市民健身中心和卢湾体育中心、青少年业余体校三个学生社会实践点。

（四）推进青少年体育活动开展

每年举行"六一"儿童节黄浦区青少年体育俱乐部少儿体育开放日活动,全区青少年体育俱乐部开展足球、篮球、游泳、棋类等十几个深受青少年喜爱的体育项目,所有项目面向黄浦区所有家庭免费开放。根据《关于做好 2019 年全国青少年体育冬夏令营(上海站)暨上海市青少年体育冬夏令营实施工作的通知》文件精神,开展黄浦区青少年体育冬夏令营工作。协助市体育局、团市委做好暑期爱心暑托班的教练员配送工作,根据街道场地条件为青少年配送武术、咏春拳、跳绳、中国象棋、围棋、国际象棋等相关课程。

（黄浦区体育局）

积极推动"文教结合",助力青少年健康成长

黄浦区文化和旅游局认真贯彻落实《上海市教育委员会、上海市人民政府教育督导室关于对区县政府开展依法履行教育责任综合督政工作（2016—2020 年）的实施意见》，切实履行政府主导责任，围绕培育和践行社会主义核心价值观、传承和弘扬中华优秀传统文化，积极探索"文教结合"的服务模式，为青少年提供内容健康向上、具有艺术魅力的精神产品；开展形式多样的文化艺术活动，丰富青少年的精神文化生活，提高文化艺术素养和思想道德素质；进一步推进文化馆、图书馆、博物馆、纪念馆等公共文化设施向百姓免费开放的工作举措；进一步规范文化市场经营秩序，净化我区社会文化环境，大力做好未成年人思想道德建设、精神文明建设，着力营造青少年健康成长的良好社会环境。

一、挖掘区域文教资源，丰富青少年精神文化生活

积极探索"文教结合"模式，助力青少年精神文明建设，充分利用文化教育资源，为中小学生提供内容健康向上、具有艺术魅力的精神文化产品，积极开展丰富多彩的文化活动，充实其精神文化生活，坚定其文化自信，提高其文化艺术素养。

（一）群策群力，持续开展形式多样的文艺活动

区文化馆自 2017 年开始推行"艺术空间"公益文化讲座项目，开辟非遗课堂、守艺学堂、文化驿站等青少年活动板块，开展非遗传承项目体验、传统手工艺制作、文化礼仪体验等活动。截至 2019 年底，共举办 349 场青少年公益文化活动，参与人数达 7460 人。同时，区文化馆每年针对社区未成年人征集包括儿童剧、手工DIY、亲子活动等形式多样的公共文化内容供给项目，不断加大面向未成年人的服务精度，2016 年至 2019 年共征集 53 个项目、46 场文化活动。团中央旧址纪念馆坚持开展"经典活动大家传"亲子活动，旨在推动黄浦区文化遗产的保护、传承和发展，四年来共有约 720 名学生参与。三山会馆作为上海市爱国主义教育基地、上海

市全民国防教育基地、上海市学生社会实践基地，四年来共开展"中华民俗代代传"手工体验活动共计 57 场，参与人数达 2280 人；举行"三山雅集古戏台演出——木偶戏专场活动"共计 6 场，观看人数达 1200 人。

（二）齐抓共建，全面铺开"文化进校园"系列活动

区文化馆于 2019 年推出"戏曲进校园"系列活动，汇集了京、昆、越、沪和黄梅戏五大剧种，在黄浦区六家中学以及上海的部分高校举办演出和导赏讲座，做好校园文化指导工作，受益学生近 8000 人。团中央旧址纪念馆在上海率先推出"走进校园上团课"品牌项目，大力开展爱国主义教育和革命传统教育，为全市大、中、小学校提供义务团课，自 2016 年来受益人数近 2500 人。三山会馆四年来坚持开展"送戏进校园"系列活动 12 场、"巡展进校园"系列活动 19 场，参与人数超过 17 万人，同时还积极为向明中学、华师大二附中、大同中学等 8 所学校提供志愿者岗位，志愿服务时间共计 20660 小时。黄浦区图书馆大力开展"书香进校园"活动，向区内部队、街道及学校公益捐书近 7000 册次，与格致中学、大同中学、向明中学等 10 所中学签订《上海市普通高中学生志愿服务（公益劳动）》共建协议，四年来发布实践岗位 52 次，1393 人参加，并于 2019 年获得"黄浦区社会实践活动优秀基地"荣誉称号。明复图书馆开展"名家讲座进校园"专题活动，邀请作家、学者等走进校园，2016 至 2019 年先后开展《品文化　悟人生》读书会、淞沪抗战专题讲座、"躲"起来的青春——《安妮日记》作者画传赏读会、《名人传》分享会等活动，引导学生阅读经典。

二、发挥阅读阵地作用，提升青少年思想道德素质

黄浦区图书馆、黄浦区明复图书馆积极开展爱国主义教育活动和青少年人文教育活动，每年为未成年人提供专题讲座、阅读活动、青少年社会实践活动，发挥阅读阵地力量，打造青少年特色阅读品牌，提高其创新能力和实践能力，努力提升其思想道德素质。

（一）依托馆藏，大力开展青少年文献服务

黄浦区图书馆拥有纸质少儿图书 73873 册、电子图书 1571 册、少儿类数据库 7 个，微信数字资源涵盖贝贝国学教育数据库、七彩阳光数字图书馆、少儿国学手工阅读课堂、乐儿资源等，为未成年人提供了丰富的数字阅读资源。2016 至 2019

年,青少年流通人次达 80652,少儿图书外借册次达 264460,新增少儿读者证 650 张。

黄浦区明复图书馆的连环画库为馆外青少年读者提供阅读服务,"爱不释书"、贝贝国学教育数据库及书童绘本则为学龄前儿童及小学生提供课外读物,内容涉及数字绘本、有声绘本、漫画、科普百科、分级阅读、连环画、少儿期刊等 11 个专辑,通过学习阅读启发心智、塑造品格、提升修养,培养良好的阅读习惯。

(二)积极探索,不断丰富青少年阅读活动资源

黄浦区图书馆着力打造青少年特色活动品牌,积极开展"培优学堂"系列活动,包括培优学堂国学班、作文班、阅读班、文言文班、绘画班等公益文化课程,为未成年人提供优质的传统文化教育和人文艺术教育资源;针对学龄前儿童开设绘本阅读班,通过木偶表演的形式辅助绘本阅读;依托青少年经典影院等文化共享工程数字资源,推进爱国主义教育,提升未成年人思想道德素质。四年来共举办各类少儿活动 695 场次,吸引 17289 人次参与。

明复图书馆根据不同年龄段青少年的阅读需求,为学龄前儿童配送非遗活动、数字阅读活动、绘本类和手工类活动;面向中小学生开展国学类活动,以感恩教育和道德教育为目标,让学生们感受经典国学的深厚文化内涵,领略中华传统文化的独特魅力。2016 年至 2019 年,开展讲座活动 71 场,服务青少年 8100 余人次。此外,明复图书馆全面支持黄浦区妇联"文化包"项目,共同出资为区域内贫困家庭儿童发放购书券,为其提供丰富的阅读资源,满足贫困儿童对知识和阅读的渴望,帮扶了黄浦区内千余名贫困儿童。

三、依法管理文化市场,保护未成年人身心健康

黄浦区文化和旅游局积极贯彻落实《中华人民共和国未成年人保护法》《上海市未成年人保护条例》,组织开展未成年人保护及校园周边文化市场综合整治工作,强化市场监管,规范校园周边文化市场秩序,净化校园周边文化市场环境,突出整治校园周边 200 米内文化娱乐场所,为未成年人健康成长营造良好的社会文化环境。

(一)多方联动,有效确立各项整治机制

区文化执法大队与区教育局、区公安局、区消防等部门积极联动,重点把握寒

暑假、春节、"两会"、开学前后等时间节点，集中查办违法违规案件并及时抄告相关部门，确立了集中整治长效管理机制、安全抄告机制、联合检查机制、突发事件人员配备响应机制、法规宣传"进社区、进校园、进基层"站点机制，组织点位长管理培训，加强保护未成年人应知应会内容场所从业人员的学习宣传，全面保护未成年人身心健康。

（二）全面排摸，切实加强文化市场监管检查

一是以是否接纳未成年人、是否张贴各类警示标志为检查重点，加强对娱乐场所的监管。二是加大对网吧检查的频次和力度，会同公安部门对重点范围内的网吧进行排查，切实防范未成年人进入网吧。三是加强对出版物市场和印刷复制企业的监管，结合"扫黑除恶""扫黄打非""护苗""清源""秋风"等专项行动及出版物、印刷企业一户一档工作，严防邪教出版物、淫秽色情出版物和有害信息等对未成年人的不良影响。四是加强网络出版、网络游戏、网络视听、网络直播市场监管，重点立足内容监管，配备网络执法专管员，配合市总队积极探索网络市场监管工作。2016 至 2019 年，文化执法大队共外出执法 955 次，联合执法 71 次，出动 4092 人次；检查场所 1628 家，立案处罚 40 件，当场处罚 4 件；罚款 50204 元，没收款 2923元，没收非法出版物 7379 册。为未成年人营造平安、稳定、健康、和谐的文化市场氛围贡献力量。

（黄浦区文化和旅游局）

发挥社区教育优势,形成共同育人合力

2016 年以来,在区政府、区教育局的领导下,五里桥街道认真贯彻落实《中华人民共和国教育法》《中华人民共和国职业教育法》《未成年人保护法》《教育督导条例》《上海市教育督导条例》等相关法律法规,发挥依法发展教育事业的责任主体作用,优先发展教育事业,促进五里桥街道教育工作科学发展,全面实现教育现代化,现就街道 2016 年至 2019 年履行教育职责的工作情况汇报如下。

一、基本情况

五里桥街道东起制造局路,西至瑞金南路,南临黄浦江,北到斜土路,区域面积 3.09 平方公里,其中南部滨江规划面积 0.55 平方公里。现有户籍人口 6.6 万人,实有人口 8 万人。辖区内有 16 所中小学校,学生社会实践指导基地(服务站点)25 个,居民学习点 19 个,养教结合点 2 个。五里桥街道党工委、办事处高度重视教育工作,不断充实社区教育委员会人员构成,街道分管领导担任教育委员会主任,五里桥警署政委及党工委副书记担任副主任,委员由街道各科室、社区学校校长、辖区内中小学校长等组成。街道办事处认真贯彻落实相关法律法规,把教育工作列入街道发展规划、工作计划,不断加强本辖区幼儿教育、未成年人思想道德建设、青少年保护、社区终身服务体系建设等,落实好街道办事处七项主要职责。

二、主要措施与做法

(一)不断加强宣传引导,多途径营造社区教育氛围

1. 做好社区宣传工作

在街道辖区宣传栏内张贴宣传海报,定期开展居民区教育宣传黑板报评比等;结合传统节日做好爱国主义教育工作,坚持日常宣传与节日宣传相结合,营造社区教育氛围;以未成年人德育讲师团为触手,定期在社区内开展理论宣讲活动,加强

未成年人的社会主义核心价值体系宣传教育。

2. 推进教育类普法宣传

开展形式多样的法治主题宣传,聘任华夏汇鸿律师事务所、言知律师事务所、中和律师事务所作为 19 个居民区的居委法律顾问,开展《民法总则》《反家庭暴力法》《中华人民共和国义务教育法》《未成年人保护法》等法律法规的法治宣传讲座,进一步在各居民区加强未成年人的法制教育,启发、引导未成年人树立正确的人生观、世界观、价值观、道德观、法律意识等。

3. 打造社区心理健康教育基地

发挥街道"心灵港湾"心理工作室作用,做好教育问题、情绪管理、亲子关系、家庭暴力、病理问题、学习问题、行为冲突,以及人际交往伴随学习习惯问题、教育问题伴随情绪管理问题、家庭暴力伴随学习问题等的行为认知调整、情绪缓解以及转介。自 2016 年至今,"心灵港湾"工作室累计接待 8～18 岁未成年人来访者 14 人,共计来访 25 次,除今年新接访的一例尚需持续咨询外,其他来访者的心理健康咨询工作均已结束,满意度 95% 以上。

(二) 完善家庭教育网络,多角度助力幼儿教育

1. 指导早期家庭教育

5 年来,街道妇联与奥林幼儿园联合举办公益早教活动 32 场,经过排摸梳理,共有 1610 人参与公益早教课程。开展黄浦区家庭教育"四进"项目活动,如黄奕警官安全防范进奥林、果色 family 进居委、儿童性教育活动进党群服务站等活动。

2. 提供普惠性社区托育服务

坚持以普惠为导向推进 3 岁以下幼儿托育服务指导,为让更多 3 岁以下幼儿享有普惠性托育服务;通过提供场地、减免租金等方式,给予提供普惠性托育服务的机构政策支持;坚持将安全放在首位,严格执行建筑标准、消防标准等硬件保障,严抓食品安全、人身安全;为确有照护困难的幼儿家庭提供多样化的托育服务,引导建立"家庭为主、多方参与"的托育服务体系,让更多幼儿享受"幼有所育"。

3. 推进"亲子园"托管项目

街道通过项目购买的方式,于 2015 年 8 月 1 日起引入上海名师培训中心开展五里桥"亲子园"托管项目,创造性地开展"亲子园"日常活动,育儿专家、老师引导家长科学教养孩子,为每个孩子及其家长提供专业的幼儿早教服务。自 2015 年来,"亲子园"服务已覆盖社区 500 多个家庭,每年覆盖人群约 30000 余人次。

（三）加强思想道德建设，全方位推进青少年教育工作

1. 开展丰富校外活动

组织形式多样的寒暑假活动，以未成年人思想道德建设为主线，开展各类实践活动，如安全讲座、参观消防馆、红十字自救自护、科普教育等活动，培养学生的创新精神和实践能力。街道各居委会为学生提供社会实践基地和参加社区公益活动的实践机会。2016 年来，共组织青少年学生开展活动 1500 余场，参加人数达100000 余人次。

2. 维护青少年合法权益

街道青保办在接待来访、来电过程中，与居委、学校共同配合协调、联系走访，对违反九年义务教育法规的家长进行批评、教育和督促，有力地遏制了学生辍学的现象。如中山学校程同学厌学情况比较严重，街道青保办得到消息后，在学校帮教基础上，及时与居委会保教小组联系，上门家访，与家长一起制定有效的学习方案，让她回归学校生活，保证其完成义务教育。

3. 关心困难家庭子女

关心困难家庭子女的入学问题，开展"筑梦飞"助学项目，对低保、低收入、大重病、单亲家庭等特殊困难家庭的高中生、大学生给予学费补助，2016～2019 年共帮助高中生 142 人次，发放助学款 22.05 万元，帮助大学生 184 人次，发放助学款 45万元。开展"我的心愿"童心圆梦、青春圆梦项目，在节日期间，为低保家庭子女购置礼物，促进孩子健康成长，2016～2019 年共帮助 80 人次，使用经费 7.5 万元。开展"爱心传递"——义务家教项目，组织受助大学生与困难家庭的中小学生结对，开展义务家教，定期为孩子们辅导功课，2016～2019 年，共有 15 对学生结对，义务家教项目提高了大学生的社会责任感，使他们怀着一颗感恩的心用实际行动来回报社会的帮助。

4. 落实青少年帮教工作

加强对社会特殊人群中未成年人的管控、教育和服务工作。制订了针对未成年犯罪嫌疑人的矫正方案，组建运行矫正小组，出具未成年社区服刑人员家庭责任书，告知社区矫正监护人的职责和任务，共同对未成年人进行监管和教育。对行为偏差中学生立案跟踪，落实专人帮教，从思想上引导他们，使他们在社会上能遵纪守法，降低在校学生的犯罪率。

三、主要成效

(一)思想道德建设不断增强

围绕主题教育、志愿服务、传统节日等方面开展未成年人思想道德建设活动,取得了显著成效,有效提升了青少年思想道德水平。一是以爱国主义教育为主题,组织开展建党 95 周年和新中国成立 70 周年的系列活动,征文、讲故事,唱红歌等,让未成年人牢记历史,缅怀先烈,陶冶心灵,培养他们的爱国主义思想、集体荣誉感,营造一个有利于未成年人健康成长的良好环境。二是以志愿服务站和社会实践指导基地(站点)为阵地,以活动开展为抓手,围绕社会主义核心价值观教育、"中国梦"教育等主题,扎实开展了"小小文明岗""诗词颂美德""WULI 海派童话王国——老少故事会"等主题教育实践活动。三是积极结合春节、清明、端午、中秋、重阳等传统节日,常态化开展"我们的节日"主题活动,对青少年学生进行中华优秀传统教育、爱国主义教育。如春节期间开展"书画和美家风"春联书法比赛、"手绘文明城区"涂鸦等活动,进一步加深青少年对社区的感情、培养青少年课外兴趣爱好、提高青少年思想道德建设水平。

(二)志愿服务精神得到有效激发

积极盘活区域资源,依托联系会议成员单位力量,分别组建了由社区学校专职老师、社区名师团成员为主体的"未成年人德育讲师团",由社区妇女干部、家长、青少年社工组成的"家庭教育指导队",由未成年人、家长及社区志愿者共同组成的"社区 1+1 志愿服务队",由社区青少年、宣教干部和社区文明劝导队队员组成的"文明岗志愿服务团队",由辅读学校新晖中学青少年学生与志愿妈妈团组成的"新晖中学骑行队"等五支队伍。五支队伍自组建以来,分别在宣传教育、实践指导、咨询服务、组织活动等方面发挥了显著作用,开展了"未成年人自我保护课堂""文明劝导我先行""我为老人添道菜""图书换绿植""社区 1+1"及"滨江骑行"等形式多样、丰富多彩的未成年人实践教育活动,进一步夯实了街道未成年人思想道德建设工作基础,有效提升了未成年人品质修养,提高了他们适应社会、解决实际问题的能力,提高了他们面对困难和挫折的承受力。

(三)群众获得感和满意度不断提升

积极开展各类市民学习活动,完善终身学习服务体系,同时不断拓展老年学习成果展示交流平台,提升居民群众的文化素养,使社区居民学有所乐、学有所用,进一步满足居民群众日渐增长的精神文化需求,不断提升群众的获得感和满意度。如五里桥街道全民终身学习活动周期间,社区学校积极整合有效资源,为辖区广大中老年人提供充分展示才艺的学习舞台,"社区学校教学成果展示""滨江文化　幸福五里"书画摄影展、"融入学习,品味人生"五里桥社区(老年)学校优质课展示等活动,吸引了广大社区群众参与,社区居民纷纷展示学习成果,本次活动周参与人次达 1200 人。

四、进一步整合社区教育资源,全覆盖构建终身教育体系

（一）加强社区学校建设

坚持"以人为本,资源共享、教育惠民"的社区教育理念,在全面构建全民教育、终身学习的社区教育体系中,注重教育资源的整合和优化,不断加大社区教育的硬件投入和软件升级,依托街道社区文化活动中心数字多媒体设施开展教学。不断创新社区教育的内容、载体、模式,让社区居民就近、就便、就需地接受教育,满足社区居民终身学习需求。加强居民学习点、养教结合点、阳光之家点以及网上"上海老年教育慕课平台"等的建设,开展社区教育指导工作,提升社区教育的内涵。深入辖区内 19 个居民学习点、2 个养教结合点进行"学习点的现状与居民学习需求"专题调研,通过调查问卷、座谈倾听,了解居民真实的学习需求和困难,摸清硬件设施配备、师资情况、学习资源、课程开展等方面的详细情况,为社区学校对居民学习点的服务和指导提供重要依据。

（二）壮大师资队伍

建设高素质的师资队伍,以老干部、老党员、老教师等为主体,配以 9 名专职教师、28 名兼职教师组成讲师团,承担 12 所社区学校的教学任务,不断提高社区教育师资队伍的整体教学能力。组建社区教育志愿者服务队,与周边高校、院所、政府部门、教育机构联动,招募志愿者参加社区教育的管理和服务。创新社区学校课程。

（三）创新课程设置

以"立足社区,服务居民,激发兴趣,提高素质"为指南,根据居民实际需求开设学习课程,包括境外旅游英语课程班、玩转智能手机班、古筝基础课程、自我按摩与健康养生、太极拳等涵盖文学、信息、艺术、健康和技能五大版块的课程,课程内容通俗易懂、质量高,为五里辖区居民提供优质的学习平台。

（黄浦区五里桥街道）

第三节　建立优先发展有效运行的保障机制

黄浦区高度重视教育事业发展,纳入黄浦区国民经济和社会发展整体规划,落实教育事业在区域经济社会发展的全局性、基础性和先导性地位,坚持"发展规划上优先安排教育、财政资金投入上优先保障教育、公共资源配置上优先满足教育和人力资源开发需要"的"三个优先"原则,切实保障教育资源配置和教师队伍建设,形成全区共同推进教育优先发展战略的良好局面。

优化教育资源布局,改善办学条件,
奠定学校内涵发展基础

为建设现代化国际大都市中心城区的功能定位,适应新一轮区域经济社会发展的需要,黄浦区加速推进教育现代化进程,按照做大做强优质教育的要求,坚持以促进公平、提高质量为目标,合理调配教育资源、优化教育布局结构、创新发展机制、深化内涵发展,全面提升教育现代化水平,办人民满意的教育,办学生喜欢的学校。

教育局为构建舒适、友好、安全的社区生活圈,建立配套齐全、功能完善、布局合理、使用便利的城区公共服务设施体系,落实总体规划要求,结合城区特点,加强规划研究,通过查漏补缺,从优化教育设施规划布局,推动教育设施项目实施落实着手,拓展思路,积极创新,从宏观和微观两个层面入手,促进城区基础教育设施的优质均衡发展。宏观层面,加强规划研究,结合单元规划,做到规划先行。一方面,从做好供给角度出发,基于城区空间资源特征,深入研究本区发展战略,优化教育设施布局,促进教育资源整合,有效实现教育资源空间落位;另一方面,从满足需求角度出发,通过查漏补缺,结合城区人口规模控制指标,对接城区教育部门需求,积极推动教育指标实施落地。微观层面,拓宽规划思路,结合具体项目,做好规划配置。在尽可能满足相关技术标准基础之上,探索集约利用存量土地,复合挖掘空间资源的配置方式,在兼顾做好教育设施建设、提升教育水平基础之上,做到城区风貌延续,促进历史资源保护利用。

一、加强规划研究,优化规划布局

总体配置原则上,以满足人口规模为配置标准,兼顾服务半径和千人指标,按照《上海市控制性详细规划技术准则》(沪府办〔2016〕90号)控制要求,规划配置幼儿园、小学、初中、高中等。通过系统内外资源整合共享,提高资源利用效益,实现优质资源总量扩张。再根据服务人口规模和结构特征,确定学校的班级数和相应的建设规模。用地面积确有困难的建成区,用地面积可适当折减。现状学校改造,其用地和建筑面积应根据实际情况确定,但不得小于原规模。

具体规划布局中,以上海市新一轮总体规划(2016~2035年)为依据,按照"总体规划—单元规划—详细规划"三个规划层次,在对现有控详规划作出全面评估和梳理的基础之上,逐一落实基础教育设施配置指标。目前,相关工作主要侧重在以下两个方面:

第一,做好全区层面单元规划,统筹考虑基础教育设施布局问题。该项工作在总体规划指导下,深入研究本区发展战略,对现有控详规划做出全面的评估与梳理,承上落实总体规划发展定位和要求,对下直接指导控详图则的局部调整或实施深化。通过查漏补缺,优化现有控规中已明确的各级基础教育设施空间落位的可实施性。在教育设施规划中,提出"以提高建筑规模为主,用地规模为辅"的原则,建筑规模以满足可容纳对应人口的班级数为标准。

第二,结合重点地区城市设计,推动基础教育设施指标逐一落实。对于风貌保护要求高,旧区改造压力大的地区,一直存在空间资源有限、设施配套指标达标难的问题,需要在规划研究中予以统筹考虑解决。比如,我们在老城厢及周边地区城市设计研究中,就以构建步行可达、混合集约、活力便捷的15分钟社区生活圈为原则,对老城厢及其周边地区内的基础教育设施进行合理布局,规划对现状个数多、分布密度高的各类学校进行整合,通过新建、迁建、扩建等方式,使得学校选址基本满足规模、环境和交通等要求。

二、着力控规调整,推动规划实施

2016 年以来,为推动城区教育项目的实施落地,教育局组织开展了多项教育项目控规调整工作。

（一）工作方法上,采用方案先行,科学论证的方法

项目审批提前予以介入,并结合区教育部门需求先行开展建筑概念方案设计,经多方案比选,征询各相关单位意见后形成稳定的建筑概念方案,再转译为控规普适图则和附加图则,以此加速推进控规调整,加快推动项目审批,为后续项目建设提供法定依据。

（二）工作思路上,积极拓展思维,有效利用资源

由于我区大多建设项目用地局促,在用地面积难以满足的情况下,我们积极拓展思路,比如允许幼儿园将办公配套用房布置于三层以上、幼小联合一体化设计、复合利用垂直空间、充分考虑地下空间以满足学校辅助用房和停车需求等方式,并确保建筑面积满足《上海市控制性详细规划技术准则》和《上海市普通幼儿园建设标准》(DG/TB08-45-2005)中的相关要求。

三、教育资源整合,拓展服务功能

黄浦区主动对接《上海市国家教育综合改革实施方案》,做大做强本区优质教育资源,拓展教育公共服务功能。优化系统内外资源配置,通过整合共享,提高资源利用效益,实现优质资源总量扩张。使资源配置更加合理,资源利用更有效率;教育机构适度减少,办学规模适度扩大;内外资源共享机制建立并逐步完善;加大资源置换力度,使教育资产化分散为整体,扩充和改善办学条件。逐步形成以若干个教育集团或学区为核心的中小幼学校合理布局,国民教育与终身教育体系相互联动、融通发展的"大教育"格局。呈现出数量满足,结构优化;规模适度,设施先进;环境优美,师资精良;管理科学,特色鲜明的区域教育特征。实现区域教育的三个适应:与立德树人、促进未成年人身心健康成长的育人目标相适应,与区域人民

群众对优质教育的需求相适应，与黄浦区经济社会发展整体水平相适应。

（一）整合的方式

通过教育系统内部撤并、新建、改扩建学校来优化各级各类学校布局；通过高中、初中、小学和幼儿园校舍的梯度转移来调整不同学段学校的场地资源；通过教育系统内外跨部门合作联动，置换、调整现有教育资源，变分散为集中，提高教育资源集约化程度；通过打通学校与社区之间、学校与学校之间的阻隔，实现资源共享、功能整合。

（二）整合的抓手

以深入推进国民教育和终身教育融合发展为抓手，加强部门与条块联动机制，探索基础、职业、成人、社区等教育融合发展机制，实现场地、课程、师资融合互通，逐步形成大教育格局。以推进"集团化和学区化"办学试点为抓手，做大做强区域优质教育资源，提升教育整体发展水平，加快教育现代化进程。

（三）工作原则与策略

1. 规划先行，分步实施

教育资源整合是对教育格局和结构的系统变革，不是简单地撤并学校，必须加强全局统筹，做到"全局一盘棋"。要在认真调研基础上，把资源整合纳入区域总体规划和教育发展"十三五"规划，当前与长远结合，科学制定总体规划和目标，统筹兼顾、规划先行，做到"五年整体有目标，三年推进有方案，每年实施有项目"。

教育资源整合关系到群众和师生的切身利益，关系到教育事业科学发展。要综合考虑区域人口变化、经济条件和教育基础等因素，根据不同学校实际，加强分类指导，不搞"一刀切"。综合考虑教育资源整合的必要性和可行性，处理好稳定与发展的关系，以项目为抓手，成熟一个、落实一个，因地制宜、逐步推进。

2. 着眼全局，协调联动

通过教育资源整合，既要逐步理顺教育系统内部关系，促使各级各类学校数量、规模、结构等要素更加协调，整体优化；又要站在区域经济社会发展的高度，通过实施学校机构布局调整，着力优化教育服务功能布局；还要加强部门联动、条块结合，建立部门之间资源共享、信息互通、工作协同、合理推进的工作机制。整合中，要坚持树立"大教育"理念，促进国民教育与终身教育融合发展，实现大教育格局下的资源共享互补，最大程度实现教育公共产品的普惠性。

3. 育人为本,追求卓越

资源整合的核心是育人为本,保障公平。要促进教育优质均衡,保障不同学段学生受教育的权利和机会均等,不断扩大优质资源,缩小校际办学水平差异,满足学生就近接受优质教育的需求,实现黄浦区教育更高层次上的优质均衡。

从"经典黄浦"的独特性出发进行资源整合,发挥老校、名校众多,底蕴深厚的优势,放大教育的历史文化底蕴,做大做优。支持学校错位竞争,特色发展,从本校实际出发,形成教育上的个性风貌,走有黄浦特色的教育发展之路。

（黄浦区教育局）

完善制度保障,加强队伍建设,构筑教育人才高地

黄浦区坚持遵循教育规律和教师成长发展规律,以"四有"好教师为示范标杆,牢固树立人才第一资源理念,制定《黄浦区教育人才培养和激励行动计划》,着力加强师德师风建设,全面提升教师专业素养和综合能力,努力造就一支政治素质过硬、业务能力精湛、育人水平高超的高素质教师队伍,同时营造更加优越的从教环境,形成优秀人才争相从教、教师人人尽展其才、好教师不断涌现的良好局面。至2018 年末,黄浦区中小学师生配比、优质教师流动、教师培训和绩效工资增长等均达到城乡义务教育一体化和义务教育优质均衡相关要求。优质教师数量逐年增长,高级教师配置达标率逐年上升。

一、构建激励机制,促进人才培养

黄浦区把教师队伍建设作为教育投入重点予以优先保障。近年来,黄浦教师收入呈现逐年递增的良好态势。在增资调整中,区教育局坚持激励导向,指导学校将调整部分全部用于奖励性绩效,通过增量撬动存量,不断优化分配结构。坚持将教师队伍建设纳入区政府人才发展和教育发展整体规划,2019 年区教育局、区人社局联合印发《黄浦区教育人才培养和激励行动计划》,明确了鼓励教师学历提升、试行学术休假制度、实施教育人才专项奖励以及提供人才公寓等生活服务保障四大激励举措,鼓励优秀教师在教育教学工作中发挥示范引领作用,进一步促进黄浦区教师队伍整体素质的提高和教育质量的提升。

黄浦区将教育人才队伍建设纳入区域人才和教育事业发展整体规划,区委编办、区人力资源社会保障局、财政局、教育局等建立联动机制,结合黄浦实际,定向施策,按照严控总量、盘活存量、优化结构、增减平衡的要求,统筹区域教育资源均衡配置,参照市里中小学教职工编制标准,积极探索创新编制核定管理,采用多种方式满足义务教育学校教师编制需求,严格规范事业单位编制管理。为优秀人才和资深教师同级别岗位晋升提供机会,拓宽教师发展空间,增强教师获得感,满足

学校发展需求。在每年核编过程中，做好现有教职工的总量控制和结构调整工作，引导教职工实现校际合理流动和教育集团、学区内柔性交流。结合区域教育发展需求，每年都将补充中小幼教师作为用编计划安排的重点，在确保财政供养人员只减不增的前提下，认真编制年度申请用编计划并严格执行到位。

二、形成培养序列，聚力专业发展

在加强师德师风建设方面，黄浦区下发《关于加强黄浦区教育系统师德师风建设的实施意见》，坚持以"立德树人、敬业爱生"为核心，以"教书育人、规范从教"为重点，结合党建引领，以党风促教风，以党性铸师魂，着力提升广大教师的教育情怀和教育境界。通过强化师德师风教育、加强师德师风宣传、完善师德师风评价、协同师德师风推进机制等途径，创新具有海派特点、黄浦特色的师德师风涵养模式，培树一批身边的师德师风先进典型。引导广大教师以德立身、以德立学、以德施教、以德育德，坚持教书与育人相统一、言传与身教相统一、潜心问道与关注社会相统一、学术自由与学术规范相统一。同时，区教育党工委、区教育局要求各学校完善师德考评制度，改进师德师风考核办法，将师德表现作为教师资格定期注册、业绩考核、职称评审、岗位聘用、评优奖励的"一票否决"事项，并纳入教师诚信档案。

在提升教师专业发展方面，遵循教师专业成长规律，构建多级发展序列，形成"名师工作室示范引领、学科带头人合作研究、区骨干教师团队研修"等骨干教师培养机制。黄浦区坚持以增强教师创新意识、创新精神和创新能力为重点，积极推进黄浦区教师队伍建设"十三五"师训和培养工作，持续优化"教师研训"机制，实施教师素质提升工程和知识更新工程，构筑"讲台上的名师""新秀教师在讲台""幼儿教师青苹果工作坊"等独具黄浦特色的教师专业发展平台。加强梯队建设，建立健全从新教师（见习基地培养）、初级教师、中级教师、高级教师、校骨干教师、区骨干教师、区学科带头人、特级教师、正高级教师梯队建设的培养序列。完善各级各类骨干教师的评审、培养、考核、评价等机制，力求实现教师专业发展减负增效和教师能力素质持续提升。同时，区教育局、区教育学院坚持分级分类实施教师继续教育培训，注重校本研修，打造"定制、跨界、优质"的教师教育课程。

在推进名师名校长培养方面，进一步探索特级教师、拔尖人才、学科带头人、骨干教师等各类优秀人才的选拔和培养机制。以立足课堂、团队研修、项目引领为重点，进一步建设好特级教师、特级校长主持的名师名校长工作室，学科带头人引领的研修团队和骨干教师为主体的学科研修组，力求让优秀教师的梯队式培养呈现出清晰的金字塔形序列。名师工作室遵循蹲点助教"项目引领"的工作方式，直面学校教学问题，形成黄浦特色的名师培养带教机制；区学科带头人研修沙龙开展"合作研究、示范教学"，让研修团队共同探索，携手成长；"团队研修、同伴互助"则是区骨干教师学科研修组构建的一种研修方式；"种子计划"团队将通过"项目驱动、团队建设"打造我区年轻的骨干教师后备梯队。在此基础上，组建"黄浦区特级教师特级校长研究发展中心"，切实发挥该中心的辐射作用，造就一批具备教育家基本素质，在全市乃至全国有影响力的名师、名校长，努力打造适应黄浦现代化教育需求、可持续发展的优秀教师梯队。在干部队伍培养上，区教育党工委、区教育局着眼营造教育家办学的条件和氛围，实施"登峰计划""强基计划""固原计划""蓄水计划"，建设高水平、专业化、阶梯式发展的教育系统干部队伍。

（黄浦区教育局）

第二章

依法治教,深化改革,构建科学发展"硬保障"

在深化教育综合改革中,黄浦教育全面推进依法治教,促进教育治理体系和治理能力现代化,以法治思维和法治方式推进教育综合改革,加快构建政府依法行政、学校依法办学、教师依法执教、社会依法支持和参与教育治理的教育发展新格局,将教育事业改革发展全面纳入法治轨道,为加快推进教育现代化提供了有力的法治保障。

黄浦教育不断践行依法治教,聚焦重点,构建科学规范、运行有效的教育法制体系。一是深入推进教育部门依法行政,加快形成法治化的教育行政管理体制机制,依法全面履行教育行政管理职能,制定并公布权力清单、责任清单,进一步明确职能权限与责任,优化运行流程,推进决策科学化、民主化、法治化,提高教育决策质量和运行效率,维护教育领域的公平和教育秩序的稳定。二是深入推进各级各类学校依法治校,大力推进学校依章程自主办学,全面开展依法治校示范校创建活动,加快建设依法办学、自主管理、民主监督、社会参与的现代学校制度,健全科学决策、民主管理机制,完善学校治理结构,构建政府、学校、社会之间的新型关系。三是深入开展法治宣传教育,营造体现法治精神的校园文化氛围,增强教师依法执教的意识,加强学生法制教育,提升师生法律素质,尊法守法,依法办事,切实提高依法治校水平。

全面推进依法治教是加快教育现代化、建设教育强国的迫切要求,黄浦教育行政和各级各类学校全面推进依法治教,注重顶层设计与基层实践相结合,发挥各方积极性主动性,形成推进教育法治工作的强大合力,把教育法治工作的具体要求转化为生动的实践,全面提升了教育治理水平,充分发挥了教育法治的引领性、基础性、规范性、保障性作用,为教育改革开拓道路,为教育发展保驾护航。

第一节　深化"放管服"，依法行政推动政府职能转变

依法治教应以依法行政为先，黄浦区一方面制定并公布权力清单、责任清单、服务清单、效能清单，进一步明确职能权限与责任，优化运行流程，另一方面积极探索教育行政执法体制改革，积极探索部门合作联动执法和动态事中事后监管两项特色工作，转变政府职能，深化教育行政放管服改革，有效维护教育领域的公平和教育秩序的稳定。

创新"四张清单"制度，扎实推进教育依法行政

习近平总书记指出，法治既是国家走向现代文明的标志，也是改革取得成功的关键，依法治国和全面深化改革，是相互协同促进的关系，改革需要法治保障，法治在改革中推进发展。党的十八届三中全会以来，为进一步简政放权、放管结合、优化服务，推动行政审批制度改革，围绕"高度透明、高效服务；少审批、少收费；尊重市场规律、尊重群众创造"的目标，全面推进政府效能提升，创新政府管理，优化政府服务，为经济社会发展营造了良好环境。

黄浦区于2015年4月启动全区行政权力和行政责任清理工作。同时，结合黄浦区区情，自我加压，主动作为，探索建立了服务清单和效能清单，将"四张清单"（权力、责任、服务、效能）制度作为深入推进依法行政、加快建设"法治黄浦"的重点任务和主要抓手。在区委、区政府的统一领导下，黄浦区教育局在教育依法行政领域积极贯彻落实"四张清单"制度，进一步有效地明确教育行政部门的依法行政权责，明晰行政执法等行政行为依据和流程，规范行政行为，界定教育依法行政中的

政府职能边界,落实学校的依法办学自主权。

一、教育依法行政"四张清单"制度的确立原则

（一）合法原则

设定行政审批应当遵循依法行政的要求,符合法定权限和法定程序。仅法律、行政法规、地方性法规和依照法定职权、程序制定的规章可以设定行政审批。实施行政审批行为时,必须严格按照法律授权,做到依法、公开、透明。

（二）合理原则

在设定和实施行政审批时,须划清政府职能与社会、企业、中介组织和机构的界限,充分发挥市场机制自我调节的能力和作用,要符合社会主义市场经济发展的要求,有利于政府实施有效管理,保障市场规范运行。

（三）效能原则

行政审批制度改革要与政府职能转变相结合,合理划分和调整部门职能,简化程序,减少环节,优化管理,提高效率,强化服务,提供便利。要积极推广电子政务,改进审批方式,体现行政效能的价值取向。

（四）责任原则

有权必有责,有什么样的权力,就要有什么样的责任。要按照"谁审批,谁负责"的原则,在赋予行政机关行政审批权时,要规定其相应责任。行政机关实施行政审批,应当依法对审批对象实施有效监督。要构建完善的行政审批监督体系和制衡机制,强化监督的针对性,防止损害国家和公众的两方面利益的情况出现。

（五）公开原则

行政审批机关要按照"公平、公开、公正"的原则,通过公告、通知等多种方式,将审批事项内容、对象、条件、程序等向行政相对人公开,保证行政审批在阳光下公开运行。

二、教育依法行政"四张清单"制度的主要内容

（一）权力清单

权力清单旨在规范政府行政事务。2015 年首次制定时,黄浦区教育行政权力

清单共有 68 项,涉及行政审批、行政处罚、行政检查、行政备案、行政给付、行政奖励、行政指导、行政调解、行政规划、行政决策、行政协助以及其他权力。后又根据市教委、区政府等相关要求,调整为 96 项。

（二）责任清单

责任清单主要是列出行政过错追究。2015 年首次制定时,黄浦区教育行政责任清单共有 467 项,与权力清单所有事项以及子事项一一对应,体现有权必有责的原则。

（三）服务清单

服务清单主要是向人民群众承诺的教育公共服务事项。2015 年首次制定时,黄浦区教育行政服务清单共有 13 项,随着服务的不断优化和社会对教育服务需求的不断增长,目前已扩大至 61 项。

（四）效能清单

效能清单旨在杜绝乱作为、禁止不作为、克服慢作为。对于上述三类不当行为,明确了约束部门、约束对象、具体表现、问责程序、问责方式和问责依据。

三、教育依法行政"四张清单"制度的经验成效

（一）以规范化为引领,助推行政体制改革,进一步转变了政府职能

围绕"四张清单"的建设,进一步对新形势下教育行政部门职能进行了定位和梳理,明确了该干什么、不该干什么,对政府该干的事情坚决承担起来,如维护教育活动的基本秩序、提供教育公共服务、保护未成年人等,对政府不该干的事情,则坚决放下,进行简政放权。行政审批制度改革实质就是刀刃向内、转变职能,厘清市场经济条件下政府的功能定位,尊重规律,尊重法治,尊重市场的选择,削减不必要的行政审批事项,减少政府对微观事务的管理和控制力,让市场及企业更好地自我管理、自我约束。

（二）以标准化为抓手,助推工作流程再造,进一步理顺了条块关系

通过推行以"四张清单"为基础的管理制度,教育行政部门在认真梳理本部门职权和责任的基础上,进一步梳理了需要其他部门、单位提供支持、配合的行政协助类责任清单,明晰彼此权责边界,明确多部门协调配合的工作流程,建立健全部门间协同配合机制,同时进一步建立健全了一系列配套性授权、管权、督权制度。

通过体制创新变革，切实解决权力与责任、服务与效能的关系，实现以"四张清单"为基础的管理体系与管理方式的创新再造。

（三）以便捷化为宗旨，助推服务模式创新，进一步为人民群众提供办事便利

推进"四项清单"制度后，区教育行政部门主动上网"晒权责"，让老百姓办事一目了然。在此基础上，黄浦区教育行政部门还在区委、区政府的统一部署下进一步延伸了"一门式服务""一网通办"，实现了办事材料、办事流程、办事时长等多方面的精简提速，正努力向着"零跑动""零等待"目标不断迈进，让群众和企业有更多的获得感。

运用法治思维和方式深化行政审批改革，推进区域特色的"四张清单"制度建设，旨在更好发挥政府推进依法治区、依法治教的关键性作用，有助于教育行政部门依法切实履行职能，提升依法行政的效能和水平；有助于监督和制约行政权力运行，把权力关进制度笼子；有助于完善制度机制建设，创新现代化教育治理新模式。

（黄浦区教育局）

联合执法，动态监管，创新教育行政执法机制

深入开展教育行政执法体制改革是教育领域贯彻十八届三中全会精神，建设法治政府、服务型政府的必然要求；也是教育部门转变职能、依法行政、破解当前教育管理面临突出问题的有效途径；是落实管办评分离要求，建设学校依法依章程自主办学、政府依法实施有效监管、社会广泛参与并实施监督的新型教育管理体制的关键环节。

黄浦区教育局以习近平新时代中国特色社会主义思想为指导，贯彻落实习近平总书记全面依法治国新理念新思想新战略、习近平总书记关于教育的重要论述，围绕教育领域的难点、焦点工作和新兴服务事项，积极探索部门合作联动执法和动态事中事后监管两项特色工作，实现以法治思维和法治方法抓教育治理，推进教育治理体系和治理能力现代化。

一、聚焦难点、创新机制，部门合作联动执法有实效

（一）教育系统内部专业部门与业务部门整合联动

为改变本区教育行政部门执法力量相对分散薄弱，暂无专门的教育执法部门行使、协调和监督队伍的现状，根据"整合执法主体，相对集中执法权"要求，在黄浦、卢湾两区"撤二建一"、机构调整之际，黄浦区教育局梳理各科室职能，整合调整职责定位，专门增设了政策法规科，以事定岗、以法定职，明确由该科室负责本系统教育改革与发展的政策研究和法治建设工作；指导本系统法治宣传教育和依法行政、依法治校工作；负责各种法律纠纷，受理有关行政复议、应诉和依申请公开等其他法务工作；协调司法局指导本系统法律顾问的工作；负责行政执法协调等相关工作。后因教育局机构"三定"方案调整，政策法规科成为行政办公室内设科室，由行政办公室牵头落实。

为了整合执法机构力量、相对集中执法权，结合行政权力清单和责任清单的清理工作，进一步梳理各科室现有的教育行政执法业务，明确和落实各执法责任科

室，调整执法职能配置，强化局政策法规科的执法协调与监督作用。试点初期由政策法规科牵头协调，各有执法职能的业务科室确定执法工作联络员，梳理各科室（部门）涉及的行政执法事项、依据，形成相对稳定的、熟悉执法的教育局行政执法队伍。在遇到需要执法的情况时，各业务科室在政策法规科的全程协调和监督下，根据个案需要单独或联合执法。待执法实务数量增长、执法能力提高，且人员机构编制调整时机成熟时，将考虑实现执法业务、执法人员、执法职能"三集中"，采取从各业务科室抽调或基层借调等方式整合综合素质高、业务能力强的工作人员，集中到专设科室组建专门的执法队伍，构建完善的教育行政执法网络。

（二）教育行政与督导机构的行政执法协调联动

目前，教育督导机构具有督政、督学、评估监测三位一体的职责，包括对政府和学校等办学机构贯彻执行教育法律、法规和履行教育职责的情况进行监督、检查。而区教育行政机关中以政策法规科作为行政执法的协调、指导机构，这两者在对教育领域的违法违规办学的行政执法工作中存在一定的职能关联，但暂未发生明确的执法联动。

黄浦区在本次试点中，对教育行政与督导机构的协调联动开展探索。计划随着《上海市教育督导条例》《中小学责任督学挂牌督导办法》的正式施行，推动了教育督导部门教育执法检查的职能和责任落实，建立了检查—查处—报送的教育行政与督导的教育行政执法协调联动机制。即督导机构督查发现违法问题后，将学校自查自纠情况、本地督查及对违规学校的处理问责情况报送教育行政部门，由教育行政部门对违法违规办学情况及其自查自纠情况进行后续监督执法。

教育行政与督导在行政执法领域的协调联动机制是一项全新的探索，除了在实践上努力积累经验外，我们也将从以下几方面入手搭建教育行政与督导执法协调联动机制：

一是从法律规章层面赋予教育督导部门教育执法检查的职责，细化教育督导对违规办学行为的处罚标准与流程。建议在《国家教育督导条例》《上海市教育督导条例》的基础上，尽快出台《上海市教育督导条例配套实施细则》，细化相关条例，进一步提高督导处置的可操作性。

二是建立一支强有力的专业教育督导执法队伍，为教育执法提供组织保障。目前教育督导专兼职督学都能按照各区县制定的教育督导职责、工作规程等职能规范和工作要求，对区域内贯彻执行教育法律、法规和履行教育职责的情况进行监督、检查;对区域内的教育工作进行评估考核;按照管理权限对学校及其他教育机构的办学情况进行监督、检查、评估、指导。通过多年的探索、实践,总结和积累经验,教育督导形成了一套比较完善的检查和考核制度,建立了比较严谨的适用于执法工作的运行机制。诚然,一切机制都需要人的参与才能化为实际行动。作为专业性极强的督导工作,更需要一支高素质的督导队伍。从区县角度来看,督导室的工作人员大多非公务员,多为学校在职或退休校长、中高级教师,或外聘人员,流动性大,对违规处置缺少连续性。建议建立国家督学公务员职务系列,按照若干所学校设立一位专职教育督学的国际惯例,建立一支以专职督学为主、兼职督学为补充的专兼职相结合的专业化教育督导队伍,为教育执法提供组织保障。

三是积极实施"阳光督导",强化督导机构的日常举报受理机制。大力推行督导公开工作,建立以公示制度、公告制度、通报制度和报告制度等为主要内容的督导公开机制,切实增强督导工作的透明度和影响力。这种"阳光督导"有利于对未按照国家和地方有关规定开齐课程、开足课时,或者违反规定调整教学进度、提高课程难度;在学生自主学习时间安排授课,或者未按照规定安排师生作息时间和寒暑假期、法定节假日,未按照规定保证学生每天在校体育活动时间一小时以上;强制或者变相强制学生订购教辅资料、出版物、学具和其他用品的;在职教师参与有偿补习活动、教师体罚和变相体罚学生、违规乱收费等违规办学行为起到警示和教育作用。同时,督导机构应建立日常举报受理与督查责任落实机制。根据各自职责,分别负责对所管辖学校违规办学行为的查处工作,接听、记录、整理对本区中小学的举报信息,要求学校自查自纠,并将有关督查及处理问责情况报送教育行政部门。区县督导室还可通过区域教育网站,在网站首页设置醒目的"规范办学行为"专栏,集中公布各校作息时间安排信息和举报电话,按照"有报必查"的要求,组织"飞行"检查、责任督学异地督查,进一步做好对公众的信息公开工作,畅通社会参与监督渠道,将所有学校的办学行为置于社会的公开监督之下。

(三)教育行政部门与相关委办局行政执法联合机制

黄浦区积极推进教育领域综合执法,结合教育特点和地方实际,探索将部分涉及面广、影响面大的执法事项纳入地方政府综合执法范畴,落实乡镇、街道责任,建立网格化监管体制。对于民办培训市场这一当前教育治理与行政执法的难点、焦点,黄浦区进一步健全政府牵头协调处理非法办学、违法收费等危害群体利益、影响社会安全稳定的教育重大违法案件的工作机制,提高防范和应对重大法律风险的能力。

一是完善民办培训机构审批联席会议制度。民办培训机构行政审批联席会议制度自 2009 年起建立以来,现已形成我区开展民办培训机构各类审批工作的常态化工作机制。主要是加强教育局与市场监管、民政、公安、消防、税务等部门在民办培训机构监管、招生广告监管、学杂费票据使用与监管、挪用或侵占学费案件查处、校舍安全监管等方面的协调联系。随着民办培训机构服务管理工作的规范化、制度化,民办培训机构审批联席会议制度也通过规范操作流程、推进行政审批标准化等做法实现了以联席会议制度的完善带动民办培训机构服务管理工作的完善。

二是建立专门且专业的服务管理队伍。我区目前已经建立起一支由区教育局成职教科负责业务指导,区终身教育指导管理中心下属联络员、巡查员和法律顾问共同组成的专业服务管理队伍。专门面向区内各民办培训机构,具体做好日常工作联络、相关申请材料受理、走访检查指导、政策文件宣传和法律事务咨询等工作,为区内民办培训机构规范优质办学发挥了建设性作用。

三是实现民办培训机构的联动执法监管。我区积极参与市教委及市教育督导执法中心构建的"市区民办教育联动执法协作组",健全民办培训机构信息公开公示制度,不断充实联动执法监管力量。并且在推进民办培训机构市场秩序规范整顿的过程中,积极强化与民政、市场监管、街道等部门的工作协调,构建对民办培训机构开展多部门联动执法监管的长效机制,杜绝将罚没收入与行政机关利益挂钩。

二、迎接挑战、转变思路,强化动态事中事后监管

党的十九大报告将"幼有所育"列为民生"七有"之一,纳入"坚持在发展中保障和改善民生"基本方略中。2019 年政府工作报告中专门提到:"婴幼儿照护事关千家万户,要加快发展多种形式的婴幼儿照护服务,支持社会力量兴办托育服务机构……多渠道扩大学前教育供给,加强儿童安全保障。"十九届四中全会强调,要健全"幼有所育"等方面的国家基本公共服务制度体系。2019 年 12 月举行的中央经济工作会议进一步强调,支持社会力量发展普惠托育服务。在党中央的高度重视和充分酝酿下,2019 年国家层面关于托育服务的政策陆续出台。上海作为改革开放排头兵,早在 2018 年就发布了托育服务"1 + 2"文件,明确了鼓励社会力量参与举办托育服务机构这一政策,同时也先行先试地将托育服务机构监管纳入教育行

政部门职能范围。

对于社会力量举办"托育服务机构"这一社会需求迫切、事关"最柔软群体"的新生事物，既要鼓励扶持，也要监管质量，这对教育依法行政带来了挑战。黄浦区作为上海5个试点区之一，开展了积极探索，通过建立申办咨询指导机制、一门式便捷服务机制、部门联合审查机制等申办流程，在"1＋2"文件颁布一个月后，发放了全市第一张"托育服务告知书"。在"精简审批"之后，如何加强监管、确保质量、守护好"最柔软的人群"，成为亟待我们破解的难题。

为此，黄浦区教育局制定了"黄浦区3岁以下幼儿托育机构（点）事中监管办法"，逐步探索建立包括托育机构定期自查、托育服务指导中心"实地随访＋网上巡查"、专业部门抽查、多部门联合年检在内的多元化、全覆盖的日常检查机制，指导机构办出质量，满足3岁以下婴幼儿家庭多元化需求并为全市托育服务机构事中监管提供试点经验。

一是机构自查上报，每月自省解决问题。向已办机构发放托育机构日常工作检查表。机构负责依据从业人员工作职责、操作规范、各相关制度实施每月一次自查，发现问题，及时解决。自查表由负责人签字盖章后，每月10日前将自查结果上报至区托育服务指导中心。

二是中心实地随访，确保及时进行整改。区托育服务指导中心每月派双人小组（其中1名为申办过程中指导专员）对已办托育机构进行实地随访。对托育机构的人员配备、设施设备条件、管理水平、服务质量等开展检查，确保机构对已发现的问题及时进行整改。

三是视频监控巡查，随时了解机构情况。托育机构按照设置标准安装视频监控系统，并完成统一对接。区托育服务指导中心通过区教育局校园安全管理中心接入托育机构监控视频。区托育服务指导中心设专人开展网上巡查，随时了解机构情况，日终进行记录。

四是部门联合指导，促进机构有序发展。区托育服务指导中心与区疾控、区儿保等部门开展联合走访，对本区托育机构开展例行性、规模性的检查工作，并提出指导意见。同时联合各相关部门，对托育机构从业人员开展业务培训，促进机构办出质量。

五是实时调整措施，确保管理与时俱进。依据巡查结果及时调整管理举措。例如，根据实际情况，在托育机构日常工作检查表中加入了职业道德方面的内容：

育婴员、保育员能与幼儿进行面对面、一对一地交流，体现情感关怀，幼儿情绪愉快。关注每一名幼儿，无体罚或变相体罚、歧视、侮辱幼儿，虐待、伤害幼儿。通过不断调整管理举措，更好地指导机构为3岁以下幼儿及其家庭提供服务。

推进教育治理现代化是新时代中国特色社会主义教育现代化的根本目标和根本任务。教育治理的根本靠法治。教育的法治水平，或者说，教育的法治思维和法治方式水平是一个国家教育治理现代化的根本标志。教育改革发展也对教育行政部门依法行政、履行执法职能提出了更高要求。全面推进教育法治建设，要进一步加强教育行政执法工作，健全依法行政机制，完善教育制度实施体系。面对目前教育行政执法力量不足和依法行政存在体制机制障碍等问题，如何尊重教育规律、立足行业特点，让联合执法机制常态化、事中事后监管长效化，是黄浦教育进一步加强教育行政执法工作、创新依法行政机制的重点，也是提高教育治理体系和治理能力现代化的重要任务。

（黄浦区教育局）

第二节　平衡法理情，依法治校建设现代学校制度

党的十九届四中全会提出了"坚持全面依法治国，建设社会主义法治国家""坚持和完善中国特色社会主义法治体系，提高党依法治国、依法执政能力"等目标要求。"十三五"以来，黄浦区也将基于依法治校的现代学校制度建设作为全面深化教育综合改革、率先实现教育现代化的重要任务，作为推进教育治理体系和治理能力现代化的重要内容，作为深化教育综合改革、推动教育科学发展的重要保证，作为培养德智体全面发展的社会主义建设者和接班人的重要途径。

聚焦依法治校创建，推进现代教育治理
——黄浦区教育局全面推进中小学校（幼儿园）依法治校创建工作

近年来，黄浦教育基于教育改革引领区、创新教育先行区和教育发展精品区的发展定位，以依法治校创建工作的全面落实为基础，发挥以评促建、以评促进的作用，不断提升各中小学（幼儿园）的依法治校工作水平，初步形成了黄浦教育治理现代化格局。回顾创建工作，我们在严格落实《上海市教育法治建设"十三五"规划》、《上海市教育委员会关于开展本市依法治校（2016—2020 年）创建工作的通知》（以下简称《创建工作通知》）和《上海市教育委员会关于进一步做好本市依法治校（2016—2020 年）创建工作的通知》等文件的基础上，形成了"一个规划＋四个项目"的工作格局，分批完成了对本区所有中小学校、幼儿园依法治校创建工作（第二批已完成区级初审），并且形成了一定的经验和成果，彰显了黄浦品质。

一、绘制"路线图"，区域规划重引领，形成"三全"格局

区教育局将依法治校创建工作作为区教育局常务（扩大）会议重要议题，从顶层设计层面讨论明确工作目标要求、制定实施路径。依据市教委《创建工作通知》的要求，结合区域工作实际，制定并不断完善黄浦区教育局关于推进依法治校创建的工作方案，为全区中小学（幼儿园）的依法治校创建工作绘制了明确的"路线图"，形成了"三全"工作格局。

（一）加强组织领导，完善顶层设计

区教育局成立了"依法治校"创建工作领导小组，由区教育局局长任组长，分管局长具体主抓，其他党政班子成员共同参与，力求实现统一领导，综合协调。领导小组下设工作小组，由行政办公室（政策法规科）牵头协调，党办、宣传科、中小幼教科、成职教科等部门负责人协同联动，共同担负起稳步推进、动态跟踪、评估验收的职责，从而形成了全员、全面、全过程落实依法治校的共识。在此基础上，我们诚邀市级教育法治专家、兄弟区的法治协作组相关成员、督导室责任督学等组成"依法治校"创建工作专家指导小组，并积极与区司法局等法治工作部门沟通协作，定期就依法治校创建工作进行商议。区层面初步形成了"一把手直接挂帅，教育系统纵横联动，跨部门协作共商"的区域推进机制。

同时，各基层学校也均成立了由党政主要领导挂帅的依法治校创建工作领导小组，并配足配齐依法治校分管领导及法治工作联络员，形成校内合力和工作核心。

区教育局不断完善创建工作的顶层设计，制定并印发了《黄浦区教育局关于转发落实市教委〈关于开展本市依法治校（2016—2020 年）创建工作的通知〉的通知》（黄教〔2017〕28 号），并配套下发《黄浦区推进依法治校创建工作实施方案》，指导基层学校按步骤、按要求有序推进创建工作。

（二）宣传动员到位，推进稳步有序

区教育局根据市教委的两个依法治校创建工作通知的要求，每年召开全区教育法治工作会议，专题部署落实文件精神，局领导还在区教育系统党政干部会议上进行创建动员，向所有基层学校强调了推进依法治校的重要意义，再次明确了"法治政府建设迫切要求推进依法治教、全面深化教育综合改革迫切需要法治保障、培

育法治文化迫切期待加强法治人才培养"这"三个迫切"对依法治校提出的内涵要求。

在充分宣传动员的基础上,形成了三个阶段的工作部署:

阶段一:对标分析,提出申请

区内各校(园)对照《上海市中小学校(幼儿园)依法治校创建指标体系》,进行全方位的现状分析,根据实际情况,确立创建目标,填写"上海市中小学校依法治校创建申报表",明确了申报创建意向("上海市依法治校标准校"/"上海市依法治校示范校")及创建年限,并向区教育局提出书面申请。

阶段二:统筹安排,分批实施

区教育局根据学校申报意愿,综合考虑市教委要求的比例以及区教育局推进的节奏和学校的实际情况,对所有创建范围内的学校(幼儿园)进行统筹安排,科学分批,确立了全区推进的计划。并由区教育局将复核结果反馈至申报学校,明确各校的创建时限(即第几年创建),初步建议创建类别(标准校/示范校)。全区学校申报创建率达100%。

阶段三:过程跟踪,年度报告

各申报学校根据区教育局的复核反馈,于创建起始年将申报表予以公示,正式启动创建。在创建过程中,要求学校每年度对照创建指标,根据创建目标达成情况,填写"上海市中小学校依法治校年度报告表",将报告表和相应附件材料等上报区教育局。

2018年,黄浦区率先完成了20所学校的首轮依法治校创建工作,其中15所被认定为上海市依法治校示范校,5所被认定为上海市依法治校标准校。2019年,我们又启动了区内27所中学、1所中职、25所小学、3所特殊教育学校、33所幼儿园(含民办),合计89所学校(幼儿园)的创建工作,实现了本区依法治校创建工作全覆盖,其中20所被认定为上海市依法治校示范校,69所被认定为上海市依法治校标准校。2020年,又有10所学校被认定为上海市依法治校示范校。

(三)实施"汇智聚力",形成"三全"格局

在领导小组的高度重视和大力支持下,我区实施了依法治校创建工作"汇智聚力"计划,依托专家智慧,汇聚各方力量,不断形成工作合力。一是建立了由市教育法治专家,兄弟区县、相关部门法律专家,法律专业人士,学校责任督学,业务科室科长以及依法治校工作联络员共同参与的评审组,召开现场评审集中部署会、评审

总结会等多次专题会议，从而搭建平台供评审人员统一思想、部署要求、明确任务、交流情况、总结反思。二是在评审方式上，我区对申报学校采取学校自评、专家和科室材料预审、责任督学实地走访、评审小组现场评审和结果网上公示相结合的区级初审。通过综合听取校领导班子汇报、提问答辩、查阅资料、召开座谈会等多个环节，全面深入地对申报学校创建情况进行了评审，并给予了针对性的指导。

总结我区推进依法治校工作，现已初步实现"三全"的局面：一是申报创建全覆盖。区教育局组织全区学校积极有序参与依法治校申报创建工作，截至 2019 年底，全区 109 所中小学、中职校、幼儿园已全部申报创建。二是推进指导全过程。区教育局通过成立"依法治校"创建工作领导小组、列入区教育局常务（扩大）会议议题讨论、组织召开区依法治校创建推进会、编制创建工作方案、组建专家指导与评审小组、下发阶段工作提示、开展区级评审以评促建等环节对学校依法治校工作予以全过程推进指导。三是提升改进全方位。整合专家、科室、督学等多方评审意见，给予学校依法治校创建工作针对性的指导建议，帮助学校围绕依法治校指标要求，在建章立制、治理结构、组织领导、依法办学、权益保护、法宣教育等多方位得到了全面提升。

二、建设"主渠道"，四大项目重落实，形成共享成果

创建过程中，我们参照《上海市中小学校（幼儿园）依法治校创建指标体系》，将区层面的整体创建规划进行细化，形成了四个便于各校（园）落实的创建工作项目，作为"依法治校"创建工作的"主渠道"。

（一）学校"建章立制"推进项目

所谓建章立制，首先章程是学校办学和管理的"总宪章"，章程建立之后，更重要的是依据法律和章程的原则与要求，制定并完善管理、课程、教学、教科研、学生、人事、资产与财务、后勤、安全、对外合作等方面的管理制度，建立健全各种办事程序、组织规则、议事规则等，形成健全、规范、统一的制度体系，并加以汇编公布，便于师生了解、查阅。我区在前期指导帮助区内各级各类学校完成章程制订的基础上，进一步通过相关培训和交流活动，积极指导学校将以章程为核心的法治制度化成果作为办学的基本准则和依据。鼓励学校在建章立制的过程中，引入社会专业资源，对制度内容和生成程序的合法性给予专业指导，既要保证内容合法，更要根

据新形势、新要求按规范程序实施制度的"立改废"。与督导室对学校的综合督导相结合，落实每月一次的挂牌督导，检查学校章程的落实执行情况。

在完善学校制度体系的同时，我区以推进政务公开、校务公开为抓手，指导学校建立健全信息公开的机构、制度，落实公开的具体措施，保证教职工、学生、社会公众对学校重大事项、重要制度的知情权，重点公开经费使用、培养目标与课程设置、教育教学质量、招生就业、基本建设招投标、收费等社会关注的信息，并且鼓励学校创新公开方式、丰富公开内容，建立有效的信息沟通渠道，使学生、家长以及教师对学校的意见、建议能够及时反映给学校领导、管理部门，并得到相应的反馈。在学校内部，全面推进办事公开制度，公开办事依据、条件、要求、过程和结果，充分告知办事项目有关信息，并公开岗位职责、工作规范、监督渠道等内容，提供优质、高效、便利的服务，实现过程和结果的公开透明，保障利益相关方的知情权、参与权和监督权。

（二）学校内部治理结构建设项目

区教育局通过结合办学水平督导、党建巡查、内部审计等各种渠道和路径，指导各校（园）不断完善内部治理结构和运行规则。一方面，要求学校合理界定决策权，尤其是对"三重一大事项"集体讨论、集体决策的运行机制和效果进行考查，要求学校在强化党的领导下，严格执行重大事项学校领导班子集体决策规则。另一方面，要求各校（园）保证并努力营造多方参与、民主管理的氛围，完善教师、学生、家长、社会参与管理与监督的机制，并初步形成了四大成果：

一是充分发挥教职工代表大会作为教职工参与学校民主管理和监督主渠道的作用。二是进一步探索完善学生代表大会制度（少代会、团代会等），推进学生自主管理，如尚文中学通过开展"学生参事"活动，帮助学生形成自主管理、主动学法的良好行为习惯。三是鼓励家长积极参与学校教育及日常管理，充分发挥家长委员会的监督、协调作用，如卢湾第三中心小学"三心家长工作坊"、向明初级中学"常乐藤"家校联盟等一大批家校合作精品项目不断汇聚家长智慧、家校资源，共同为学生成长助力。四是引入优质社会资源参与学校治理，商贸旅游学校结合学生职业素养培养目标和学校办学点，建立了由行业、企业专家参加的专业建设委员会和教学指导委员会，形成了具有校本特色的校企合作决策机制，同时通过区教育局统一为学校聘请法律顾问，为学校提供保底的法律专业服务。

（三）学校师生合法权益保障项目

我区提出"办人民满意的教育，办学生喜欢的学校"治教理念，坚持以学生为中心,高度关注对学生的身心健康和人格尊严等基本权利的保护,在这方面最重要、最基础的就是强化依法执教。我区坚持通过师德师风教育、各级各类办学情况督导、挂牌责任督学机制、规范教育收费检查等时时刻刻向学校和教师强化依法执教的理念和要求,坚决要求各级各类学校(幼儿园)不碰底线,不踩红线,特别是在招生入学、课程教材、教学管理、教育收费、持证上岗、师德师风等方面全面贯彻党和国家教育方针,切实依法规范办学行为,保障学生的各项权益,一旦查实有上述违规行为,坚决严肃处理并在全区上下通报警示。同时,我们还建立了家庭困难学生资助政策、残疾学生资助政策、学生心理咨询干预机制等救济措施,并通过相关部门的宣传、培训以帮助基层学校知晓且能运用,以保障所有学生受到公平且适宜的对待。

另一方面,我区教育人事部门积极贯彻落实并宣传、培训《中华人民共和国教师法》等相关法律、法规、规章,有效指导学校依法在教师聘用、职务评聘、继续教育、奖惩考核等方面建立完善的制度规范,明确教师的权利与义务,保障教师享有各项合法权益。同时,我区成立教育事务受理中心,综合运用信访、调解、申诉、仲裁等各种争议解决机制,对学校回应师生申诉并及时调解给予专业支持,使法治成为解决教育矛盾和争议的基本方式。

(四)学校法治教育科学提升项目

我区不断科学提升法治教育的内涵,形成了"法治教育与课堂教学活动相结合、法治教育与普法活动相结合"的区域特色。区教育局坚持把法治教育的重要内容纳入国民教育体系,努力建好两个"课堂"。

以"第一课堂"为法治教育主要阵地。区教育局委托教育学院课程研究中心基于对区属中小学、职校的全面调研,根据不同学段学生的生理、心理特点和认知能力,完善了区域共享课程。同时立足并充分发挥课堂教学主渠道作用,将法治知识和法治精神教育落实到学校的课程中,坚持法治教育与道德教育相结合,理论教育与实践活动并行,形成科学、系统的学校法治教育课程体系,使学校法治教育逐步走上制度化、规范化、经常化轨道。如敬业中学邀请复旦法学系专家团队为学生开设"法学基础"课程,广受师生和家长的好评。

以"第二课堂"为法治教育实践平台。组织开展了区域层面的丰富多彩、参与性强的法治宣传教育实践活动,包括黄浦区中学生法律知识竞赛、"学宪法、讲宪法"演讲比赛等,今年宪法宣传周期间我区还积极响应市教委、市人大、市法宣办等部门的安排，组织本区中小学生参与"走进市人大学宪法"活动。结合师生生活实际，引导师生尊法、学法、守法、用法，有效实现了宣传多元化、实践分层化、形式常态化的法治教育工作格局。在此基础上区教育局还鼓励引导各校结合实际，针对不同学生的特点和需要，有计划、有步骤地开展法治教育。在 2018 年"浦江杯"上海市中小学生宪法专题书画作品征集活动中，我区选送的作品荣获小学组一等奖、初中组二等奖、高中组三等奖等多个奖项，黄浦区教育局获优秀组织奖。在"廉洁文化进校园"征文演讲活动中取得了教师组，学生初中组、高中组的多个奖项。

同时，区教育局通过采取市、区分级培训的方式，把法治课师资培训纳入教师统一培训中。每年分批组织学校参加市教委组织的"上海市中小学校长、骨干教师法治教育"专题培训，切实提高校长和教师依法治校的素养。依托区教育学院教研室的力量加强法治课程教育资源开发、研究，适时开展法治读本的编撰、法治课件评比等工作，在上海市青少年法治教育优秀教案征集活动中，我区选送的教案获高中组二等奖、初中组一等奖、小学组一等奖等多个奖项，黄浦区教育局获优秀组织奖。

近年来，区教育局结合四个项目的推进，十分注重积累创建工作的过程性经验，形成了诸多可复制的经验及可共享的成果。例如推荐黄浦区教育学院附属中山学校在上海《教育督导与执法》杂志中发表"以法为尺以规促教构建和谐校园"为主题的依法治校工作思考，给参与本轮创建的学校以启发和示范。卢湾中学在《上海法治报》上发表了"六度教育法提升依法治校软实力"为题的经验介绍，通过多种方式积极引导、支持学校以扎实推进依法治校创建为抓手，切实提高学校依法决策、民主管理和民主监督水平，增强学校校长和广大师生法治观念和依法办学能力，着力推进教育治理体系和治理能力现代化。

三、聚焦"高、先、精"，未来发展重导向，形成黄浦模式

回顾我区依法治校创建工作，总体来看，各校（园）工作基础好，推进工作实，且通过努力基本上达到了制度体系较为完备、治理结构日趋完善、法治教育有一定特色等工作成效。

但是，按照《中共中央关于坚持和完善中国特色社会主义制度、推进国家治理体系和治理能力现代化若干问题的决定》提出的总要求，结合上海到 2020 年要率

先实现教育现代化以及黄浦区打造"高、先、精"教育改革引领区、创新教育先行区和教育发展精品区的发展定位,我们还要在"后续如何从区域层面推进和深化依法治校工作""如何形成依法治校的长效机制"等问题上不断努力探索,力争形成依法治校工作统筹谋划、整体布局的规划性和长期推进依法治校工作的系统性、全面性。具体来说:

一是坚持发展导向,着眼"十四五",筹备召开全区"依法治校"推进会,邀请区内外依法治校示范校、特色校,通过主题发言、现场展示、资料观摩等方式交流分享创建经验,从而为在全区范围内进一步高质量地推进依法治校创建,深化学校教育治理内涵提供示范引领。

二是立足目标导向,压实创建任务,继续落实关于深化依法治校创建、完善依法治校年度报告制度。对参与依法治校创建的学校,区教育局将要求其在务实推进学校创建的基础上,每年年底更新填报当年依法治校年度报告表,并在学校网站公示,推动学校建立健全依法治校长效机制。

三是聚焦问题导向,加强监督指导,继续指导并督促学校做好建章立制的更新、完善内部治理结构、加强依法治校组织领导、依法规范办学、强化师生权益保护、实现法治宣传教育长效化,从而使依法治校工作更好地服务于黄浦教育现代化的大局。

（黄浦区教育局）

制度为基，文明共创

——大同中学构建现代学校制度推进"文明校园"建设的实践

一、背景与问题

上海市大同中学创办于 1912 年，是首批上海市实验性示范性高中。学校高扬"为国育才"的理想，秉持"笃学敦行，立己达人"的校训，提倡并实践"育人为本，育德为先，坚持改革，服务社会，发展自我"的办学理念和"学会做人，学会生活，学会学习，学有特长"的育人目标。

在教育综合改革背景下，立德树人、综合素质评价、学科核心素养等新理念、新挑战接踵而至，我们发现学校既有教育教学管理制度已滞后于当前教育改革的要求，已无法适应学校的内涵建设，无法满足师生的可持续发展需要。

我们认识到唯有建设现代学校制度，落实制度建设的"现时性"要求，主动适应时代发展的脉络和改革发展的方向；唯有坚持制度建设以学生发展为核心，以制度是否有利于学生全面而有个性的发展作为检验其是否匹配学校发展理念的重要准绳，学校的发展才能得以持续，学校的朝气与生命力才能得以激发。

二、实践与举措

学校重点围绕德育、课程、安全校园三大领域开展制度与章程的修订，建立健全学校规章制度体系，完善体制机制，明确责任落实，优化学校文化，实现学校治理的现代化。

（一）立德树人，以生涯为抓手持续提升德育实效

招生考试制度的改革赋予了学生更多的选择权。为了让学生学会选择，生涯教育可谓是学校德育工作的重要着力点。

2015 年，学校以迎接心理健康教育示范校达标评比为契机，提出了"彩虹生涯，心晴世界"的心理健康教育品牌。德育工作提出了以"唤起生涯发展意识，提升

生涯规划能力"为指向，引导学生悦纳自我、悦纳他人、悦纳社会，帮助学生构建健康、阳光、积极的心理世界，助力学生成为更好的自己。

为此，学校设立和修订《班主任工作手册》《大同中学导师工作条例》《上海市大同中学学生生涯发展指导手册》等，为学校德育工作的推进提供了制度层面的支持与行动指南，也为教师指导和评价学生生涯发展提供了依据和标杆。

学校将生涯教育融入学校课程计划、课程制度、德育工作计划，实现德育的课程化。此外，学校还形成了四大系列、十二大模块的大同德育课程群，突出我校"笃学敦行，立己达人"的校训宗旨，具体包括规则立身系列、生涯导航系列、文化传承系列以及公民人格系列，在校园内全方位浸润生涯教育。

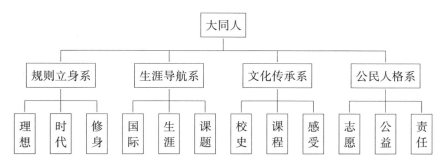

图 2-1　大同中学德育课程内容结构

学校建立"成长导师制"，为每位大同学子配备"成长导师"。"成长导师"须培训上岗，并获得上海市学校心理咨询师、家庭教育指导师资质，或者完成相应培训学分。导师通过建立学生成长档案、家校沟通、面谈、实践体验等多种形式，落实"思想引导、学业辅导、生活指导、心理疏导"的育人职责。

此外，学校构建有学生成长伴随系统，通过编订生涯规划自助手册，配合生涯测试系统，依托家长、社会资源引导学生开展职业体验、参与社会实践，形成了学校、家庭、社会三位一体的大同生涯教育体系。

（二）与时俱进，持续改进学校课程实施体系

探寻适合学生发展的课程始终是学校课程改革的重要命题。为了适应招生制度改革背景下走班教学与学生个性化学习的需要，学校先后制定并实施了《大同中学学科选修课程实施要求（试行）》《大同中学走班教学班主任职责》《大同中学走班教学管理制度（试行）》《走班教学学科教师管理职责（试行）》，从制度上保障教学活

动的顺利进行。

为了改进既有课程管理与评价体系对学生学习差异性与个性化发展的重视不足,学校试行复合型学分制,将学生在学校德智体美劳各方面的成长与教育经历以学分的形式进行呈现与记录,以形成学生的记录档案。

学校围绕教学五环节,修订并完善了教学常规制度,包括《个人备课制度》《集体备课制度》《课堂教学规范》《作业布置与批改规范》《听课评课规范》《考试评估命题阅卷规范》,进一步提升课程品质。

此外,学校对拓展型研究型课程制定了实施纲要,对课程实施中的学生学习要求与教师教学进行了制度性的规范。这主要体现在《大同中学拓展型课程学习要求》《大同中学研究型课程学习纲要》《大同中学学生课题研究工作计划》《大同中学学生课题研究辅导员工作制度》等各类规章制度中。

(三)文明规范,营建安全有序的校园环境

为营建安全文明有序的校园环境,学校成立了由校长、教师代表、学生代表、家委会成员组成的校园安全监督小组。学校根据《中华人民共和国未成年人保护法》《企事业单位内部治安保卫条例》《中小幼安全管理办法》《上海市中小学生生命教育指导纲要》等相关法规,制定了大同中学安全文明校园岗位职责,建立并修订了各项安全文明管理制度,以适应形势变化的需要。

至今,学校已逐渐形成了一套较为完整的"安全文明"规章制度,如学校管理手册中的"各类人员岗位职责和规章制度"。此外,学校还制定有《大同中学班级治保工作条例》《学生宿舍保安岗位职责》《治保责任人职责》《安全文明校园岗位职责》等10多项管理职责或条例,《机动车管理条例及安全协议书》等13种应急预案和26项防范制度,确保每位教职工都能明确自己的职责范围,做到有法可依有章可循。

安全教育也不是僵化与单调的。大同开展了形式丰富内容多样的安全教育,并以制度的形式将之固定下来。如:利用校会、班会、午会课播放安全教育光盘,通过讲解演示和训练,对学生开展安全预防教育,使学生接受较为系统的防溺水、防交通事故、防触电、防食物中毒、防火、防盗、防疫等安全知识和技能教育;利用校园广播黑板报主题班会安全征文与知识竞赛等形式开展安全教育的宣传;将每学期开学的第一周定为安全教育周,通过开学第一课升旗仪式和主题教育等形式,多管齐下,共同营建安全有序的校园环境。

三、成效

通过制定现代学校制度,学校为全体师生的发展构建了新的空间。调研显示,教师和学生对学校的整体满意度均有所提升。制度的更新与落实有效促进了师生的成长,同时也巩固和发展了"上海市文明单位""全国教育系统先进集体""全国中小学德育工作先进集体""全国体育卫生工作先进集体""上海市中小学行为规范示范标兵校""上海市中小学心理健康教育示范校""上海市科技教育特色示范学校""上海市艺术教育特色学校"等学校先期成果。

（上海市大同中学）

崇德尚法，砺行致远

——五爱高级中学"尚法致远"法治教育活动

一、开发背景

法治教育作为治国方略的重要途径而被吸纳到学校教育系统当中，成为现代学校教育内容不可或缺的有机组成部分。五爱高级中学"尚法致远"法治教育根据师生所处的现实环境和条件，以师生的现实需求为出发点，从目标、内容、实施等方面入手，进行总体规划，有序有效地开展，通过课程引领，提高法治教育的实效性。

学校在法治教育活动的设计上思考了以下几点：注重活动与师生需求、生活实际相结合，注重活动与学科教学相结合，注重活动与教育阵地相结合，注重活动与生涯规划相结合。

二、具体实践

（一）细化活动内容，推进分层目标

学校在对学生法治活动的具体设计中对高中三个年级分别设立了"学做五爱人""做合格五爱人"和"做优秀五爱人"三个递进式目标，这种分级阶段目标的设计符合中学生的心理发展特点和习得规律，在推行过程中可行性强。

（二）发挥课堂功效，挖掘多方资源

为了充分发挥师生法治教育主课堂功效，我校政治教师开设相关公开课《学法守法用法》，师生联合讲坛《珍爱生命　远离酒驾》《直击双十一——网络购物时代消费者的权益保护》等，结合课本内容，开设反恐、民防、国土安全、公共安全知识等内容的教学；化学课、生物课中开展防毒、禁毒、化学品安全使用、防火灭火的教育内容等，以轻松活泼的授课形式使同学们知法、守法、护法。

同时，我们充分挖掘各种资源加入到学校的法治教育课程中，例如聘请"案件

表 2-1 "尚法　致远"五爱学生活动对照表

年级＼学期	第一学期	第二学期
高一年级:学做五爱人	9月:学习《上海市中学生日常行为规范》 10月:学习《五爱学子道德自律手册》和《五爱学生宿舍管理条例》 11月:制定和学习班级公约 12月:全国交通安全日、国家宪法日	2—3月:学习校园安全相关守则,保障校园安全 4月:了解消防安全知识和基本逃生技能 5月:学习《上海市道路交通管理条例》(保障学生上下学交通安全) 6月:禁毒教育
高二年级:做合格五爱人	9月:学习《未成年人保护法》 10月:学习《上海市青少年保护条例》和校本教材《法律基础知识》 11月:倡导"合理利用手机,绿色科学上网",注重网络安全 12月:感恩月,学会感恩"尊敬父母,孝敬长辈"	3月:结合消费者权益日,开展维权讲座 4月:诚信教育 5月:结合世界无烟日,宣讲烟草危害交通安全宣传日 6月:禁毒教育
高三年级:做优秀五爱人	9月至10月:模拟法庭 11月至12月:《宪法》学习月	4月:远离毒品,珍爱生命 5月:增强法治观念,牢记青春誓言(结合18岁成人仪式)

聚焦"节目常年嘉宾张姗姗律师一起完成了我校安全法治校本课程的开发,预防未成年人犯罪教育。邀请交通队、区检察院未检科、海关缉私局、禁毒馆、街道禁毒办来校开展讲座,把安全宣传与学生关注的热点、难点问题相结合,贴近学生的日常生活,为学生排忧解难。通过这些专业资源增强学生法治教育的实效性。

(三)借助主题教育,增强法治观念

通过形式多样的主题教育,增强法治观念。每届高一新生入学之时,入学教育的第一课就是学习和宣讲《五爱学子道德自律手册》。这本手册是我校师生在认真研究国家相关教育政策法规基础上,结合生源特点,经广泛讨论形成的。在高三学生毕业之际,我们举行"增强法治观念,牢记青春誓言"的18岁成人仪式,全体学生在国旗下手持宪法,庄严宣誓,承诺争当自觉遵守宪法和法律的好公民,同时利用每年法治宣传月、525交通安全宣传日、626国际禁毒日等契机,开展形式多样的法治主题宣传教育等。

（四）参加实践活动，促进全面发展

结合法治教育实践性、应用性的特点，组织学生参与多项实践活动，旨在通过这些形式，将学生在校期间的所学所感融入各类实践活动中，让学生们在校园活动、社会生活中学习规则、遵守规则、锻炼自我、服务他人、展示风采，促进学生的全面发展。例如由上海市高级人民法院、上海市教育委员会、上海市青少年学生校外活动联席会议办公室和上海广播电视台联合举办的"春天的蒲公英——小法官网上行"上海市少年模拟法庭进校园进社区展评活动，我们将发生在中小学生身边的民事案件，在法官的指导下进行改编，供全市中小学生观看学习。最终，我校戏剧社获最佳表演奖。

（五）聚焦生涯规划，助力成长成才

开展"学长导航""我的大学梦""我的职业梦"等活动，通过组织访谈、实地走访、律所见习、居委挂职、"我跟父母去上班"等职业体验，开展生涯规划活动，帮助学生了解法律职业领域的要求和职业工作内容，发现自身兴趣，了解社会对人才的需求，助力学生的终身发展，实现职业理想，为培养品德优良、人格高尚、有创新精神和实践能力的现代公民打下坚实的基础，促进学生的终身发展。

（六）提升专业素质，夯实治校基础

依法治校的基础就是法治教育的普及程度，从某种意义上，学校领导、教师的政治素质和法律水平的专业素质高低直接影响到依法治校的成败，因此，学校十分重视对教师个人法治素质的培养。（1）做好学习材料征订。我校认真做好各种普法学习材料的征订工作，推进教职工法治知识的常态化学习。（2）提供法律专业进修。为了进一步提升学校教师的法治素养，创设条件让部分教师攻读在职法律硕士，搭建法治专业化学习平台，增强学校法治专业团队的教师资源储备。（3）组织法律法规学习。通过各种政治学习，法律顾问提供的法律知识讲座橱窗布展，组织教职工进行法律法规的学习，增强了教职工依法执教、依法治教的自觉性，明确了学校在未成年人保护及预防未成年人犯罪的要求与法律责任。

三、课程成效

"崇德尚法　砺行致远"，在学校系列法治活动中，我校荣获首批依法治校示范校，有效地提升了师生的法治意识、思辨能力和综合素养，为推进全面依法治国培土播种。

近年,我校学生与校外法治辅导员一起参加了多场东方卫视主播的节目录制,聚焦生活热点问题。为配合最新的《上海市道路交通管理条例》,我校与五里桥街道合作,传递"创文明城,做文明人"的理念,纠正不文明行为,该活动也得到了"新华网"的专题报道。

此外,学生通过学校"尚法致远"活动,明确了自己的发展目标,他们中有的进入了法律院校学习,也有不少人走上了法律工作岗位。但学校法治活动并非只为培养专门的法律人才,更希望通过"尚法致远"这一学校特色法治活动,引导学生善于区分真、善、美和假、恶、丑,了解法律,遵守法律,立鸿鹄志,做奋斗者。

(上海市五爱高级中学)

依法治校软实力

——学校制度体系下的"众教育"

依法治校是在学校落实依法治国基本方略的必然要求。从目前的教育发展形势来看，学校管理活动的自主性、复杂性、权利义务关系的多样性显著增强，法律问题、管理漏洞与矛盾纠纷日渐突出，给学校管理带来了许多新的问题与挑战。实现管理的制度化、规范化和法治化是依法治校的前提，卢湾中学在这一制度体系形成的过程中依托的是学校"众教育"的理念。

一、实践的背景

（一）"众教育"的办学愿景与价值追求能持续推进学校制度的建立和完善

"众教育"认为教育不是一个人的事，倡导将"人"（学生）放在教育的中心，以学校为主导，调动家庭、社会及各方力量、教育元素共同参与实施的整体的、系统的教育。"众教育"呈现"四全"特征："全员"即指与学校教育相关的每位成员勠力同心形成合力，包含教师、家长、社会以及学生自己，构建全员育人的格局；"全程"涵盖了学校教育的全过程，倡导全程育人，将家庭教育、学校教育和社会教育贯穿于学生的时时、事事、处处；"全息"强调深度融合所有的教育要素，为学生创造丰盈生命的课程内容；"全景"强调教育时空的充分开发和拓展，关注教育方式和教育媒介的时代特征，包罗全景式的教育生态。综上可知，"众教育"涵盖了学校所有的工作，而实现这一理念的保障就是制度体系的建立和完善。

（二）学校要成为一个由各方组成的共享价值观和理想的共同体，走向文化引领

传统教育管理侧重于组织和技术方法的作用，强调运用各种技术手段和科学工具来达到学校的管理目标。现代管理注重人力资源的开发与优化配置，更加强调学校要成为一个由教师、学生、行政人员和家长等组成的文化认同共同体，从而实现学校行政从人、财、物的管理走向文化引领。由此我们认为建设现代一流学校，学校要超越传统管理制度，行政管理要更加依靠文化建设，依靠师生的精神追

求,依靠员工的价值追求来提升学校的品质,这是一个更高层次的管理。这也是我们把学校的"众教育"理念作为依法治校载体的重要原因。

二、我们的实践举措

(一)将学校的文化理念与依法治校的实践相结合

学校围绕《在"众教育"中培育生命智慧——卢湾中学五年发展规划》,建立合理的分工负责和相互协作机制。每个实施项目都有相应的项目团队,负责精致化地设计项目内容,并形成分年度实施计划、每年度进行项目达成度自我评价机制。明确了"众教育"的内涵(全员、全程、全景、全息),编写《"众教育"36 条》作为全体教师的教育信条。

学校主动创新管理文化。积极推行扁平化管理,对学校的机构设置和职能进行了改革,实现"事本主义"管理模式向"人本主义"以及"团队管理"模式的转变,打造教育教学工作新的发展台阶。具体体现为:建立"学生发展部"彰显学生发展以人为本的文化理念;建立"教学发展部"和"课程研发部",注重课程管理、学校特色课程研究开发的职能;建立"教师资源部",培育"教师生命智慧";建立"教育保障部",有效整合开发利用学校各方面资源,为教学、师生服务,体现服务师生的管理理念。

在"众教育"办学策略的引领下,学校认识到:依法办学需要推进民主决策、民主参与以及民主监督,尤其是要加强学校、家庭、社会(社区)三方互动。为此,学校建立健全议事会制度,成立各级议事会组织,如卢湾教育学区理事会议会、卢湾中学教育议事会、少代会代表议事会等,这些组织有效调动了广大师生"知校情、议校事、监校务"的积极性和主动性,拓宽教职工代表参与学校管理的渠道,促进教职工爱校、治校的积极性,创建公正、公平、公开的依法治校氛围。

(二)倡导"六度"教育法,提升每一位教职工的"育法"能力

学校要求教师要结合《未成年人保护法》《上海市卢湾中学学校章程》等,深入了解学生。特别提出"六度"教育法,包括学法指导的贴心度、师生关系的融洽度、情感渗透的温暖度等。学校还提出"一度温暖,百分百爱心",倡导"大拇指"教育,反对食指教育,要求教师做到"十六个知晓"(知晓学生的姓名含义、知晓学生的生活习惯、知晓学生的性格特点、知晓学生的行为方式、知晓学生的思维方法、知晓学生的兴趣爱好……)。

同时开展"欣赏他人,悦纳自我"等系列师德展示活动,通过教代会、教工大会等多种渠道进行宣传,强化广大教职工对《上海市卢湾中学学校章程》《卢湾中学教

师职业道德规范》等规章的学习和认识,多角度诠释教师道德规范要求,引导教职工树立正确的职业观念、职业态度和职业理想,在校园内形成爱岗敬业、乐于奉献、教书育人的崇高师德风尚。

(三)学科渗透融合:倡导无边界理念,让法治教育无处不在

学校以课程教学为主要渠道,形成课内课外、校内校外紧密结合的学校法治教育网络和体系。通过课堂教学,有计划地对学生进行系统的法治教育,语文、道德与法治、历史、艺术等学科在教学中也结合本学科特点相应地渗透德育、法治教育内容;学校把法律常识教育纳入必修课内容,做到大纲、教材、教师、课时"四保证";同时还做到法治教育与纪律常规教育相结合,校内教育与校外教育相结合,正面引导与反面典型教育相结合,法治教育与弘扬美德相结合,依法治校与加强学校精神文明建设相结合,提高了法治教育工作的实效。

三、取得的成效

学校的"众教育"办学智慧推进了依法治校,激励和吸引了社区、家长的积极参与,形成凝心聚力的学校文化氛围,有效地保障了学校健康发展。学校五年发展综合督导问卷调查显示,教职工对学校领导班子的民主作风、民主管理以及校务公开感到"满意"和"较满意"的占比为98.6%。

教师充分认识到新时代教师法治教育能力的重要性:"现在国家非常注重提升青少年的道德和法治水平,我们认为这不仅是学生的事,更是老师的事。如果老师本身道德品质不过硬,或者即使老师的道德品质过硬,但他不具备提升学生道德和法治水平的能力——育德能力,那么学生的道德和法治教育还是一句空话。"这是卢湾中学老师面对记者采访时的回答。

丰富多彩的法治文化活动也让学生受益匪浅。比如学校开展的生涯体验法治实践让学生对于公民意识、民主意识、法治意识都有了更深层次的体会。其中学生在青少年法治文化体验基地的模拟法庭中尝试扮演法官、审判员、公诉人、当事人等角色。一番体验下来,同学们最多的一句感言就是:原来法律自始至终都在你我的身边。相信这会对他们今后的人生产生深远的影响。

(上海市卢湾中学)

编制两张"清单"，集聚社会资源，完善学校治理

一、背景

随着职业教育作为类型教育与普通教育并重并举的政策不断出台，职业教育人才培养质量也日益受到社会各界关注。职业学校要"加快培养大批高素质劳动者和技术技能人才"，就需要不断完善自身治理能力和治理体系，充分调动更多社会资源参与，做好教育供给，由学校、家长、企业和社会各界一起，逐步提高教育质量，办让人民满意的职业教育。

上海市商贸旅游学校把编制"小微权力清单""办学行为负面清单"作为强化基层公权力监督，规范教育、管理、服务各个环节的标准和要求；探索借助社会资源和力量，解决学校现实问题，综合推进依法治校；在依法落实学校办学自主权的基础上，建立社会多元参与的治理主体结构框架和治理规则体系，明确各方在治理中的权责与参与程度，依法治校、依法决策、依法管理，不断提高教育教学质量。

二、实践

（一）落实两张"清单"，切实提高政治站位

建立"小微权力清单""办学行为负面清单"，两张"清单"所列内容依据各项教育法律法规、规章制度梳理汇总，重点关注办学过程中，易发多发的违规操作，或教师、家长、学生关注度高、反映强烈的事项。各职能部门按照新的法律法规，不断完善各项管理制度，建立健全各种办事程序、议事规则等，形成健全、规范、统一的制度体系，并在学校网站上予以公开。

把两张"清单"的建立与学校规章制度的"废改立"作为一个有机整体和重要环节。对涉及师生利益的管理制度、重大事项实施前均经过公示程序，同时，重大事项需经教代会、学代会讨论通过。由校务办公室牵头，对照两个清单进行自查自纠，明确学校领导班子、各职能部门的工作职责，内化为加强党的建设、依法治校的

重要理念,建立健全工作要求与目标考核机制。

(二)深化家校、校企合作机制,强化社会参与学校治理

对照小微权力清单内容,细化分解权力事项,做到权力制衡、公开透明,让"微"权力在阳光下运行。

首先,强化"家长委员会"职能,家委会不仅关注学生食堂、校服、保险、春秋游、修学旅行等,还参与专业特色建设;学校定期组织家长代表、家委会成员参与学校开放日活动,参与学生技能考核、技能大赛、走访企业、走访院校活动,以此探索家庭教育指导,完善家委会的活动方式;比照两张"清单",给学生、家长们一份承诺,也便于家长和学生进行监督;规范招生信息发布、推进阳光招生,建立招生内部制衡机制和社会监督机制,使招生活动规范透明。

其次,不断完善《校企合作管理办法》,解决产教融合、校企合作管理、学生实习岗位选派等深层次问题。通过引入企业深度参与专业建设,完善"校企共育"人才培养模式,深度打通学校内部治理和外部监管的对接。各专业均建有行业企业专家深度参与的"专业建设委员会"和"教学指导委员会",在专业课程教学改革、新专业申报、中高贯通、实验实训室建设等项目中形成事前、事中、事后均向专家征求意见、科学论证、风险评估、监督执行的制度。同时各专业均建有与专业人才培养紧密相关的校企融合培养项目,例如引入法国蓝带课程、建立益海嘉里企业订单班、TopClass 现代音乐表演双元制合作班,引入企业力量参与学校专业人才培养,保障人才培养质量。

(三)借助社会力量完善学校管理体系,综合推进依法治校

积极推动社会多元力量参与学校治理,建立专家咨询、专业机构测评相结合的决策、服务、评价机制,综合推进依法治校,探索借助社会资源和力量完善学校治理体系。在依法治校大背景下,在守正创新上下功夫,借助专业机构、专家等社会资源和力量,通过统筹顶层设计和分层对接、统筹制度改革和制度运行,有效引导学校步入各领域"专家治校"的发展轨道。学校聘请律师事务所作为法律顾问,协助学校处理法律事务,对学校出台的有关管理措施、对外签订的合同、实施改革方案等进行合法性评估、论证。聘请会计师、审计师事务所作为财务顾问,对学校财务管理制度、资产管理制度、内部控制制度及项目实施规范发挥参谋和助手作用,综合推进依法治校。

同时,不断调整教育质量标准,让行业、企业、社区、校友、家长等方面代表参与

学校管理、支持学校发展。引进第三方机构、专家参与学校教学质量评价、学生就业质量跟踪调查。通过"外部专家"诊断和评价以及多方监督，推动学校内部教育质量掌控和改进，完善教育质量评价机制，推动建立"公开公正"的学校教育质量管理体系。

三、成效

（一）凝聚师生合力，把制度优势转化为学校治理效能

两张"清单"管理机制有效地激发了全体成员的积极性、创造性，把写在纸面上的制度创造性地转化为机制，把制度优势转化为学校治理效能。让教职工参与制度建设、分享发展成果、认同制度安排，进一步激发其干事创业的内在动力。

学校教师在第三届上海基础教育青年教师爱岗敬业教学竞赛中获得特等奖，荣获上海市教学能手、上海市五一劳动奖章；教师团队获得 2018 年全国职业院校教学能力大赛教学设计项目比赛一等奖；一位班主任获得上海市第四届中职班主任基本功大赛一等奖，所带班级荣获上海市第 13 届金爱心集体等。我校学生在全国职业技能大赛和行业技能大赛屡屡夺冠，在上海市"星光计划"职业技能大赛中也取得了优异成绩，自 2007 年我校已连续六届蝉联优秀组织奖榜首，在上海市名列前茅。

（二）提高教育实效，体现职业教育，社会服务能力

学校在探索社会多元化参与办学的治理体系建设中，打破了职业教育与普通教育、社会教育的壁垒，在提升校内专业教育质量的同时，也积极走出去服务社会，实现专业教学改革的边际效应最大化。例如，形成具有学校特色的职业体验项目（"FAIR 营销节""蓝带美食节""暑期小达人""国际木工邀请赛"等品牌项目），成为集职业体验、劳动教育、非遗传习和创新创业"四位一体"的综合性职业体验学习平台。职业体验项目培养了学生的综合素养、职业兴趣和职业意识，通过"小体验"触发"大未来"，使学生了解和发掘了自己的潜能。同时也展示了职业教育改革与发展成果，培育和弘扬"工匠精神"，增强职业教育的社会影响力和吸引力。

（上海市商贸旅游学校）

重民主,讲公开,营造和谐共进校园

上海市黄浦区卢湾二中心小学是一所传承 118 年深厚文化历史的百年名校,曾被联合国教科文组织收入《世界名校录》,在市区乃至全国具有较高声誉。在这里,教师们人人爱校如家,学生们个个以校为荣,家长把孩子放在二中心,更是觉得放心和荣幸。这片校园成了每一位二中心教师施展才华,实现人生价值的精神家园,更是每一位二中心学子求知求学的热土。

学校先后被评为:中国教育学会"十五"重点课题优秀实验基地、中国创造教育优秀实验基地、教育部中小学校长培训项目实践基地、全国科技教育创新十佳学校、全国体育传统项目先进学校、全国红旗大队、全国小学作文教育示范校、上海市文明单位、上海市学生行为规范示范校……

这一切荣誉和成绩的取得,源于学校在基于传承和发展的同时,牢牢把握了"和谐"这一成功的关键。而这和谐的基础,就来自民主与公开。

一、完善校务公开制度,提高依法治校管理水平,以"政和"引领和谐

学校不断完善现代化教育制度下的校长负责制,党政工"三驾马车"齐驾共御,增大校务公开的广度、深度和力度,赋予教职工充分参与、知情和监督的权力。坚持校务、党务"双公开"制度,切实落实《黄浦区卢湾二中心小学落实"三重一大"制度的实施办法》,凡是涉及学校重大事项如基建招标、职称评定、教育收费、大宗采购、较大支出等通过校务公开多种渠道及时向教职工和家长公布,做到程序公开透明。近年来,学校逐步建立和完善公开信息网,利用学校校园网、微博、微信公众号、公开栏、校刊、电子显示屏、"家校直通车""红领巾信箱"……公开公示各项信息,让更多教师、家长、学生在第一时间了解学校的发展情况。

在学校重点工作的规划和制定上,尤其是在涉及教职工切身利益的问题上,如干部任用、评选先进、职称评定等,更是做到完全"公开、公平、公正",真正激发教师工作的积极性,增强学校发展的向心力、凝聚力和推动力。

二、依托教代会制度,提高教师民主管理水平,以"人和"推进和谐

学校工会每三年进行换届选举,每学年举行1～2次教代会。教职工代表充分发扬民主,积极参与学校民主管理、民主监督。凡学校重大决策,涉及教职工切身利益的方案等必经教职工代表大会讨论、审议、通过。充分体现了教职工的主人翁地位,充分调动了广大教职工参政、议政的积极性,保证了学校各项工作的有序开展,促进了教育事业的健康和谐发展。

(一)提高认识,重视教代会工作

实施教代会制度,搞好教代会工作,是学校党支部、行政、工会的共同职责,只有党政工同心协力、齐抓共管、各负其责,才能保证教代会的正常运转和作用发挥。多年来,学校党支部、行政、工会密切配合,各司其职,使教代会的工作进展顺利。

1. 党支部履行"全面监督"职责

加强对教代会领导是贯彻党的指导方针、依法治校、民主办学的需要。在新的形势下,党对教代会的工作只能加强,不能削弱,任何削弱党对教代会工作领导的行为都是失职,都是违背党规党纪的行为。鉴于这样的认识,党支部认真学习中共中央有关文件,从思想上认识到对教代会的领导是支部的基本职责之一。党支部书记亲自具体监督,重视教代会工作,协助工会开展教代会。

2. 行政履行"依法治理"职责

学校行政班子把教代会作为办好学校的一支重要力量对待,为教代会创造必要的工作条件。校长自觉把自己置身于教代会的监督之中,重视开好每学年的教代会。学校的办学指导思想、重大改革措施都分别提交教代会审议、通过,作出决定后再付诸实施。校行政领导班子十分尊重教代会通过的代表提案和各项决议,虚心听取代表意见,正确对待代表批评,主动接受监督。

3. 工会履行"民主维权"职责

工会首先从思想上高度重视教代会工作,把贯彻全心全意依靠教职工办学、维护教职工的合法权益、推进学校民主管理、做好教代会工作作为工会工作的首要任务。其次是做好教代会的日常工作。学校工会十分注重做好每届教代会的筹备和会务工作。每次大会都按照预先安排的方案和议程有条不紊地进行,取得了圆满成功。每次大会结束后,工会把代表在开会期间发表的意见、建议,分门别类整理

成书面材料,呈送校领导和有关职能部门,解决落实,有的暂时不能解决落实的,向代表作解释,取得代表的理解。

（二）狠抓落实,实现以法治会

教代会工作是否正常运转、持之以恒,与教代会的组织建设有着重要的关系。因此,学校根据国家有关法律法规,制定符合本校实际的实施细则、工作规则,使教代会工作有章可循,依法治会,减少工作的主观性、盲目性、随意性,做到工作规范化。

1. 抓好教代会的制度建设

健全组织机构是开展教代会工作的基础,完善制度是有序开展教代会工作的保障。为了开好每一届教代会,工会制定了《黄浦区卢湾二中心小学教代会实施细则》,细则对召开教代会的指导思想、筹备教代会的领导小组、教代会行使的职权、教代会的组织制度等方面作了明确规定。随后,工会还制定了《教代会工作规则》《教代会代表选举办法》等。由于重视教代会的组织建设、制度建设,使教代会工作有章可循。

2. 抓好教代会代表的产生

代表是教代会的组织细胞。代表素质的高低直接关系到代表的参政议政能力,关系到教代会的运转质量,关系到是否发挥教代会的作用。为了提高代表的素质,我们规定教代会代表占教职工总数的 30%,教师代表的比例占代表总数的 70% 以上。在教师代表中,具有中级职称的教师比例必须达到 70%,女性教师必须达到代表总数的 50% 以上。这样的代表比例,真正体现了代表的先进性、广泛性,教师代表的主体性、高层次性。

3. 抓好教代会代表的培训

教代会代表能否正确反映和表达教职工的意见和要求,关键在于代表的自身素质和能力。为此,我们对教代会代表进行两方面的素质培训。

一是进行政治思想教育。我们对代表进行"解放思想、实事求是"的辩证唯物主义教育;进行爱国主义、集体主义和教师的使命感教育。让代表增强主人翁责任感,具有敢说真话、直意进谏的工作作风。

二是进行法律知识培训。我们组织代表重点学习了《工会法》《劳动法》《教育法》《教师法》等与教职工密切相关的法律法规。让代表明确自己的权利义务,提高代表依法参政议政、依法维护教职工合法权益、依法为教职工办事的能力。

（三）贯彻方针,发挥代表作用

教代会是以教师为主体的教职工行使民主权利、参与学校民主管理和监督的基本组织形式。全心全意依靠教职工办学,推进民主管理,就是要重视发挥教职工代表的作用。

1. 增强教代会代表的责任感和荣誉感

教代会代表由教职工选举出来的,他们应该对广大教职工负责。有些教代会代表的"代表"意识不强,职责不明确,责任性差。为了加强教代会代表的责任感,克服过去那种"开开会,举举手,什么意见也没有"的现象,我们重点抓两点:第一,让代表汇报履行代表权利义务的情况,包括个人的政治表现、业务水平和工作能力,以及密切联系群众、维护教职工利益、积极为群众说话办事的情况;第二,开展"合理化提案评比活动",对代表能否为学校发展和管理提出有价值的合理化建议,能否及时反映群众的正确意见和建议,作为提案评比的依据,并对"合理化提案"给予奖励。

2. 尊重教代会代表的主人翁地位

支持代表行使民主管理学校的权利,采纳代表的意见,是落实全心全意依靠教职工办学的体现。凡是学校应提交教代会审议的重大问题,均提交教代会讨论,让代表发表意见。

3. 积极采纳落实教代会代表的提案

教代会代表的提案是否落实,将影响到代表参政议政的积极性,影响到教代会的质量。学校党支部、行政、工会十分重视采纳代表科学合理的提案,使得代表提案、落实形成良性循环。

由于我们做好了以上工作,教职工代表普遍反映,教代会为大家提供了主动参与的机会,为教职工提供了行使民主权利的条件,自己感到在学校改革和发展的重大问题上责任更大了,主人翁意识增强了。

【案例】

还记得在学校刚要推行绩效工资的时候,真可谓是"山雨欲来风满楼",是全体教师乃至社会万众瞩目的焦点:什么是"绩"、什么是"效",如何评定、如何考核,绩效工资究竟如何实施? 实施以后对教师本人具体收入有何影响? 这都是萦绕在大家心头巨大的问号。而作为这项改革推行的实践者,学校党政领导深知自己肩上的责任重大,如何实施好绩效工资,科学、客观、公正、全面地考评好每一位教师,顺利地把教师绩效工资有效地贯彻实施到位，可以说，在此次改革中做出的每一个决定都举足轻重，迈出的每一步都如履薄冰。而在此过程中，正是最终依托了教代会的力量，才使绩效工资的推进工作圆满完成。

1. 高度重视，加强领导，精心组织实施工作

学校党政领导深知只有在大力推行改革的同时，亲力亲为抓好每一个细节，真真切切地及时解决存在的问题，做到事先周密安排、精心组织、加强宣传引导，做好思想政治工作，注意研究解决实施中出现的问题，妥善处理各方面关系，才能确保工作平稳进行。因此，校长首先在中层干部会议上对学校中层进行了绩效工资改革相关政策的宣传。强调中层、财务部门和人事要深入一线，积极了解和搜集在教职工中存在的热点和焦点问题，在研究政策的基础上做好解答，广泛听取各方意见，提出应对措施和方案，消除教职工队伍中存在的疑虑，为这次改革创造良好的舆论环境，让全校职工从思想上正确对待，在行动上积极配合。

2. 正确引导，稳妥推进，广泛宣传改革意义

首先，工会召开了教代会，校长借助教代会平台多次强调，反复重申了绩效工资改革的重大意义，力求使广大教职工对绩效工资有清楚正确的认识，增强改革的理解力和承受力。让每一位教师知道，在享受党和政府的重视与关怀的同时，更应该立足长远来正确看待这次绩效工资改革的意义所在。同时，此项改革可以很好地推动教育事业的发展，我们每位教师要珍惜我们拥有的一切，并且转化为积极做好教育工作的强大精神动力，更好地肩负起教书育人的神圣使命，为推进教育事业又好又快发展贡献自己的智慧和力量。

3. 公开过程，群策群力，教代表发挥主要力量

能否设计一个既符合学校自身实际、具有较强的可操作性，又能被各方广泛接受的绩效分配方案是关系到绩效工资改革推行成败的关键。为此学校召集教代会代表一起来参与绩效分配方案的制定，这一举措不仅得到教职工的肯定，而且事实证明，在制订方案时，身在一线的教师代表们的确能够提出许多有建设性的建议。

教师代表们放弃了休息时间，从下班一直工作到深夜，在校长的亲自带领下，认真细致、逐字逐句地学习研究绩效改革工作有关要求，深刻领会和把握上级指示和文件精神，大到原则、项目，小到细节、措辞都一一审思。紧贴学校各岗位的特点和实际，科学分析岗位价值。首先确定学校现有的岗位，然后对这一系列岗位做一个相对的比较，其中主要包括对员工素质的要求、岗位工作的难度、岗位的人际复

杂性以及岗位对组织发展影响力等一些关键性指标,通过指标分析,确定它的价值,最后综合成系数。通过几轮讨论、辨析、协商,形成共识,最终拿出了具体的绩效工资发放办法,制订了详细的绩效工资实施方案。

4. 发扬民主,科学决策,保证绩效工资实施的透明度和公信力

方案拟定成稿后,校长第一时间在全体教职工大会上向全体教师进行了全文宣读,并就方案的起草、依据、项目标准进行了认真的解读和说明。随后,学校考核工作小组把草拟的方案递交教代会,让代表们再次提出自己的意见或建议。会上陈校长还就代表们提出的各种疑问进行了逐一解答。在此基础上,学校请教职工代表把方案带到各组室广泛听取教师的意见。学校在认真听取并考虑教职工的建议和意见的基础上又一次对方案进行修改和完善,最后经过教代会表决,全员通过了学校绩效工资实施方案及考核办法。

从以上案例中我们可以看到,正是因为学校在"依法治校"的过程中,依托教代会这一平台,坚持公开民主,才使二中心的智慧型管理深入人心,充分调动了教师积极性,增加了师生员工的满意度。因此学校虽然曾历经三校合并,人心却没有涣散,反而有更多的教师团结一心,自觉加入为学校谋发展、为学生创幸福的事业中来,营造了和谐共进的校园文化。

（上海市黄浦区卢湾二中心小学）

法治教育在小镇，小法庭里遇未来

一、研究背景

当今社会中，随着人们法治意识的不断加强，校园开展法治教育有其重要性和紧迫性。如何让小学生去学习一些看似难懂枯燥的法律呢？我校是这样思考和践行的——

"蓬莱小镇"是我校的一门特色拓展型课程，分为"我和自己""我和社会"和"我和未来"三大课程板块，学生在模拟的微型社会中体验着、探究着、发现着、成长着……培养未来社会人的核心素养在三大板块情境化的课程学习活动中生成落地。"我和社会"这一课程板块帮助学生认识和探究社会，培养规则意识和与同伴合作的素养。其中，第四社区的"正义小法庭"课程目标直接指向培养知法、懂法、守法的未来小小社会人。课程通过营造法庭情境、法官角色的体验、讨论制定小镇各项规则、学习运用法律知识解决小镇生活中的各类突发问题等，使学生积极参与到法律活动中来，在丰富的实践体验中成长。法治教育在"正义小法庭"课程中得以无痕渗透、生动达成。

二、具体操作实践

（一）课程设计

每轮正义小法庭课程为 10 课时，每课时 70 分钟，对象为四年级学生。这个年龄段的学生已经具备较强的思考能力和语言表达能力，并且对于身边的生活、时政也有较强的感知能力和分析能力。正义小法庭的课程设计遵从学生的年龄特点，引导他们通过自主学习有关青少年的基本法律法规及生活中的法律知识、开展模拟法庭活动、走进社会司法机构真体验、学习制定小镇法规、宣传法律知识等课程活动，逐步在实践体验中成为知法、懂法、守法、具有法治意识的小公民。课程注重：

第一，学生的合作性。课程的实践活动重点在于模拟小法庭，开庭前后有一系列事务必须团队合作完成。在开庭前，需要法庭成员分组准备材料，搜集证据，书写起诉书、结案陈词等，所以在这个阶段，孩子之间的合作及沟通都非常重要。

第二，注重学生的模拟体验。在正义小法庭中，每位学生都有自己的身份与任务。一堂课上一般可以开展两轮模拟法庭活动，即使第一轮还没上场的学生也能以陪审员的角色，参与分析案件，发表意见，吸取别人在法庭辩论上的经验，使第二轮模拟庭审更具备专业与真实性。

第三，培养学生多维度思考与分析问题的能力。在模拟小法庭中，有原告，也有被告。有时候小镇公民们抽签安排到了被告组，这时候他们就需要开动自己的大脑，从相反的方面来寻找对自己有利的证据以及辩论的内容。有的案件可能原告被告都要承担责任，这时候就需要陪审员以及审判长开动脑筋，给双方一个满意的判决。

（二）课程实施

"正义小法庭"每周五如期开庭，教室的课桌椅被摆放成了法庭模样，正上方是高高的法官席，下面是书记员的位置，两边是控辩双方的位置，后面是陪审团席位。走进这样的情境，每个孩子都会肃然起敬，心中的正义之感油然而起。

1. 学习法律，自主探究，进行法庭模拟

每一个小法官在提供的自主学习 PPT 中，学习《宪法》《未成年人保护法》《义务教育法》，尝试用通俗的话语恰当的例子，向大家解读法律条文。每学完一部法，开庭审理两个相关案件，大家自由组合，结合学习的理论知识，亲自研究案卷，确定辩护对象。有时候，小法官可以根据社会上的时事热点，针对一个案件进行模拟法庭。正式开庭时，大家穿上黑色大袍，敲响法槌，每一个人都是那样神圣。

2. 活动实践，宣传法律，普及小镇社区

除了学法、模拟审案外，正义小法庭中的每一位小法官还有更重要的任务——向大家宣传法律知识，做一个"法律宣传的小卫士"。法律知识的宣传形式丰富多样，生动活泼。学习《宪法》《义务教育法》《未成年人保护法》后，大家两人一组绘制法律宣传画，前往小镇的其他社区进行法律宣传，同时设立法律咨询，回应小镇公民的疑问。

每年的 12 月 4 日是国家宪法宣传日，正义小法庭的小法官更是义不容辞地开展了主题为"我是守法的小镇公民"系列活动，将国家的宪法知识通过多个途径、各项活动带到小镇的各个社区与场所。通过小法官走进"星光电视台"进行广播；到

"魔法小书店"制定宣传手册；带着"星星邮电局"的邮递员们将特制的明信片进行派发等活动，将宪法小知识传播给每一位小镇公民，让蓬莱小镇中的每一位小镇公民都成为"知法、懂法、守法"的小公民。

3. 学以致用，运用法律，制定小镇规则

蓬莱小镇里丰富多彩的学习生活给学生带来了无尽的欢乐和体验，然而小镇生活需要和谐，活动需要有序，这一切离不了规则的制定。正义小法庭根据自身课程特点，为小镇活动制定切实可行的活动规则，规范小镇公民的行为，使小镇的生活更美好。

例如：足球嘉年华期间，每一个小镇公民该怎样观赛？如何有序体验欢乐的嘉年华盛会？正义小法庭的工作程序是，先一起群策群力，商量拟定了十条活动规则；然后小法官去广泛征求小镇公民的意见；在小镇工作委员会的组织下，又举行了"蓬莱小镇足球嘉年华活动规则意见听证会"，在听证会上每一个小镇代表根据自己的意愿进行投票排序，最终听证会根据投票结果现场公布规则。

民主、规则、法治的意识，正通过"正义小法庭"输送到更多的小镇公民心里，让大家体会到法律就在每一个人身边，和谐生活离不开法律。

4. 走出校园，去"出个差"，小法官走进大法庭

小法官们每个学期都会前往周边的法庭，进行一次外出参观学习。大家近距离地走进大法庭，亲眼见到庄严的"刑事庭""民事庭"和"少年庭"，在真正的法庭里体验一把"模拟庭审"。

在法院，小法官们与大法官们围坐在一起，进行一次交流分享会，小法官们可以畅谈自己的感受与见解，也可以向真正的大法官们进行提问，对法院、法庭、法官等专业与实践领域有了更深入的了解和体验。

三、成效与收获

以蓬莱小镇"正义小法庭"课程为载体的法治教育活动，学生不仅非常享受这样的学习方式，而且法治意识得以提升，同时学校在拓展课程建设与发展上也收获了成果：我校被评为上海市行为规范示范校，学校积极开展和参与市区各类普法教育活动，我校学生荣获上海市中小学生"学宪法讲宪法"演讲比赛二等奖。最值得一提的是，我们"正义小法庭"课程被评为上海市中小学法治教育特色项目，2019

年被认定为黄浦区德育特色课程。

学校教师在课程开发与实施的五年多时间里,上升到理性的思考,取得了丰硕的研究成果。从正义小法庭科目纲要设计到课程内容优化,再到课程评价的完善;从教材最初的 1.0 版升级到了 2.0 版;教师撰写了《贯彻落实宪法精神　蓬莱小镇"正义小法庭"课程修订新教材》《以正义小法庭为载体培养小小社会人法治意识》《正义小法庭〈宪法〉实践报告》和《生活中无处不在法律》等多篇有关法治教育的案例,并在各级评选中获奖。

"正义小法庭"是"蓬莱小镇"法治宣传的窗口,也是对学生进行法治教育的一个有效平台,在蓬莱小镇情境中提升学生法治意识,遇见未来,我们一直在探索的道路上。

（上海市黄浦区蓬莱路第二小学）

确立健康监测机制，保障幼儿发展权益

一、背景

（一）依法治校，推进园所治理现代化的需求

1990年中国加入并签署《儿童权利公约》，将儿童的生存权和发展权写入了我国法律。《中华人民共和国未成年人保护法》规定在家庭保护、学校保护、社会保护和司法保护四方面全方位对儿童健康成长予以保障。在《幼儿园教育指导纲要》中也将幼儿的健康放在首位。我园依据相关法律法规，在制定幼儿园章程时就关注幼儿的健康权益并形成幼儿健康保障制度。近年来随着教育治理现代化的推进和幼儿健康成长需求的变化，我园更是借助幼儿健康日常监测平台的开发和使用，通过建立科学化、制度化、规范化的监测机制使幼儿健康发展的权益得到真正有效的保障。

（二）维护幼儿权益，促进幼儿健康发展的需要

生命健康是儿童与生俱来的权利，健康权也是实现其他各项权利的基础。"为了每个孩子的健康成长"是我园的办园宗旨，我园在保障幼儿权益的过程中发现，仅注重对体弱、肥胖等特殊儿童实施有针对性的改善策略，忽略对健康幼儿体质变化和发展的跟踪，会使我们的预防和干预滞后。为了保障每位幼儿健康发展的权益，结合园本课程特色和现代化信息技术手段，建立包含生长发育、健康运动和膳食营养等全方位的幼儿健康监测机制，可以预知幼儿体质变化的信息，使改善策略变得更及时，与幼儿体质变化同步，提高保教工作的成效，防患于未然，更能有效维护每位幼儿健康发展的权益。

二、实践

为推进基于证据的幼儿日常体质健康监测与改进，切实提高幼儿体质健康水平，我园建立含"幼儿日常生长发育指标阶段监测""幼儿健康运动阶段以及日常监

测""幼儿身体营养日常监测"三大板块的"瑞一幼儿健康监测机制",完善对幼儿园运动的管理与评价,优化瑞金一路幼儿园的园本课程体系,并通过建立相应的制度、明确机制运作部门和职责、安排机制运作的有效时间,保障机制的有效运行。

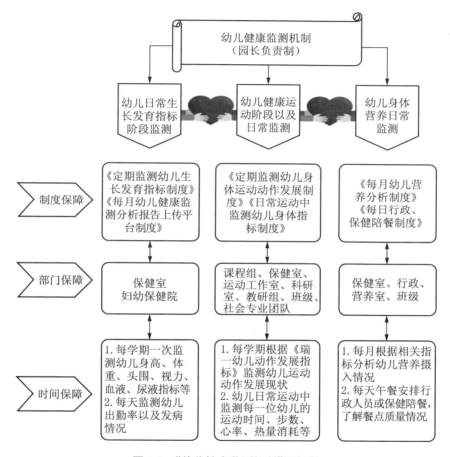

图 2-2　"幼儿健康监测机制"运行图

（一）制度保障——健全各项监测制度,保障机制有效运行

通过"上海市黄浦区幼儿园健康监测与分析平台""瑞一幼儿健康数据信息监测平台"开展基于数据的园本卫生保健制度、幼儿健康运动监测制度的改进与调适,为瑞一幼儿健康监测机制的有效运行,促进幼儿体质健康发展提供保障。

1. 幼儿生长发育及日常健康状况监测

保健室每月根据日常巡视情况从"出勤率、发病率""日常运动出汗率和运动量""饮食""午睡""保育工作""安全教育和安全保障"六个方面进行数据记录和分析,形成《在园幼儿健康状况监测月报告》,提供给园长室并在园所平台进行公示,为课程实施及保育工作的后续改进与优化提供支持。

案例1 "病菌远离我"

在每月幼儿健康监测分析报告中显示XX班9月幼儿出勤率有些低,幼儿发病率较高为2.5%,保健室与班级老师通过健康平台请假数据汇总,发现主要发病原因是咳嗽发烧等上呼吸道症状。针对这一情况,保健室给出防病建议。班级老师及保育员则根据相关建议进行班级层面的研讨,对班级保育工作进行反思和调整。如:她们针对孩子咳嗽感冒人数多、易传染的情况,设计了"病菌远离我"的主题活动。利用歌曲表演,让幼儿在朗朗上口的歌词中了解咳嗽或打喷嚏时要转身捂嘴,避免细菌传染;在个别化学习活动中提供了"鼻涕娃娃"和纸巾,幼儿可以通过图示了解纸巾的正确用法,为鼻涕娃娃擦拭鼻涕,从而提高幼儿自我护理的能力;在户外擦汗环节中,为每位幼儿提供专属毛巾,并指导正确擦汗的方法,保证幼儿擦到位不漏擦,用"帮帮乐"的儿歌鼓励幼儿互相帮助擦后背的汗;饮水环节中开展"我的小花快长大"的活动,创设环境,幼儿喝完水后移动写有自己名字的叶子,在情境中增强喝水的乐趣,了解喝水对身体健康的重要性。同时,老师向家长发放"外出小贴士"等,家园同步,减少幼儿发病率,提高幼儿的出勤率。保健室则为他们特别配置了营养水"梅子圣女果陈皮水""红糖姜花百合水""黑糖柠檬茶",每周喝3次,提高幼儿的免疫力。

由此可见,《每月幼儿健康监测分析报告上传平台制度》引发各岗位保教人员为幼儿的健康及班级保教工作的改善提供依据,有效促进了班级保教质量的提高。

2. 幼儿动作发展及运动能力阶段监测

我园的"睿智运动"特色课程关注幼儿运动能力的发展,着眼于对幼儿身体健康发展权益的保障,制定并实施《定期监测幼儿身体运动动作发展制度》,每学期开展4～6岁幼儿六项基本运动能力的测试和评估,以科学数据为依据形成针对每个幼儿的教育措施。

案例2 瞳瞳的《个别幼儿运动处方》

2019年3月在完成幼儿身体运动动作发展监测后,大四班教师把瞳瞳小朋友的评估结果和年级组、班级的整体发展水平做一个图标比较和分析。

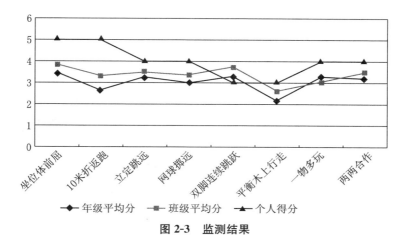

图 2-3 监测结果

监测结果分析显示:

瞳瞳小朋友动作发展和运动能力基本高于年级组常模和班级常模,平均分值在 4.375,发展优良。

其中"坐位体前屈""10 米折返跑"运动动作发展为年级组和班级中的最高分值;"双脚连续跳跃"运动动作发展低于年级组平均值和班级平均值,而"双脚跳远"运动动作分值良好。

结论:

1. 瞳瞳小朋友身体动作协调性和身体柔软度好,奔跑速度快。

2. 瞳瞳小朋友在"双脚连续跳跃"运动中除了耐力不够,动作要领可能有待于进一步掌握。

后续跟进一:

鉴于以上结论,班级老师根据《瑞一幼儿园户外运动菜单》三大板块的内容及运动材料为瞳瞳小朋友开出了专属的"运动处方"。

后续跟进二:

瞳瞳小朋友在户外运动时根据处方上的内容佩戴相应颜色的运动手环。在运动中各班的教师都能根据手环的颜色明确其对应的运动内容,根据要求监控瞳瞳的运动情况,并帮助和支持瞳瞳掌握正确的动作,同时关注运动过程中瞳瞳的运动量和心率达标情况。

此外,为了解幼儿在日常运动中的身体状况,幼儿园执行《日常运动中监测幼儿身体指标制度》。园长室、课程组、运动工作室、教研组从经费、设备使用、场地安排、时间安排上，利用运动手环和"瑞一幼儿健康数据信息监测平台"监测幼儿运动量，并做好后台的分析评估，保障幼儿户外运动，为后续课程的调整和开发提供科学依据，保障每位幼儿每天户外运动一小时的健身实效。

图 2-4 "瑞一幼儿健康数据信息监测平台"运动手环

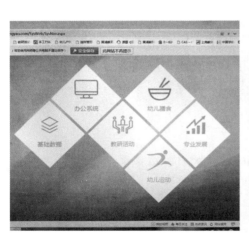

图 2-5 "瑞一幼儿健康数据信息监测平台"后台数据库

3. 幼儿膳食营养日常监测

儿童发展权中提到，"儿童享有获得充足的有营养的食物，以保证身体健康发展的权利"。为此，幼儿园行政部门和保健室结合幼儿园生活课程的实施，形成并严格履行《每月幼儿营养分析制度》《每日行政、保健陪餐制度》。

（二）部门保障——明确制度执行部门,有效运行监测机制

在每个监测内容和环节上,幼儿园实施园长室引领下的各部门上下联动、职责分明、责任到位、高效执行的运作机制,保障幼儿的健康发展权益。

图 2-6　幼儿日常生长发育指标阶段监测保障部门和职责

图 2-7　幼儿身体营养日常监测保障部门和职责

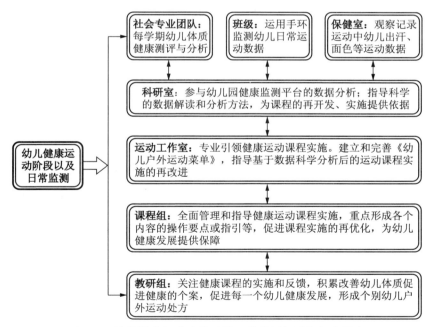

图 2-8　幼儿健康运动阶段以及日常监测保障部门和职责

（三）时间保障——确保监控实施时间,让机制运作常态化

根据园所人力、物力情况,采用可行性的原则,对幼儿健康监测的时间进行明确规定,做到幼儿生长发育指标和动作发展指标每学期监测一次,幼儿的出勤率、

发病情况、日常运动以及幼儿午餐进食情况每天监测，幼儿营养摄入每月一次监测，从而让幼儿健康监测机制常态化运作。

三、成效

（一）从创新管理机制的角度夯实了幼儿健康保障体系

以保障每一个幼儿发展权益的角度，创新了幼儿健康监测机制。在机制运作过程中建立和完善了"幼儿日常生长发育指标阶段监测""幼儿健康运动阶段以及日常监测""幼儿膳食营养日常监测"三大板块的相关制度，以及相应的职能部门，夯实了幼儿健康保障体系，实现了基于科学证据的幼儿日常健康监测与改进，为促进每一个幼儿健康成长保驾护航。

（二）保障了每一个幼儿的权益，促进其身心健康发展

1. 以监测数据分析 4~6 岁幼儿运动动作和能力得到显著提高

在监测机制的运作过程中，通过对 2018 年度园内 4~5 岁（中班）100 名幼儿，以及 2019 年度园内 82 位 4~5 岁幼儿（中班）和 98 位 5~6 岁幼儿（大班）进行六项运动能力、一项运动中创新能力、一项运动中合作能力的跟踪监测，从纵向和横向对整体数据比较和分析，以此揭示机制运行之成效。

（1）横向比较分析：同一年龄层次对比分析。

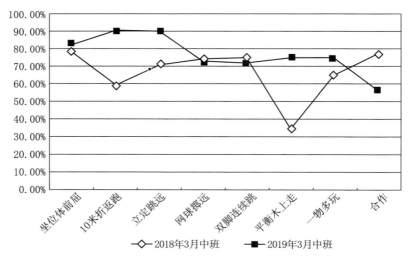

图 2-9　2018 年 3 月、2019 年 3 月中班体能监测"合格"率比较

2018 年 3 月 4～5 岁幼儿(中班)监测结果和 2019 年 3 月 4～5 岁幼儿(中班)监测结果比较分析。

从以上两年中班调研结果百分率比较可以看到,幼儿在"10 米折返跑""立定跳远""平衡木上走""一物多玩"等项目中的表现有显著进步。2019 年中班整体运动能力比 2018 年有明显进步,但个别项目有待关注和推进。

(2)纵向比较分析:同班幼儿跟踪比较分析。

2018 年 3 月 4～5 岁幼儿(中班)监测结果和 2019 年 3 月 5～6 岁幼儿(大班)监测结果跟踪分析。

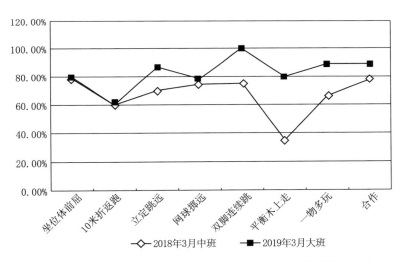

图 2-10　2018 年 3 月、2019 年 3 月中、大班体能监测"合格"率比较

从以上中、大班两次调研结果百分率比较可以看到,2019 届大班幼儿相对于中班各项运动能力均有明显进步。

2. 查阅平台数据可知园内幼儿病假率显著下降,肥胖率得以控制

幼儿园通过"上海市黄浦区幼儿园健康监测与分析平台"园本化使用,记录和分析幼儿每日出勤、病假情况,以及阶段幼儿体检情况。在此基础上,对 2018 上半年和 2019 上半年园内幼儿病假率进行比较,对 2017 学年和 2018 学年园内肥胖幼儿的控制情况进行调查。

（1）幼儿病假率显著下降。

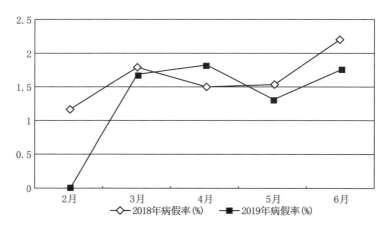

图 2-11　2018 上半年和 2019 上半年园内幼儿病假率比较

从以上百分率比较可以看到，由于幼儿健康监测机制的运作，瑞一幼儿整体身体素质提高，相比 2018 年上半年，2019 年上半年幼儿病假率显著下降，幼儿体质越来越好。

（2）幼儿肥胖率得以控制。

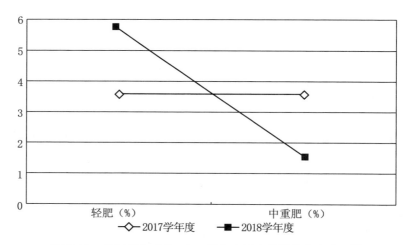

图 2-12　2017 学年度和 2018 学年度园内肥胖儿百分比比较

从以上百分率比较可以看到，由于《幼儿健康监测机制》的运作，保障了幼儿园运动课程的有效实施，使肥胖的孩子更多地选择体能消耗大的跑、跳类活动，2018

学年度"中重肥"的百分比明显降低，并趋向于"轻肥"，肥胖的症状有所矫正。

　　践行"幼儿健康监测机制"成为我园依法治校，保障每一位幼儿健康发展的常态化管理，切实提高了我园教育治理的现代化水平。从中我们感悟到：以事创新，建立运行机制是幼儿园系统化管理的核心；以人为本，严格执行制度是保障幼儿发展权益的基础。

（上海市黄浦区瑞金一路幼儿园）

第三章

分工合作，加强督导，弹好管办评分离的"协奏曲"

在促进教育治理体系和治理能力现代化的进程中，黄浦教育重视发挥教育督导在监督保障行政部门履行教育职责和学校实施素质教育方面的重要作用，进一步依法健全教育督导体制架构，遵循管办评分离的总体思路，推进形成决策、执行、监督职责明确又协调一致的教育治理体系。

充分发挥督导工作在推进教育转型发展中的保障指导作用，有序开展区域学校办学水平的发展性综合督导、专项督导和经常性督导，指导学校依法自主办学。致力于践行具有黄浦特点的"互促共生"发展性督导评估机制，构建主体多元、过程开放、思想共融的"互促共生"教育督导工作格局，推动形成"基于技术获取数据、基于实证形成结论、基于对话分析思想、基于发展推动改进"的"四个基于"工作方式，更加关注学校发展过程中鲜活的思想和实践，通过深度对话，激发鼓励学校的自主发展意识。积极推进责任督学挂牌督导制度实施，组成了一支数量充足、结构优化、专业高效的督学队伍，形成"一三六九"责任督学挂牌督导工作模式，2018 年 2 月黄浦区成功创建成为"全国中小学校责任督学挂牌督导创新区"。落实《上海市教育督导条例》规定，加强督导结果公示和反馈，制定了《黄浦区学校综合督导结果公开的实施办法（试行稿）》，形成了督导年度工作报告、督导意见书，在黄浦教育等网站发布、向教育党政联席会议通报等机制，加强督导结果的公开力度，扩大督导结果的使用效应，走在了全市前列。

以完善教育治理体系、提升教育治理能力为目标导向，着力构建各司其职、协同共治的教育督导与行政执法有机联动机制，提高教育督导与行政执法的能力，注重协调与合作，形成多方参与、权责明确、依法监督的教育综合治理格局，保障教育法律法规章的有效施行，规范办学行为。

第一节　"互促共生"——深化学校发展性
督导评估的黄浦模式

教育督导作为教育管理的重要组成部分，自 20 世纪 80 年代末恢复以来，伴随教育改革和发展的日益深入，也在实践中不断总结完善，最终形成了发展性督导评估的模式，成为国内教育督导的基本模式。黄浦教育督导工作以探索实践学校发展性督导评估为鲜明特征，与行政执法有机联动，强化督导结果公开和运用，形成了具有黄浦特点的操作模式。

"互促共生"发展性督导模式的区域实践与思考
——黄浦区深化学校发展性督导评估的探索

一、问题导向——"互促共生"发展性督导的背景分析

（一）问题的提出

2003 年，上海市教委、市人民政府教育督导室在总结部分区县实践经验的基础上，印发了《上海市积极推进中小学"学校发展性督导评价"的实施意见（试行稿）》（沪教委督〔2003〕4 号），在全市范围内积极推进中小学"学校发展性督导评价"，《意见》还提供了学校发展性督导评价的指标设计，由学校办学的"基础性指标"和"发展指南"两部分组成。"基础性指标"是依据教育法律法规、方针政策对学校的规范要求，强调中小学依法办学，具有法定性和统一性，教育督导部门通过督导评价督促学校必须达到基础性目标。"发展指南"是依据教育改革发展需求以及学校发展规

律所确立的关键领域及要素,学校可根据自身发展的不同阶段选择重点,兼顾其他。

2005 年,上海市教委、市人民政府教育督导室又印发《上海市关于深化与完善"学校发展性督导评价"工作的若干意见》(沪教委督〔2005〕1 号),对这项工作进行深化与完善。并且提出了三个方面的要求:转变政府职能,不断完善与教育决策、执行和监督相协调的行政管理体制,提高教育行政管理效益,推动与促进学校发展;发挥督导功能,不断完善与创新"学校发展性督导评价"工作,提高教育督导评估效能,指导与服务学校发展;加强学校内涵建设,提高依法自主办学的能力,形成自我诊断、自我完善、自我发展的内在机制,促进学校持续发展。同时对中小学"学校发展性督导评价"指标纲要进行了修订完善,特别是对办学特色、特色项目和显著成绩三个方面如何评价做了设计和安排。

综上可见,学校发展性督导评估是以"学校是发展主体,督导是发展保障"为宗旨,依据党和国家教育法律法规和政策方针的要求、学校的办学现状及学校自主选择的发展目标,指导学校制订科学合理的发展规划,建立学校自评和外部督评相结合的运行机制,运用现代教育督导评估的理论技术和方法,对学校发展的态势和绩效进行自我与外部的价值判断,提高学校依法自主发展的能力,促进学校依法自主办学。

1. 发展性督导评估是应该长期坚持的工作模式

(1)发展性督导评估有扎实的理论基础。

发展性督导广泛吸收了皮亚杰等的建构主义理论、维果茨基的"最近发展区"理论、马斯洛"人的需要层次理论"、麦格雷戈的 Y 理论、彼得圣吉的"学习型组织理论"等,建立在扎实的教育学、心理学、管理学等理论基础上。重视督导过程,重视学校渐进式的发展,重视学校、教师和学生的主体地位,重视学校的发展愿景及对自我的超越,体现了教育督导人本性、学术性的特点。同时发展性督导评估也吸收了教育评价的最新研究成果,教育评价从对数量关系的"测量"到对状态的"描述",再到以评鉴为主的"判断",直至发展到以"建构"为主的第四代评价理论。高度重视评价双方的互动性、生成性,使督导工作成为一种基于评价者和评价对象"协商"的共同建构过程,成为激发学校办学积极性、主动性的智慧碰撞。可以预见,如果未来教育学尤其是教育评价学没有重大的理论突破,基于评价理论的发展性督导评估也不会有很大的改变。

(2)发展性督导评估模式体现了上海教育督导工作的水平。

上海从"一期课改"到"二期课改",基础教育从"有学上"到"上好学",义务教育从均衡发展到进一步实现优质均衡,进入了以"五个转型发展"为标志、以教育综合改革为抓手全面实现教育现代化的内涵发展新阶段。伴随着上海教育改革发展的进程,上海教育督导工作日益深化细化,形成了一整套成熟的操作模式和方法。

导向上,不注重评价对象过去的结果,而注重评价对象的现实表现,特别是未来发展,重在使评价对象"增值";方式上,倡导评价对象的参与,重视发挥评价对象的积极性,由单一评价主体走向多元评判;手段上,强调个性,从一把尺子到不同尺子,不仅应用测量评估技术手段,更重视价值观、精神状态和努力程度;实施过程中,强调评价者与评价对象的互动互促,互相信任,共同协商、研讨。评价意见突出专业引领作用,适应上海教育发展水平与要求。

上海的教育督导,凸显了学校是发展主体的正确定位,明确了学校发展的主体责任,尊重学校发展的价值取向和发展差异,增强了学校发展的潜能,贯穿督导评估始终的是"服务督导对象的发展",注重改善传统的以上下级关系为前提的监督、检查职能活动,更强调服务与指导的职能,提供专业性、技术性的指导与服务;体现了科学的方法论,以全面、联系、发展的观点,历史与逻辑的一致,共性与个性的统一来处理督导工作。创新了教育督导模式,适应了上海内涵发展阶段对督导工作的要求。

2. 发展性督导评估有广阔的实践新空间

(1)上海教育发展提出了新的要求。

围绕世界基础教育共同主题:促进公平,提高质量。上海是全国首个整体通过教育部义务教育均衡发展督导验收的城市,在两次 PISA 测试中取得世界第一后,上海基础教育率先基本实现了教育现代化,引领全国,影响世界。"十三五"期间,要通过全面推进教育综合改革,构建以遵循教育规律、回归育人本原为重点,形成促进学生德智体美诸育全面发展和终身发展的育人制度体系;以加强顶层设计、转变政府职能为重点,形成科学分离而又有机统一的"管办评"制度体系;以加强资源共享、促进融合互补为重点,形成教育与经济社会发展合作共赢的协同联动制度体系。到 2020 年,构建系统完备、开放有序、高效公平的区域现代教育治理体系,率先实现教育现代化。在此基础上再经过若干年不懈努力,创造世界一流教育。总的来说,尽管优化资源配置、加大学校硬件设施建设和经费投入的力度仍然需要,但已经不再是突出矛盾;尽管保持学生良好学业成绩仍然重要,但已经不再是教育发展的全部价值追求;尽管教育资源的均等配置和教育质量的标准化仍然必要,但已经不能满足人民群众对高质量、多样化教育的新诉求。上海基础教育已经站在了一个历史新高点,正处于需要进行重大战略突破的关键时期和攻坚阶段。三个制度体系一个目标的发展形势,对教育督导提出了新的要求。

(2)教育督导条例规定了新的任务。

国务院《教育督导条例》和《上海市教育督导条例》颁布后,对教育督导提出了新的要求。扩大了督导范围,对各级各类教育进行督导,实现了全覆盖;规范了类型和程序,突出重点,严格程序,保证监督的公开、公正和有效;强化了监督问责,督导报告应作为被督导单位及其主要负责人考核、奖惩的重要依据,提升了权威性、强制性和有效性;拓展了意见渠道,征求公众对被督导单位的意见,专门听取学生及家长意见;提出了日常模式,建立督学责任区,实行挂牌督学常态督导;拓宽了工作路径,可以委托评估中介、社会专业机构开展监测评估等。其中许多新的要求都是在设计开展发展性督导评估时未曾面临的,也成为今后贯彻落实督导条例必须回答的理论和实践命题。

(3)区域教育发展需要完善教育督导实务。

早在 1991 年,国家教委印发的《普通中小学校督导评估工作指导纲要》指出,制订评估方案应"注意学校的层次差异和多样性,对不同类型的普通中小学校可以分别制订评估方案,以引导学校办出特色"。借鉴目标游离评价的思想,评估准则不应仅仅是预先设定的目标,而应有一定的开放性,让评估人全面地收集教育活动的各种信息,不管是预期的还是非预期的,从而避免因限制评估范围而影响评估功能的全面发挥。上海市教育督导部门在实践研究过程中初步形成了既注重基本规范,又强调发展导向,既注重普遍基础,又强调个体特点的评估指标体系的基本框架。由于各区县教育现状不同,上海不再主张使用统一的评估指标,只对评估指标的内涵作方向性的引导,各区县可以根据"引导"制订适合本地区教育发展实际的评估指标体系。

从黄浦区教育发展情况来看,现在的黄浦区由原南市区、卢湾区与黄浦区在2000 年、2011 年先后"撤二建一"而形成,位于上海市中心。是上海中心城区城市化发展的缩影,上海开埠以来形成的深厚文化积淀和鲜明文化特色在区域有显著体现,"海纳百川、追求卓越"的海派文化独特风格深深融入区域血脉。

黄浦教育更是源远流长,积淀丰富,集聚了市科协、社科院、交大医学院等一批知名科研院所;拥有上海市各专业学会专家数千人;汇集了约 27 所具有百年历史的老校、名校。全市历史最悠久的中学、第一所现代学制的小学、第一所教会女子中学以及最早中外合作传授现代科学知识的中学、近代第一所职校都在本区。形成了黄浦独特的教育优势。

现在的黄浦区文化呈现多元化特点。原黄浦区曾是170多年前开埠后中西文化交汇的公共租界文化发源地，原卢湾区曾是时尚精致的法租界文化发源地，原南市区是建城700多年来中华传统的老城厢文化发源地。生活其中的人民群众在文化意识上是同中有异，教育发展的传统与特色也是异中有同。平民文化、精英文化等多元文化在区内和谐共处，包容与创新使得区域充满发展活力，这就为传承融合、更好地发挥底蕴深厚的海派文化优势提供了重大契机。同时，黄浦江西岸的世博园区又代表了21世纪上海发展的未来。新黄浦区全面放大了原有的优势和特色，发展空间更大、潜力更强、优势更加明显，为黄浦教育整合提升，创新教育体制机制，形成"1＋1＞2"的整体效应，带来更大的发展机遇。

同时，区域人民群众对接受高质量基础教育的愿望也非常强烈，"有学上"的满足型教育远远不能适应居民要求，公平、均衡、多样化、优质化的"上好学"的需求日益高涨。所有这些都对督导工作保障学校依法自主办学，进行专业引领提出了更高的要求，我们也感到压力倍增，责任重大。

3. 发展性督导评估新形势下存在许多有待完善细化的问题

在坚持发展性督导评估总体方向的同时，也不能忽略现存的不系统、不完善、不适应的问题，主要有以下几方面：

（1）在设计思想方面，滞后于互联网＋时代共有共享的观念，对整个督导过程的开放度重视不够，行政、社会、社区、家长、学生等多元主体参与督导缺乏制度性安排。

（2）在工作原则方面，突出了学校的主体性，对督学主体性重视不够。预设的前提是，所有参与督导的督学都是合格的专家，都理所当然能够发挥监督指导学校的作用。事实上，督学的学术、专业水平也是需要不断提升、发展的，要由关注学校主体转变为关注学校和督学两个主体，实现共同发展。

（3）在系统设计方面，没有把督导前、督导中、督导后作为一个整体加以规定。对于围绕督导指标学校自评报告的撰写、督导室的指导、督导后督导意见书的形成等实务没有指导性要求，没有作为一个完整的过程进行指导，在督导实务运行机制方面留下了有待细化完善的巨大空间。

（4）在工作主线和形式方面，主要关注于学校规划实施情况的评估，过多关注于文档材料的全面完整及实地考察环节,对两个主体互动过程中生成性的思想和实践关注不够,对基于经验和智慧的对话与追问重视不够,影响了在更大范围内的信息挖掘、广泛质疑、深度对话、互促共生。

（5）在督导评价方面,没有鉴定就没有监督,强调发展性的同时如何恰当保持对监督职能的坚守;发展标准或增量与自身对照,如何确定当前是最优发展;一校一案形成因果,经验的效度如何比较,是否可以推广;注重学校价值追求努力程度时,如何合理吸纳大数据的分析优势,纠正偏重定性分析,定量的数据分析相对不足的偏差,等等,都需要进一步加以总结完善。

总之,学校发展性督导评估的原则是适应上海教育发展整体要求的,方向应该坚定不移地坚持,但在区域督导机制和模式上,需要适应内涵发展阶段的新形势加以深化和完善。特别是各个区域的发展水平和要求各不相同,需要在理论和实践方面有所深化与创新。

（二）研究的路径和主要方法

从教育督导法律地位提升、督导条例提出新的要求出发,着眼服务上海市和区域教育内涵发展的新形势,针对发展性督导评估在区域实践过程中有待完善细化的问题,运用系统思考的方法,总结实践。先基于长期的发展性督导评估工作实践,在理论上构建一整套运行的模式,实现从实践到理论的第一次飞跃;再回到实践中指导具体工作,在实践中探索总结提炼,在运行中改进提高,实现从抽象到具体的第二次飞跃。

本课题主要是基于解决实际问题的行动研究。采用哲学反思和系统思考的方法,分析考察督导过程中系统和要素、结构和功能的关系,运用逻辑和历史一致的分析方法,在发展性督导评估的实践过程中思考区域深化细化的问题。采用案例分析的方式,基于大量的督导实践以期解决督导工作的真问题,取得新发展,努力探索构建"互促共生"督导模式,实现督导工作"1＋1＞2"的倍增效益。

（三）研究意义和可能的创新点

1. 研究意义

（1）更好服务区域教育的改革发展。

黄浦区申报并被批准为上海市整体推进教育综合改革试验区。改革氛围十分浓厚,改革意愿已成共识。总体目标是围绕"办人民满意的教育,办学生喜欢的学校"的根本追求,努力当好上海市教育改革的探路者、示范者和引领者,争取在若干重点项目方面先行先试、取得突破，创办国际大都市改革开放前沿、最具海派文化特点、传统与现代融合的核心区域精品教育，创建中心城区教育改革与发展示范区，为全市提供可复制、可借鉴的工作经验。实现区域教育的三个适应：与黄浦区经济社会发展整体水平相适应，与区域人民群众对优质教育的需求相适应，与立德树人、促进未成年人身心健康成长的育人目标相适应。就上述工作目标与任务而言，我们还有很长的路要走，还有大量的工作要做。所有这些都需要进一步发挥教育督导的功能和作用，更好保障学校依法办学，促进学校自主发展。

（2）完善教育发展性督导评估。

发展性督导是教育治理体系构建中的一个重要环节，是与学校共同合作建设现代学校制度的具体实践。在上海教育发展进入新阶段，内涵发展、转型发展成为必然要求，在教育综合改革全面推进的大背景下，发展性督导自身面临着深化发展的新课题，必须不断改进不足，深化内涵以适应教育事业日新月异不断发展，满足不同学校追求促进公平、提高质量的现实需要。办好每一所学校，教好每一个学生，成就每一位教师，如何落实，如何评价，需要督导有专业的研究和回应。互促共生模式的探索实践是对发展性督导评估的深化细化，能够促进发展性督导在新形势下与时俱进，不断完善，保持生机与活力。

（3）深化督导工作的理性思考，形成具有区域特色的教育督导模式。

通过哲学反思、系统思考，借助于系统论、管理学、心理学的理论成果，能够深化对于教育督导的理性思考、科学认识，更好把握教育督导工作的本质。黄浦区综合改革的主要目标之一是治理有序、服务发展，建立权责分明服务到位的教育治理机制。做到教育治理能力显著增强，服务学校发展的水平显著提高，学校发展活力显著增加，区域现代教育治理体系基本形成。通过一系列督导实务的设计安排，有助于细化发展性督导操作模式，形成统一、规范、有效的区域督导工作模式，提高工作的科学性。

2. 可能的创新点

系统思考、实践总结、理论建构、指导实践、改进固化，针对以往研究中人们主要关注的创新系统中的某一特定要素或创新过程中的某个片段在具体研究方法上运用系统科学的原理和方法，把复杂的创新课题看作一个对象系统，同时把不同主体的组合、同学科的整合也看作一个系统，通过各个要素或子系统的优化组合，寻求最佳整体系统效果。结合不同内容和规模的创新活动，提出创新主体间的多种合作模式。这样一种思维方式,具有鲜明的科学方法论意义,避免了研究和实践的片面性、碎片化,体现了全面的、联系的、发展的辩证方法,有助于深化对督导工作的理论研究。

通过"互促共生"督导机制的建立,强调了学校与督学两个主体,把督学队伍自身发展、专业化水平提高放到更加重要的位置,可以进一步促进督学学术生命的成长,有效发挥督学职能和作用。督学主体地位的凸显,对于督导工作研究具有深化认识论的意义。

推动教育督导机制和制度创新是促进上海教育发展模式转变的重要方面。通过构建"互促共生"督导机制,有助于更好落实督导各项基本制度,深化上海发展性督导工作模式。特别是将工作机制作为一种具有操作性的制度安排和基本模式,能够提高督导工作的规范性和有效性。最根本的是能够促进保障作为发展主体的学校依法规范自主办学,内涵发展,提升质量和水平,实现学校和督学互促共生的双赢。这是实践论的意义。

二、模式构建——"互促共生"发展性督导的系统思考

(一)互促共生督导模式主要概念的内涵界定

1. 共生

共生是指事物之间相互依存、相互制约、互利互惠、协同发展的一种动态关系。共生普遍存在于自然界和人类社会之中,存在于技术、经济、社会、人类及自然之间的相互作用之中,是人类社会与自然界能够可持续发展的客观基础和动力来源。近年来共生现象和理论研究从生物学领域向社会学、心理学、管理学领域延伸并取得许多成效。

2. 共生效应

自然界有这样一种现象:当一株植物单独生长时,显得矮小、单调,而与众多同类植物一起生长时,则根深叶茂、生机盎然。人们把植物界中相互影响、相互促进的现象,称为"共生效应"。英国卡文迪许实验室从 1901 年到 1982 年先后出现了25 位诺贝尔奖获得者,就是共生效应的一个杰出典型。

3. 互促共生基本要素

督导观念、督学、学校、督导机制、督导实务等构成了互促共生的基本要素。在

一个群体中,要素间的互相交流、信息传递、互相影响往往会极大促进个体与群体的共同提高。从教育督导的共生关系出发,将督导过程的一系列环节或要素联结耦合于一体,并在与外部环境相互调适整合的过程中实现学校、督学等各主体的共同可持续发展的活动就是互促共生。互促共生体现了督导要素之间的互动、整合与协同,督导相关利益者之间保持了密切的合作关系,组织所有成员通过某种机制,有机组合在一起,共同生存发展。共生系统中的任一成员都因这个系统而获得比单独生存更多的利益,即所谓"1+1>2"的共生效益。

在互促共生的系统里,共创共享成为一种新的价值创造规则。共生关系将不同的资源或能力联结成共同体,通过互促互利把督导外部既参与共同的使命又拥有自身利益的合作伙伴,整合成一个有特定目标的价值创造系统,从而帮助学校持续发展。

4. 互促共生系统的特点

共生能产生相互影响、相互促进的共生效应,提高系统内各主体的能力。这种共生效应是由共生系统的四个特点所决定的。

一是自组织特点。共生系统作为一个复杂的学术系统,具有开放性、合作性、非线性等特征,不断地与外界进行着信息的输入与输出,具有一定的结构和功能。共生系统中各要素之间是非线性的作用,从不同角度发挥功能。共生系统的自组织特性保证了各子系统有充分的能力和资源来实现内部的协调和平衡,并能更好地适应外界环境的变化,使共生创新系统不断趋于完善。共生创新不是系统内各主体之间的相互排斥,而是相互合作、相互补充、相互依赖。

二是整合的特点。个体的能力和信息都是有限的。共生系统为各主体提供了知识、资源共享交流的环境和平台,使依靠单一个体无法完成的复杂的督导活动变得可行,能够最大限度地不断挖掘现有各种资源的潜力,形成"1+1>2"的整合效应,满足督导工作的要求。

三是共担的特点。共生活动以系统内各主体间的信息资源交流和共享为前提,以相互配合为保障,是一种各督导主体的协同行为,各主体在共享督导结果的同时,将共同承担有可能产生的评估结果偏差的风险,这在一定程度上提升了各主体的责任心,增加了督导工作的有效性。

四是反馈的特点。共生系统中的知识和信息的流动是学校与督学之间双向交互过程,当其中一方的知识和信息传递到另一方时,知识和信息的接收者将向输出者反馈对信息的分析和评估情况。在动态的交互作用中,不断实现信息的全面性和评估的科学性。

5. 互促共生督导基本模式

在共享、绿色发展理念的指导下,借鉴学习当下不同区域的督导实践模式,对照督导工作的"理想模型",整合督导观念、督导队伍、督导对象、督导实务及行政、社区、家长等利益相关方作为督导要素,以系统各要素的共同发展作为愿景,以互动和追问作为重要形式,把基于经验的综合判断与基于逻辑的分析判断结合,在事实评判基础上进行价值评判,推动形成"基于技术获取数据、基于实证形成结论、基于对话分析思想、基于发展推动改进"的工作方式,在现实与理想之间,以渐进式问题解决的改良路径,构建形成学校和督学两个主体,行政、社区、家长等多元参与,督导过程全面开放,参与人员全面沟通、合作共建、专业引领、互相促进、共同生长的发展性督导新模式。

(二)互促共生督导模式具有理论可行性

互促共生督导模式的主要理论依据有以下几方面。

1. 管理学的戴明环理论

学校管理其实也是一个 PDCA 的螺旋式发展过程,通过制定规划、实施规划、自评自测、改进提高,实现学校的持续发展。其间,督导工作的有效介入,自评与他评的结合,可以帮助学校更好发现问题、提炼经验、持续提升,督学也可以从学校获得教育教学鲜活的实践感知,促进自身的专业成长。

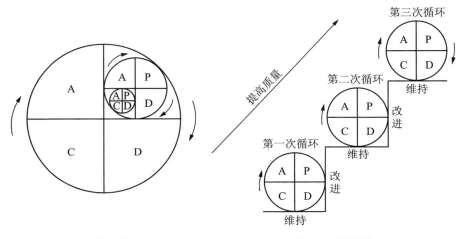

图 3-1　大环套小环　　　　　**图 3-2　爬楼梯**

2. 认知科学的橱窗分析理论

人贵有自知之明,认识自己是困难的,对于督学如此,对于学校也是这样。学校是一个复杂的育人系统,尽管有各种检查和自评,难免有自身没有充分认识到的经验与潜能或问题与矛盾,在这个督导过程中,可以通过不同学科的督学加以把脉诊断,更加清醒地认识自身,明晰发展的目标和路径,唤醒自主发展的热情和积极性。

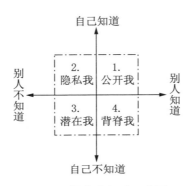

图 3-3　橱窗分析法示意图

3. 心理学的斯格托马现象

心理学研究认为,人在知觉反应中存在着大量与盲点现象类似的现象,称为斯格托马现象。一个人看不见或在选择性认知中有失盲的现象,因而只能看到有限的信息,排斥了对其他信息的感知。"不识庐山真面目,只缘身在此山中",人们只能看到有限的信息存在先入为主的影响,一定程度影响人们评价的真实性和可靠性,了解这个局限,可以使我们通过督学之间互促互补的制度性安排,通过信息共享、观点共享,力戒盲目性和片面性,努力克服斯格托马障碍,全面看待学校、教师、学生,真正服务学校发展。

4. 信息时代全球一体化的必然要求

在全球经济一体化的背景下,斯坦福大学商学院高级讲师国际战略顾问埃米·威尔金森在《创新者的密码》一书中说,我们身处的这个世界比以往任何时候都更加透明、更相互连接且相互依存。在知识爆炸的信息时代,全世界每年出版图书 70 万种、现期期刊 15 万种,其他文献资料 400 万件,总出版信息量约 4000 亿字符。随着科学技术的飞速发展,知识更新速度越来越快。在这种新形势下,只求个体"闭门苦读",不重交往、自我封闭、不捕获新信息、不掌握新动态,就会被远远地甩在时代后面。因此,督学要成为专业权威,必须充分利用社会交往、督导工作的途径,自觉培养和提高利用各种方式获得信息的能力,成为推动形成"共生效应"良好环境的一分子。

5. 督导组织作为学术团体的本质特性

人的本质是社会关系的总和。而社会关系又是人际关系的综合反映。因此,任何人都不可能离开社会而独立存在,更不能脱出人际关系而自行成长。社会环境中的人无时无刻不是在与他人的交往中"受激",进而广见博识、增长才干的。你同周围世界的关系越密切,信息交流量就越多,内心世界就越丰富,思维能力就越活跃。人的能力发挥和提高,既要靠自身的内驱力,又要靠社会的外推力。而社会的外推力,大多来自人与人之间知识、经验和技能的相互砥砺、传授、暗示,这种群体中的相互"激发",往往会使个体的潜能成倍增长,这就是社交中的"共生效应"。在当今世界知识量剧增的情况下,一个人所能阅读和掌握的知识比起广阔的知识天地是九牛一毛、微乎其微,即使自己的知识再多、能力再强也有力不从心之时、鞭长莫及之处。在这种情况下,只能靠与别人进行有效的合作。事实证明,在现实的督导活动中,每个督学都有自己的特点和长处,有的人善于观察分析,有的人善于理论总结,有的人善于积累归纳和整理资料,有的则善于提出推理评价。这些不同类型和特点的督学如果合理地结合在一起,就可以在知识上相互补充、思路上相互启迪、方法上相互借鉴,能够产生强大的综合效应,产生最佳的互补功能。

实践证明,在创造性活动中,交谈讨论或学术争鸣等活动,常常能使人得到启发而产生新的思想、观点、假设和创见。因为这种信息、观点、经验、方法等的交流,可能使人的才能互补;可以使信息与知识渗透融通、交叉横移、变换背景、重新组合;可以对任何固有的学说进行怀疑和评价,因而就极其容易发现和察觉不同的可能性,使新的构想由此而萌生。督导作为专业性活动,督导过程的文本研读、对话交谈就是学习,并且是最直接、最实际、最生动的学习,它充分利用语言的特点和灵活性,在言谈笑语中去了解别人花费了大量时间所积累的信息、资料、经验,或形成的策略、观点和方法等。科学史上记载着许多科学家通过交谈讨论、交流信息、互相学习,进而促成了重大发明的美谈。

6. 督导工作创新的内在要求

任何一个创新活动,都可以看作一个由多种要素及其相互关系组成的一个系统,即创新系统。科技部原部长朱丽兰也指出,创新是许多参与者之间一系列复杂的、综合的相互联系和相互作用的结果,是一个复杂的系统过程。恩格斯说过,许多人协作，许多力量融合为一个总的力量，用马克思的话来说就会造成一个总的力量，这种力量和它的一个个力量的总和有本质的区别。贝弗里奇也曾指出，创新主体围绕某一共同目标而群集时，就相互发生一种类似共生的作用。这正如培养细菌时需要好几个有机体，生火时必须有几根柴一样。现代社会条件下的创新行为已经不是一种个体行为，而是一种集体创新的过程，是社会化的行为。由于创新行为的社会化，就要强调各主体间分工与合作的关系问题，而且要在实践中探索最佳组合和有效管理。所有的组织都不是在与外界隔离的环境中从事创新的，都或多或少地要与其他的组织机构发生互动，事实上，创新不仅取决于系统的构成要素，而且取决于要素之间的相互关系。

（三）互促共生督导模式的要素构成及要素建构内容

模式，社会学中指的是研究自然现象或社会现象的理论图示和解释方案。同时也是一种思想体系和思维方式。一般认为模式就是解决某一类问题的方法论，即把解决某类问题的方法总结归纳到理论高度。

我们认为决定区域教育督导发展水平高低的有四个关键因素：一是先进科学的教育督导理念，这是工作方向；二是协作有效的督导工作机制，这是支撑平台；三是科学规范的督导工作实务，这是运行软件；四是专业化的督导队伍，人是核心。

提炼上升到模式层面：一是要有清晰的价值追求，二是要有高水平的督学，三是要有明确的工作目标，四是要有具体的多元参与的对象与参与方式，五是要有一系列规则和制度设计，六是要有具体的操作路径和方法。这些因素的有机整合，形成稳定的运行结构，就成为区域督导的特色模式。我们对要素内容具体建构如下：

1. 价值追求

以"三个面向"为指导，立足传统、面向现代，立足中国、面向世界，立足现在、面向未来，以督学为主导，学校为主体，监督指导监测为主渠道，学校依法自主办学为中心，提高质量，特色发展为目标，唤醒学校自主发展意识，推进办好每一所学校、教好每一位学生、成就每一位教师，促进督学和学校共同成长。

2. 督学队伍

（1）明确总体目标

构建业务精湛、结构合理、富于创新精神与教育情怀的督学队伍。

（2）研究督学核心素养

从可学、可培、可测三个维度，初步提出黄浦区督学的必备品格关键能力，建设

专业化督学队伍:

三种基本素养:评估素养、法治精神、教育情怀;

三种必备品格:公正无私、尊重包容、专注热爱;

三种关键能力:学习能力、思维能力、实践能力。

督学是实践者,所有的知识都要转化为能力,实践能力是落脚点,所以我们把实践能力又分解为三个方面:

实务能力:在职督学人人能够独立完成学校督导方案的制订及落实各项会务要求,能够担任督导学校的责任督学,履行督导前期的协调指导职责,汇总督导小组的评估意见。

参与能力:能够参加综合督导承担小组的指标评估工作,能够与学校领导教师就某项工作对话,能够担任督导学校的报告督学,独立完成督导意见书的撰写,能够参与督导室对学校督导意见书的研讨并发表自己的见解。

引领能力:做得出评判、看得出问题、提得出建议。能够在参与督导全过程中,形成对学校基本到位的定量定性的总体评价,能够对学校存在的主要问题加以比较准确的归纳概括,能够对未来发展提出符合实际的意见建议。

通过核心素养的提升,强调岗位成才,提高督学作为专业人才的学术话语权,构建团队和个人合理的知识能力结构。

(3)落实督学资格制度,扩大兼职督学,建立专家资源库

每年选派适合督导工作的人员参加督学资格培训,做到专职督学,学段结构完整,兼职督学,学科覆盖广泛。广泛聘请区内外专家参与督导工作,尤其是外区的督导室主任、特级校长、学科专家,形成支撑督导顺利开展的专家资源。

(4)推进督导作为学术组织的科学建制

一个成熟的学科或工作领域,应该有自己的概念话语系统,有学术组织和学术刊物。我们依托市督导刊物和交流平台,推进督导作为学术组织的科学建制,努力建设区域督导学术共同体。我们借鉴使用了"观课"概念,突出督学听课与教研员的区别;使用"巡课"概念,突出对学校教育教学常规管理的关注;提出"互相印证"概念,关注督导过程校长、教师、干部工作实践的互相呼应的一致性等。努力探索构建督导基本概念系统,逐步形成督导领域的理论框架。

在这个过程中,逐步培养督学队伍成为观念共同体、知识共同体,使督学开展工作时具有基本相同的概念、理论、原则、规范和制度等,最终成为解释共同体,运

用基本一致的术语,对学校进行体现督学思维规范的推理、判断、评价,实现督导结果的恰当性和确定性。

3. 工作目标

区域内督政、督学、监测三位一体的督导工作体系运行顺畅;决策、执行、监督三种权力相对分离又协调一致;管、办、评分离的现代学校制度建设进一步推进;监督和指导两个职能有效发挥;依法督导、科学督导的水平进一步提高。

4. 多元参与

多元参与能够培养一种尊重他人和观念共享的氛围。督导除了校长和教师外,还涉及四类主体:学生、学生家长、社会组织、社会公众。学校是为了学生的发展而存在的,但是长期以来,在应试教育"育分"为本的大环境中,学生的主体地位得不到真正落实;家长是与教育发展有密切关系的利益相关方,是教育公共服务产品的直接接受者,但他们对学校的感受想法一直缺乏有效的表达渠道;社会组织作为非政府组织,有不同的专业背景和专业人才,在教育评估中有很大的发展空间;社会公众作为社会的成员,对于关系千家万户切身利益的教育事业,可以从第三方的角度提供客观的意见和建议,但长期以来社会公众没有参与学校评估工作的机会。

现代教育治理的内在要求是主体多元、决策民主、运行规范、意见包容,要在政府主导下形成包括政府、学校、学生、家长、社会组织和公民个人等多元主体共同参与的教育治理架构,形成各方面不同主体参与教育决策的过程,从根本上体现以受教育者为核心的教育需求和主体地位,满足多元教育主体特别是受教育者的权益需求,以办人民满意的教育作为治理创新的根本方向。我们在以下几方面推进多元参与:首先,教育督导过程、程序和结果公开,提前一月把督导方案在网上公开。督导结束一个月后,督导意见书在网上公开。其次,建立教育督导合作机制,引入社会评价。包括引入家长评价,积极开辟多种渠道和途径让家长更加深入地了解学校,让家长有更多机会参与到学校的发展建设中来。邀请家长参与学校的发展性督导评估方案的制定,通过问卷调查、座谈会等方式让家长间接或直接地参与到学校的发展新教育督导评估中来。引入社区评价,公开教育督导评估日程表,让社区人员了解教育督导评估的时间、内容和标准,邀请社区中各类有代表性的人员参与到督导评估工作过程中来。我们还准备引入督导评估中介机构,委托中介机构进行质量监测,参与教育督导评估,提高评估结果的全面性、公正性和公平性。再次,我们还依托网络技术完善教育督导信息平台建设,扩大自身工作的信息公开范围,将更多的信息资源,特别是与学生和家长相关的工作内容及各级各类学校的基本信息向公众公开。发布相关的教育督导评估信息,使社会了解教育发展情况,为教育督导部门和社会各界建立互通渠道,发挥社会各界的教育监督作用,及时将意见和建议反馈到教育督导部门。

5. 制度安排

一是会议制度,定期召开工作例会,互通信息、交流意见、达成共识。

二是学习制度,学习研究教育法律法规及政策,特别是国家、上海市教育督导条例及有关政策,把握住督导合法性的依据和源头,在学习方式内容上互相促进,推进学习型团队建设,提高规范性。

三是培训制度,追踪当前教育敏感问题,自培他培结合,缺什么补什么,提高针对性和专业性。

四是研究制度,问题导向,提炼总结工作中的经验和问题,以撰写案例的方式反思改进,以课题研究的方式深化改进,我们指定专人负责督导研究工作,积极参与市督导室、市督导事务中心的课题研究,申报市督导事务中心的督导研究课题,提高研究性。

6. 督导实务

一是开发测评工具量表,坚持定量与定性结合。在学校办学基本情况量表基础上,设计了学生、教师、家长问卷。吸纳绿色指标评价的合理成分,每年修订督导评估系列指标,及时调整敏感性指标,形成了各级各类学校的督导评估指标。

二是完善督导工作流程,建立规范的督导操作程序。黄浦区学校综合督导基本流程分为三个阶段:

第一阶段:督前准备。(1)学期初与被督学校商定综合督导日期。(2)综合督导前一个月印发综合督导正式通知并上网公示。(3)制订工作方案,组建督导小组(含"两大员"代表),明确督导小组组长及报告督学、评审人员按照各自分工做好各项准备工作。(4)被督学校的挂牌督导责任督学和所属社区负责人在实地督导前分别形成对被督学校的书面评价意见。(5)责任督学走访被督学校,掌握学校督前准备情况,服务指导学校自评工作。(6)被督学校于督导前一周将综合督导自评材料等发送至督导室。发送材料主要包括:自评报告、发展规划、办学基本情况表、总课表、实地督导两天的课表(可标明推荐课)、作息时间表、教工名册(包含年龄、教龄、性别、学历、政治身份、职称、职务、任教学科与班级、骨干等)。

第二阶段:实地督导。(1)学校综合督导自评会(邀请学校家委会及社区代表、两大员代表参加)。(2)督导信息采集:自评会结束后访谈学生家长代表、所属社区代表;统筹安排评审小组成员听课事宜(每人听课次数2节以上);督导第二天上午完成各类问卷、课堂观察汇总统计工作。(3)督导信息汇总与反馈(挂牌督导责任督学参加)。

第三阶段:督后汇总。(1)各督导小组于督导结束后两周内将督导分报告提交给报告督学。(2)报告督学于督导结束后一个月内形成综合督导意见书(初稿),经督导室集体讨论后形成综合督导意见书(征求意见稿),听取学校及有关方面意见。(3)印发综合督导意见书(正式稿)后向学校正式反馈督导意见,并上网公示。(4)被督学校在收到综合督导意见书(正式稿)一个月内将学校反馈意见以书面形式报送督导室,督导室将按规定安排督导回访。(5)被督学校的责任督学按照"一校一档"要求,做好学校综合督导材料的整理工作。

三是规范督导意见书文本,减少感悟经验性,突出学术研究性。目前已经形成固定的督导意见书格式,强调督导意见是组织行为和集体智慧,淡化督学个人身份。

(四)互促共生督导模式的机制运行特点

在制度、流程与督学结合成为工作机制后,整体体现出开放、互动的特点。

一是理念开放:督导是一个开放的知识运用领域,也是一个开放的实践领域,不拒绝任何一门学科视野,不拒绝任何一个学科方法,不同的理念融会贯通,服务学校发展。

二是全过程开放:督导专家组按照三分之一的比例邀请区外专家参与。督导全程吸纳社会、家长的合理意见,不拒绝任何利益相关者的参与。

三是结果开放:督导结果形成过程充分听取不同主体、不同专家的意见,督导意见书网上公示,并要求学校向全体教师和家长传达。

四是工作整合开放:吸纳语言文字、体育卫生方面有关同志在督导期间到学校开展专项检查,撰写报告供督学参考。欢迎行政部门负责人参与督导自评和反馈,听取行政主管部门对学校的评价,对督导的建议。邀请两大员参与督导,提高督导工作权威性。建立挂牌督导与综合督导的融合贯通机制,使挂牌责任督学采用多种形式参与综合督导工作。

五是区域内外开放:本区督学参与市区和郊区的督导工作,对外省市、外区督学开放督导过程,组织跨区、跨省市的学习交流。

三、实践探索"互促共生"发展性督导的初步成效

(一)案例一:督导全流程的互促共生

市十中学是一所百年老校,也是区实验性示范性高中,今年距离上一轮综合督导已经有 5 年。年初督导室确定今年综合督导学校名单时,与学校沟通商定了时间安排,形成上半年督导预安排表后报送局长,并通报分管领导,协商确定没有安排上的冲突后,形成正式的督导安排表,网上公示。

督导前一个月,印发督导通知书,明确参与学校督导的责任督学、报告督学、专家组组长的工作要求和程序。责任督学到学校后对照指标指导学校撰写自评报告,开展自评。其间不断把各种信息反馈给督导室,把督导室的意见传递到学校。督导前一周,学校提交办学基本情况表、自评报告、本轮规划和新一轮规划。

督导室邀请区内外专家组成督导专家组,其中有长宁区督导室副主任、特级校长余永范,原市教研室副主任、特级教师赵才欣,原杨浦区督导室副主任、特级教师张根洪,原杨浦区教育局副局长朱耀庭,原闵行区督导室副主任周代骏,原卢湾区督导室副主任陈志国等,还特别邀请了原市督导室主任杨国顺进行指导。保证了督导组的专业水准。

督导中邀请了社区干部、家长代表一起参与,分管局长也参加自评报告会。期间发放了家长、学生、教师调查问卷,访谈了校长、书记、分管校长,召开了教师、教研组长和学生座谈会,每人观课 2 节。体现了督导方式的开放和多元。

小组汇总时,每位专家充分发表意见,互相商榷某些观点,形成小组意见后,由小组长代表本组在大组中交流,组长主持讨论,大家互相质疑、商讨,最后形成大组意见,达成共识后,再正式向学校提供口头反馈。

督导结束后 2 周,将专家分组报告发送给责任督学,然后统一提交给报告督学,第 3 周,报告督学形成督导意见书初稿发给责任督学。督导室召开专门会议,讨论形成初步意见,责任督学修改形成征求意见稿,发送学校校长听取意见,督导室继续研读学校有关信息,听取学校意见后,督导室主任最后确定对学校的总评和问题与建议的文字表述。督导后一个月,印发督导意见书到学校,提供正式反馈,

意见书上网公示。再一个月后,学校提交对督导意见书的反馈意见。至此一个督导周期循环结束。

学校高度认可此次督导工作,校长认为督导理念和方式先进,专家专业水平高,专业服务意识强,尊重学校的发展自主性,对学校今后发展的指导有针对性。

(二)案例二:办学理念的探讨互促

某三小是一所坐落在居民区内的条件比较简陋的学校,但学校坚持开展教科研,坚持内涵发展,办学水平稳定。校长在长期办学实践中提炼总结,提出了"幸福学校、幸福师生"的办学理念,但分管校长、中层干部及部分教师不大认同,觉得普通小学提出这样的理念太高了。适逢综合督导,校长很有压力。督导室研读了学校自评报告和幸福学校的课题研究成果,进行了认真讨论,觉得幸福人生恰恰是教育的终极目标,有必要在督导中通过对话加以促进,帮助学校凝聚共识,推进落实。督导室邀请了区内杨荣特级校长和区外张治特级校长,在督导过程中就"幸福教育、幸福学校"学校课程进行了专业对话,高度评价了校长的思考和追求,提出了如何将办学理念在课程中落实的建议。在与分管局长沟通后,局行政邀请市教委原副主任张民生、《上海教育》杂志副主编沈祖芸等专家到学校对课题进行评估验收,并加以宣传。学校内部在与专家的对话交流中提升了认识、达成了共识、促进了工作。

2012年,教育部在全国推进幸福教育。由于学校和督导的互促共生,推动学校走在了前面。校长对督导室满怀感激。今天,幸福教育已经成为这所学校的办学特色。

(三)案例三:督导意见书撰写中互促共生

上海市实验小学是一所百年名校,其校长杨荣在上海市乃至全国教育界有一定影响。2016年学校综合督导结束后,报告督学撰写的总评如下:

> 经汇总分析,督导组认为:上海市实验小学在依法自主办学过程中,注重坚守与创新、传承与发展,以"尊重生命、开放教育"为宗旨,积极探索百年名校的办学规律,通过完善管理机制,严谨治校;推进课程改革,成就师生;开展实验研究、提升内涵等一系列举措,落实规划目标,使学校步入快速发展轨道,取得了显著的办学成效。

督导室在专题会议上进行认真讨论,达成一致意见,觉得评价过于简略,对学校总体发展状况体现不够。因此责任督学在进一步研读专家意见和学校报告基础

上,修改为:

> 经汇总分析,督导组认为:上海市实验小学传承百年学校文化,坚守"小学校,儿童幸福之起始"的价值追求,坚持科学实验、改革创新,以"尊重生命、开放教育"为策略,总结并遵循百年名校办学规律,通过优化管理机制、推进课程改革、探索"课堂转型",致力"核心价值观"教育,促进师生共同成长。学校规划目标总体达成,办学水平持续高位发展,社会声誉良好。

再次讨论时,大家觉得虽然与第一稿相比总结得更到位,但是还是不够精准。经过认真思考研判,最后修改为:

> 经汇总分析,督导组认为:作为见证上海现代小学教育发展历史的百年名校,学校坚守"小学校,儿童幸福之起始"的价值追求,致力"核心价值观"教育,探索实践小学教育对人生成长的意义。以清醒的文化自觉,总结遵循百年名校办学规律,克服困难,保持蓬勃向上的生机。以务实的责任担当,以"尊重生命、开放教育"为策略,坚持科学实验、改革创新,发挥示范辐射作用。以内生的工作热情,依法自主办学,优化管理机制,推进课程改革、探索"课堂转型",成就师生共同成长。学校规划目标总体达成,办学水平持续高位发展,赢得社会赞誉。

同样,问题与建议的初稿是:

1. "开放教育"的办学理念需进一步明晰

在本轮规划实施中,学校提出了"开放教育"的理念,并在"小学生核心价值观、教师专业提升、社会资源整合、课程及课堂教学"等诸多方面开展了大量的体现开放教育的实践工作,但"开放教育"内涵不够明确。希望学校通过总结、梳理"开放教育"的实践经验与成果,从学校独有的办学底蕴和个性特色的需要出发,对"开放教育"理念作出进一步诠释,使之能充分彰显学校独特、鲜明的办学风貌,引导学校发展。

2. "实验"的最大化价值可进一步提升

学校通过课题研究积极推进课程教学改革,成效明显。希望学校能结合在地文化和学校人文历史,进一步打造校本品质课程,以丰富饱满的实施载体和深度内涵凸显办学目标的实现;学科教学中的"严、实、细、活、深"已在各学科教学中全面推进,希望进一步诠释、研究、充实、总结、提炼,使先进的举措、经验形成理论,并向市区辐射推广;希望学校立足校本,挖掘资源,聚焦教育教学实践中的真实问题,以及问题解决和专业提升的导向,进一步优化校本研修课程,形成若干门优质的、在市级层面共享的课程,为教师专业发展助力;希望学校从文化培育的视角,系统构思校园环境创设,体现学校的办学追求和精神风貌,使校园的人文环境与建筑风格协调融合,在发挥环境育人功能的同时,为区域学校提供可借鉴的经验。

我们讨论后认为,对于刚刚搬迁进新校舍,办学条件先进优越、办学底蕴深厚的实验小学,这两条建议不够贴近实际,建设性和指导性有待商榷。几经讨论,最后修改为:

1. 系统设计建设校园文化环境,实现环境育人功能的最大化

校园环境质量是直接构成师生生命质量的重要部分。建议学校利用新校舍落成使用的契机,基于历史传承、办学理念和培养目标,从文化培育的视角,继续系统设计建设校园环境,使校园成为独特的文化景观。通过空间布局的合理定位、育人功能的有效开发和精神文化的整体营建,使校园的建筑风格、人文环境、办学特色、精神追求协调融合,让物质空间讲述学校的故事,显现精神的意义,营造独特优雅的成长空间,蓬勃向上的校园风貌,使学校有限的物理空间具有丰富广阔的文化想象,成为文化氛围浓郁、促进师生身心愉悦共同发展的精神家园。

2. 整合创新实验改革项目,完善体现师生主体地位的自我发展机制

建议学校研究、明确在区域整体推进教育综合改革中的发展定位,系统设计学校新一轮发展中综合改革的目标和方案,把"年度教育工作满意度""班级发展报告""学校发展危机报告"等亮点举措统整为学校创新实验的整体性机制,把务实求进的精神转化为师生共同的自觉需求,更加深入细致地研究学校、研究教师、研究学生,进一步形成学校自我设计、主动发展、自我评价、自觉改进的自主发展机制。为更多学校实现依法自主发展提供样本。

3. 进一步发扬改革创新精神,继续发挥学校"实验"辐射作用

建议学校在教育转型发展、义务教育均衡发展的时代大背景下,不断发扬实验创新,追求卓越的学校精神,探索实践内涵发展的新举措,开展提升品质的新实验,建立提高能力的新机制,结合绩效工资改革,发挥收入分配机制的杠杆作用,奖励勇于承担改革工作、作出教育教学实绩的干部教师,激发教师务实求进的内生发展动力,凝聚师生智慧,进一步体现学校自觉履行"实验"使

命的责任担当和改革创新的进取精神,在小学教育转型发展方面继续发挥示范引领作用。

这样,实验小学这一轮发展在百年校史上有了一个清晰的定位,学校自主发展热情得到充分肯定,学校遵循育人规律办学的价值追求得到弘扬。今后的发展建议具有针对性和操作性,体现出这样一所百年老校名校下一步的高位追求和责任担当,杨荣校长高度认可整个督导过程和报告。

其他例如对光明初中办学理念的探讨指导、对上外—黄浦外国语小学办学定位的对话、对黄浦区一中心小学三类课程整合的意见、对浦光中学依托高校规划学校特色化发展的建议,都是学校、专家、督学及行政等就办学关键环节的深入探讨,是对话、追问、反思的结果,督导的专业性得到很好的体现,学校、督学都受益良多。

四、深化"互促共生"发展性督导的总结反思

近年来,国家和各级政府对教育督导工作前所未有的重视,教育督导也迎来了历史上最好的发展期。十八届三中全会明确提出要"加强国家教育督导",国家及上海市督导条例的颁布施行提升了督导的法律地位,可以预见,督导今后将面临更多的任务和要求。相对于教育改革发展的形势,相对于督导的新要求,督导工作存在着许多不适应的地方,这些体制机制的制约影响着区域督导工作模式的创新发展。

一是督导室机构相对独立地位的悬置,影响督导工作的权威性。

二是督导人员专业发展前景的不明朗,影响优秀人才加入督导队伍,对于互促共生的学术内涵是致命的约束。

三是督导结果的使用一定程度上弱化,评价不与奖惩结合,评价就缺乏效力。

四是"互促共生"的探讨,指向学校发展的规律性,指向育人的本原性,但由于缺乏国家和地区的教育质量标准,这种探讨的依据还是建立在督学个人学术素养的基础上,有时候会出现不一致甚至相互矛盾的评价。

"互促共生"作为发展性督导评估的区域实践探索,它的完善深化除了在理论和实践层面不断深入外,毫无疑问最终也依赖于上述问题的解决。

（黄浦区人民政府教育督导室）

教育督导与行政执法有机联动的区域实践与思考

一、教育督导与行政执法有机联动的设计思考

（一）明确功能定位，促进教育综合治理

以完善教育治理体系、提升教育治理能力为目标导向，着力构建一个多方参与、各司其职、协同共治的教育督导与行政执法有机联动机制。在教育督导与行政执法各自主体法定职能的基础上，明确有机联动的法律法规依据，确定"联动机制"的功能定位、实施原则，搭建教育督导与行政执法联动机制的治理框架结构，从而形成教育督导与行政执法在运行上相互协作、程序上相互衔接的联动机制，推动教育督导与行政执法各自职能和责任的落实，充分发挥教育综合治理作用，促进依法治教，规范学校办学行为。

（二）理清衔接界域，履行各自法定职责

理清"联动机制"治理职权、对象、事项的界域，以黄浦区教育局行政权力清单和行政责任清单为基准，找准"联动机制"执行的结合点和着力点，推动教育督导与行政执法交叉、重叠、衔接的职责在联动治理中的有效落实。

（三）实施分类管理，明晰联动治理对象

依据教育行政执法调整对象的不同，可以对教育行政执法内部进行更加细致的划分。由于不同调整对象具有不同的特点，所以有必要将督导与执法联动治理的对象进行有针对性的分类。由于公办学校和在教育部门取得办学许可证的民办学校受教育行政部门直接领导，已经被纳入教育行政体系之中，因此在管理过程中可更多地加强教育行政部门的内部管理，以及对学校实施督导，促进依法办学。而民办中小学校、幼儿园和民办非学历教育机构，若违法违规可通过行政执法处理解决，尤其是民办非学历教育机构，是教育督导与行政执法联动治理的主要对象。

（四）规划行动路径，完善联动运作规程

从教育督导与行政执法两个层面整体设计和构建事前、事中、事后联动的实施规则、配套制度、运作程序和保障措施等，以形成制度化建设、规范化运作、有序化

推进的行动路径,促进教育督导与行政执法的有机联动。

二、教育督导与行政执法有机联动的机制构建

(一)督导与执法联动机制的构建原则

1. 规范性:依法行使职权

依据教育督导与行政执法各自主体的法律、法规规定的地位和职权,在法律法规框架下加固联动的基础,增强法律法规的约束力,规范联动的涉及事项、对象范围、运作行为,在法定职权范围内依法规范行使联动的各自主体职权。

2. 协同性:注重协调合作

由于教育督导与行政执法主体类型和权限的不同,因此,加强两者之间的协作配合,破除制约教育督导与行政执法的体制障碍,打破各自为政的壁垒,解决教育督导与行政执法政出多门的现状,增强协同性,提高教育行政执法质量和效率,需要教育督导与行政执法的协调合作,完善合作领域、合作内容、合作方式,形成相互配合、信息畅通、密切合作、运作协调、联合行动的协同方式,提高联动效能。

3. 有序性:加强制度保障

制定和落实相关的配套制度,明确联动的具体要求,认真执行教育督导与行政执法联动的方式与程序,充分运用联动平台,强化两者的沟通、衔接、互动,保障联动机制运行,有序推进常态下教育督导与行政执法联动的运作。

(二)督导与执法联动机制的构建思路

1. 注重清单管理,理清联动职责分工

以黄浦区教育局行政权力清单和行政责任清单为基准,结合《教育督导条例》规定的督导事项,理清联动查处的边界,明确联动实施所涉及的履职事项,合理划分各自职责分工。基于教育督导与行政执法有机联动的职权、对象、事项的衔接界域,分清实施主体、职责权限,以清单管理方式,以实现督导职能与行政执法职能的联动,协同共治,保障联动效能的发挥。

2. 建立联动平台,提高协同合作程度

探索建立跨部门的协同合作方式,构建有利于不同组织机构之间的联动平台,最终实现督导与执法联动的有效运作。如联席会议平台、信息互享平台、联合检查协调平台等三个联动平台,推动"联动机制"的有效运行。

3. 完善制度供给，保障联动有序运作

加强顶层设计，突破制度瓶颈，以完善的制度供给形成一套环环相扣、具有内在联系的联动治理系统，为督导与执法联动的有序运作提供基础性的制度环境和保障。目前，建立和完善教育督导与行政执法有机联动相应的制度设计，如信息联络通报制度、重大疑难案件咨询与会商制度、联合检查制度、案件移送制度、查处反馈制度、整改核查制度等六项配套制度，从而在规范的制度框架下推进"联动机制"的形成。

（三）构建督导与执法的"一三六"联动机制

构建以包含一份联动事项目录清单、三个运作平台和六项配套制度为要件的多方参与、各司其职、协同共治的教育督导与行政执法有机联动机制，即"一三六"督导与执法联动机制，形成权责明确、统筹协调、规范有序的教育督导与行政执法联动综合治理的格局，加大对民办中小学校、幼儿园、托儿所和民办非学历教育机构的教育行政执法与监督力度，提升法律、法规、政策等执行效能。

1. 一份目录清单

黄浦区教育局以现有法律、法规、规章、规范性文件为依据，对涉及职责范围的权力、责任、服务、效能事项作出清理规范，现已确立权力事项 68 项、责任事项 467 项（责任追究事项 465 项、行政协助事项 2 项）、服务事项 14 项、效能事项 11 项的行政权力清单和行政责任清单。不仅界定了教育执法中的政府职能边界，规范了执法行为，同时也为教育督导找到了与行政执法联动事项的结合点。

2. 三个运作平台

（1）信息互享平台

有效整合教育督导与行政执法的信息资源，构建以网络为技术支持、数据为信息资源的信息共享平台，打通信息壁垒、畅通交流渠道，实现督导信息资源高效流动，形成信息双向互动交换，充分发挥信息资源共享在推进教育督导与行政执法有机联动中的重要作用，依托信息化手段实现信息互联、互通、互换，实现督导与执法资源的共享、整合、联动，推动联动运作效能的不断提升。

（2）联席会议平台

构建以沟通、协调和互动为目的的联席会议平台，由教育行政部门牵头、出面召集，定期或临时召开教育督导与行政执法联席会议，区教育督导部门、教育行政执法部门为成员单位，研究分析教育督导与行政执法联动工作的相关议题，通报教

育违法违规的新情况、新问题、新特点以及工作中出现的重大问题，协调解决涉及教育行政执法的有关问题。

（3）联动协调平台

构建以协调教育督导与行政执法联合检查机制实施为条件支持的协调平台，加强沟通协商，发挥开展联合检查的组织协调作用，拟定议题和方案，部署安排，协作共治，形成常规、专项和突击联合检查的启动机制，深化联动协作的力度。

3. 六项配套制度

（1）信息通报制度

建立督导意见书、督导报告定期抄送教育行政执法部门；联动联络员及联席会议等信息通报制度，加强经常性的信息互通和交流联络；通报教育违法违规的新情况、新问题、新特点以及出现的重大教育问题；形成信息双向互动交换的常态，让教育行政执法部门从中发现和甄别违法违规行为；制定相关的预案，及时启动，提前介入，控制证据，加以处置。

（2）咨询会商制度

建立重大疑难案件咨询与会商制度，对于案情重大、复杂、疑难，性质难以认定的案件，教育督导部门可以不定期咨询和会商教育行政执法部门，共同商讨是否达到违法违规，正确把握处罚标准。在发现可能涉嫌违法违规时，可使教育行政执法部门提前介入，有效搜集相关证据，避免因证据不足或定性不准而导致应移送的案件无法移送。

（3）联合检查制度

建立教育督导与行政执法联合检查制度。对涉及教育行政执法所履职事项的专项督导，在组建督导队伍时可让教育行政执法人员参与其中，提前配合介入，加强联动，开展督导与执法专项联合检查行动。在教育督导对象范围逐渐扩大到各级各类学校和其他教育机构的态势下，尤其在民办中小学校、幼儿园、民办非学历教育机构的督导中，更需要教育行政执法人员的参与介入，调查取证，依法加大对教育违法违规的综合查处力度。

（4）案件移送制度

建立教育违法违规案件移送制度。教育督导机构发现的涉嫌违法违规行为事实、线索或受理的投诉、信访事件，其中一部分不属于教育督导职能所处置范围内的，也不属于上级教育行政部门内部处理范围内的，并且基本查明事实，认为涉嫌违法的案件,则依据相关法律法规的规定,应当移送相应有处置权的教育行政执法部门受理,并附案件相关的违法违规行为有关的证据、调查报告或结论及移送书等相关材料,进行立案,依法查处。

(5)查处反馈制度

建立查处建议制度和结果反馈与复议制度。一是教育行政执法部门的调查情况、核实情况在处置前向教育督导机构反馈,进一步确认调查情况、核实情况是否属实。二是对于教育督导机构主张处置的违法违规事件,教育督导机构可向教育行政执法部门提出相应的查处建议。

(6)整改核查制度

教育督导机构就行政执法部门对违法违规行为处置后的整改落实情况,根据处置的问题、整改要求和期限,对处置对象可以通过督导回访检查加以了解、核查整改情况,持续跟踪,对于整改未落实的情况应加强督促和指导。

三、教育督导与行政执法有机联动的实践认识

加强联合检查,增进合作,提高督导与执法协同程度,增加教育督导与行政执法有机联动的可能性,也为联动机制的形成打下了基础。例如,2015年区教育局与教育督导室联合开展本区民办非学历院校"一日调研"活动,旨在增强学校依法治校的意识,严格依法行政和强化日常监管,促进规范办学。"一日调研"活动为本区实践教育督导与行政执法联动的可行性提供了基础。

对具有经营性的民办非学历教育机构,开展督导与执法部门间在权力、人员、行动上的高度协同的联动治理,推进督导与执法职权分工组合,具有明显的倍增效应,提升督导与执法的威慑作用。例如,2015年暑假,根据市教委《关于本市贯彻落实〈严禁中小学校和在职中小学教师有偿补课的规定〉的实施意见》,黄浦区教育局与区政府教育督导室就"严禁中小学在职教师有偿家教或到社会培训机构兼职",会同市督导事务中心联合开展专项执法督查,注重互动协调、各司其职、共同监管,走访了新世界、智立方两家培训机构,集中整治违法行为,防范和杜绝违法违规现象的发生。

教育督导与行政执法有机联动实现教育管理向多元共治的转变,从以行政手段向用法治思维和方式推动教育问题的解决转变,推动教育督导成效由"软"到

"硬"的转变;促进教育行政执法运行机制由被动到主动的转变等四个转变的需要。这是建立现代教育治理模式的发展趋势,有利于形成一个协调有效、运行灵活的制度化的教育治理架构,推进教育治理现代化,提升法律、法规、政策等制度的执行效能,运用教育督导与行政执法联动查处的手段,加大教育行政执法与监督力度,依法纠正学校的违法、违规行为,保障教育法律和政策有效实施,督促学校强化依法办学意识,促进学校依法治校,规范学校办学行为。

（黄浦区教育局、黄浦区人民政府教育督导室）

构建"一三六九"工作模式，全面落实责任督学挂牌督导工作

一、加强组织领导

黄浦区高度重视责任督学挂牌督导工作，把进一步完善督学责任区建设，加强责任督学挂牌督导工作等纳入区域教育"十三五"发展规划，列为本区教育督导年度重点工作。在分管区长的直接领导、区教育局党政部门的大力支持下，区教育督导室认真履行"协调组织、直接管理"等工作职能，加强全面管理，注重工作研究，稳步实施推进。

工作启动之初，我区依照相关文件精神，明确提出：把督学责任区与挂牌督导作为督导基本制度建设，统筹考虑、有机整合、全面落实，综合协调发挥监督和指导功能，突出强调责任督学挂牌督导工作的制度化建设、规范化管理、专业化引领、有序化推进等工作要求。在此基础上，我室根据上海市人民政府教育督导室的统一部署，结合本区实际，及时确定了工作原则、办法、步骤，形成了初步方案，并在区教育局第 24 次常务会议上专题进行了通报。方案原则通过后，细化形成具体操作办法，在区教育局第 25 次常务会议上作再次通报。在向分管区长作专题汇报、听取指导意见后，形成了《黄浦区督学责任区及学校责任督学挂牌督导实施办法》（试行稿），确保工作稳步启动与有序推进。

二、注重建章立制

在启动责任督学挂牌督导工作伊始，我室依据《教育部关于加强督学责任区建设的意见》（教督〔2012〕7 号）、国务院教育督导委员会办公室《中小学校责任督学挂牌督导办法》（国教督〔2013〕2 号）的有关规定，以及上海市教育委员会、上海市人民政府教育督导室关于贯彻《中小学校责任督学挂牌督导办法》的实施意见精神，于 2013 年 12 月出台《黄浦区督学责任区及学校责任督学挂牌督导实施办法》（以下简称《办法》），对督学责任区划分与责任督学的配备、遴选与管理、基本职责、督导事项、督学工作形式和要求、责任督学履职要求、管理与考核以及教育督导结

果的使用等作出了明确的规定。《办法》的实施确保了我区挂牌督导工作规范性起步和有序性开展。

在全面实施责任督学挂牌督导工作后,我室结合本区域教育发展要求和督导工作实际,采取边实践推进、边总结反思、边健全完善的工作思路,于 2014 年 5 月又推出了《黄浦区责任督学挂牌督导工作实施基本要求》,明确了每月责任督学工作沟通制度、每季度责任督学研讨培训制度、每学期挂牌督导工作专题总结制度、每年度责任督学考核奖惩制度、各学段责任督学召集人制度、责任督学轮岗交流制度、督导资料归档制度等七项基本制度,对促进挂牌督导工作的有效实施、责任督学队伍的专业化建设提供了保障。

三、选聘高水平挂牌督学

依托本区丰厚的人力资源优势,建成了一支面向各级各类学校的责任督学队伍(共计 27 名)。其中,专职督学 5 名、兼职督学 22 名,责任督学队伍中特级校(园)长、特教教师、市优秀校(园)长、学科带头人等占比超过 50%,并特聘国家督学、特级校长、上海市教育功臣、格致中学校长张志敏担任总顾问,实施专业指导。

四、加强培训和研究

在配齐配强责任督学队伍的同时,我室通过强化督导专业培训,深化督导实践研究,不断优化责任督学的专业能力与水平。责任督学研讨培训计划合理、形式多样、内容丰富、针对性强。坚持将落实《教育督导条例》《上海市教育督导条例》精神贯穿于培训全过程,把各级教育督导部门对挂牌督导工作的要求转化为全员培训内容,边学边用、学用结合,确保挂牌督导工作质量。同时,注重收集挂牌督导工作信息和责任督学培训需求,并结合本市区教育改革和发展的实际,设计培训计划、落实培训内容,实施有针对性的培训,助力责任督学专业水平进一步提高。我们特别强调加强工作研究,提高责任督学依法履职、促进学校发展能力与水平。以问题为导向、以课题研究为抓手、以案例研究为路径、以提高工作水平为目标,加强责任督学团队专业化建设步伐。近年来,我室已有五个督导课题研究项目立项(其中四项为市级重点或一般课题),完成了《中小学校责任督学挂牌督导专业引领的实践研究》等多篇论文,积累了教育督导个案研究报告30余篇,其中多篇课题研究报告在《教育督导与执法》杂志上发表。

五、构建稳定规范的督导工作模式

在按照规范要求落实各项工作任务的同时,结合课题研究和实践探索,积极构建"一三六九"工作模式。

一个核心:学校依法自主发展。

三个主题:责任督学要围绕长期共同主题、年度重点主题、学校个性化发展主题三条主线开展工作。

六个方位:上吃透有关教育的法律法规和政策文件,树立工作合法性权威;下了解学校、校长、师生的基本情况和发展需求,要接地气;左联系社区,倡导学校社区资源共享、加强合作、共同发展;右沟通家长,督促学校发挥好家委会作用,协调处理好社会、家长与学校的关系;前清楚学校发展目标,明白学校的发展定位和办学追求;后了解学校的发展历史,洞悉学校的文化积淀、办学传统和学校精神。

九个步骤:一走走,走走校门、食堂、卫生间、实验室、图书馆、计算机房、教室等关键部位,实地了解校园管理情况。二看看,看看安保、监控、门卫记录,校园环境建设,化学品保管,食堂卫生,图书借阅,师生精神面貌,学校文档资料,使用图表,随时记录。三听听,个别访谈、座谈,听课,了解校长、师生的想法与意见。四想想,对感性认识、书面资料认真分析思考。五问问,对学校观察中不清楚的地方、有疑问的地方,认真询问,问卷调查,了解原委。六讲讲,向校长讲讲自己所见所闻所感。七议议,与校长一起就当前发展问题对话、研讨,是专业智慧的碰撞。八提提,向校长提出自己的看法与建议,要看得出问题、提得出建议,是督学专业水平的体现。九写写,结束后认真记录工作过程,分析反思,提炼问题与经验,拟定下次工作提纲。

六、以信息化推进结果公开

重视加强本区教育督导室网站建设,改版后的督导网站内设"网上问卷系统""学校基础信息""督学工作系统""责任督学工作系统""督政工作系统"等专栏。网站的运行不仅能及时传递督导活动信息、发布督政督学意见书、公开督导法律法规,实行督导信息、督导结果全开放,也方便责任督学直接进入"责任督学工作系统"实行网上信息报送、意见反馈、工作交流,提高了区域挂牌督导工作的信息化管理水平。

七、注重结果运用和问责整改

黄浦区明确提出,教育督导及教育行政部门要重视督导结果和责任督学建议,将其作为对学校综合评价、主要负责人考评问责的重要依据。在学校评优评先、干部任免、教师考核方面,充分听取责任督学的意见。

（一）建立督导结果通报机制

区教育督导室主要领导参加每一次区教育局常务会议,定期通报督导工作开展情况及督导结果。

（二）建立教育督导专报制度

及时将督导结果汇编成教育督导专报,并通过区教育(督导)网站向社会公示,不断扩大督导结果的影响力。

（三）结果纳入办学绩效考核

近几年来,区教育督导室组织开展各级各类学校办学绩效考核指标编制工作,各学段责任督学直接参与对各级各类学校的年度考核,提高了督导结果运用成效。在《黄浦区督学责任区及学校责任督学挂牌督导实施办法》和《黄浦区责任督学挂牌督导工作实施基本要求》中明确了对发现危及师生安全的重大隐患和各种突发事件或重大事故等的处置办法,并将此列为《黄浦区责任督学挂牌督导工作考核细则》重点考核内容。近期,又出台《黄浦区责任督学挂牌督导问责工作实施细则》,以进一步强化问责力度。

对办学过程中出现的问题,按照《黄浦区学校发展性教育督导评估指导手册》中明确的工作程序实施整改。一方面,学校针对存在的问题与不足,制订整改计划,并加以改进落实;另一方面,责任督学跟踪了解、核查学校整改情况,指导学校改进工作,促进学校的可持续发展。

八、落实工作保障

经费保障方面,教育督导经费列入财政预算,挂牌督导工作经费纳入督导室专项预算。2014～2016年,本区责任督学挂牌督导工作补贴经费约为200万元;设备添置经费14万元以上。硬件方面,为每位责任督学配备了移动终端设备和公示工作手机,并专设责任督学办公室,配置现代化办公设备等,满足责任督学挂牌督导工作需要。

经过三年多的实践探索,我们取得了以下主要成效:

第一,实施覆盖区域内所有中小学、幼职特教教育机构的挂牌督导工作,提高了学校、社会、家长对督导工作的认识;密切了督导与学校、学校与社会之间的关系;优化学校与督导部门"互促共生"督导模式;强化学校开门办学、督导部门主动开放的意识与行为;提升教育督导在区域内的影响力。

第二,更好地发挥了服务学校依法自主办学的作用。责任督学围绕规划编制与实施、教师专业化发展、课堂教学改革等所有学校长期面临的工作内容、年度重点推进项目以及学校个性化发展等三大主题,切实履行责任督学挂牌督导职责,推动学校依法办学、自主发展。

第三,将挂牌督导工作实践和督导制度建设相结合,在挂牌督导工作中发现问题、处理问题、解决问题,梳理、优化督导工作流程,促进教育督导制度规范化、科学化建设。

第四,依托区督导室较为扎实的课题研究基础,注重挂牌督导工作实践探索与理论研究同步推进,在研究中厘清关系、在研究中突破难点、在研究中创新方法,提高了区域挂牌督导工作水平。

第五,在挂牌督导的实践中,倒逼责任督学自身不断学习、不断提高,提升了责任督学自身的专业发展水平。

(黄浦区人民政府教育督导室)

以督导结果公开为抓手，提升教育督导权威性

一、工作背景

学校督导结果主要是指由教育督导部门以督导评估形式在收集处理和分析学校各方面工作信息的基础上，对被督导单位的教育教学和管理工作等情况进行价值判断所形成的督导结论，并以书面形式送达被督导学校的督导意见书或向本级人民政府提交的督导报告。教育督导结果向社会公布，满足人民群众知情权，接受社会监督，是督导活动中的一个重要环节。

早在 1991 年原国家教育委员会颁布的《教育督导暂行规定》第十八条就规定，督导结果"可向社会公布"。1999 年上海市人民政府发布的《上海市教育督导规定》第二十二条也规定，"市和区县人民政府教育督导室建立督导结果通报制度，不定期地将督导结果向社会公布"。

2004 年，《上海市政府信息公开规定》颁布实施，这是全国最早关于政府信息公开的省级政府规章。2008 年，国务院出台《政府信息公开条例》，第六条规定"行政机关应当及时准确地公开政府信息"。2010 年颁布的国家和上海市教育改革与发展中长期规划都规定"建立督导检查结果公告制度和限期整改制度"。2012 年施行的《教育督导条例》第二十三条明确：督导报告应当向社会公布。2015 年施行的《上海市教育督导条例》第二十二条要求，"教育督导机构作出的督导意见书，除送达被督导单位外，还应当通过政府网站等方式向社会公布"。政府信息公开的文件也相继出台。2015 年，国务院教育督导委员会办公室印发了《教育督导报告发布暂行办法》（国教督办〔2015〕2 号）；2017 年，教育部办公厅印发《关于全面推进政务公开工作的实施意见》（教办厅〔2017〕3 号）；2018 年，国务院办公厅印发《关于推进社会公益事业建设领域政府信息公开的意见》（国办发〔2018〕10 号），对教育政务信息乃至督导信息公开都做出了明确的规定。

教育督导部门作为代表同级人民政府履行督政督学职责的管理部门，相关信息应当依法依规公开。其中与人民群众利益密切相关的教育督导结果公开更是落

实政府信息公开的重要内容和措施。

督导结果公开具体实在,人民群众和广大师生高度关注,具有推动督导全局的突破口效应。黄浦区自我加压,回应教育综合改革,满足人民群众期盼,具体做法如下:

(一)借鉴市政府教育督导室工作经验

上海市人民政府教育督导室早在 20 世纪末就建立了五年一轮的区县政府综合督政制度,明确督政主题,设计督政指标,在一定范围内进行结果公开。2006 年开始,又建立了对区县督政情况的公示公报制度,每年对区县教育财政拨款增长、教职工工资收入增长、生均经费增长、教师队伍、教育发展水平、班额标准执行、新建教学点等情况进行监督,结果通过互联网在上海教育门户网站公示。同时每年把教育工作重点、热点、难点问题纳入市专项督导,市区联动进行专项督导,重点是义务教育阶段学校招生入学、民办学校规范教学秩序、寒暑假收费补课、开学准备工作,还有学校安全、食堂卫生等。这些不同形式督政结果的公开,有效促进了区县政府履行教育职责,推动了教育事业健康稳定发展。对区级督导室规范有序开展督导工作提供了可资借鉴的范例。

(二)做好督导结果公开的顶层设计

"十三五"期间,上海市与教育部签约,全面推进教育综合改革。上海市政府教育督导室发布了四个督导综合改革市区联动课题,即督导执法联动、督学资格与专业化发展、规范督导机构设置与人员配备、多元参与督导及督导结果向社会公示公告,黄浦区教育督导室承担了子课题研究任务,在全市率先进行督导结果公开的研究与实践。

市、区督导室以合作的课题"制定各类教育督导结果向社会公示、公告的实施办法"研究为抓手,把实践中的问题转化为课题,以问题为导向,研究先行,学透彻、看清楚、想明白、做到位,以课题研究推动实际工作。

我们认识到,督导结果公开不是一时一事的权宜之计,一旦启动就要持之以恒地坚持下去,形成一种稳固的工作机制,如果三天打鱼、两天晒网,会造成自身工作缺乏规范性的负面效应。因此,我们认真设计结果公开的实施方案。遵循"依法合规实施、明确主体责任、内容客观公正、按时公开发布"的原则,确定工作目标是以结果公开促进学校依法自主办学,推进学校改进发展,促进建设有限、责任、法治、服务的政府职能部门。

我们制定了《黄浦区学校综合督导结果公开的实施办法（试行稿）》，整体构建学校综合督导结果向社会公布制度的框架和步骤，确立了学校综合督导结果向社会公布的总则；设定了学校综合督导结果向社会公布的范围；明确了学校综合督导结果向社会公布的方式和程序；建立了学校综合督导结果向社会公布的监督与保障措施；明晰了学校综合督导结果向社会公布后的反馈和处理办法。

（三）丰富督导结果发布渠道

经过几年实践探索，形成了如下多种发布渠道：

1. 网站发布

学校综合督导意见书正式反馈后，作为政府信息公开的内容之一，在黄浦教育信息公开栏目、干部任免信息同栏和黄浦教育督导网站同步发布。

2. 学校发布

要求学校在督导意见书正式反馈后，在全体教工大会、学校家长会上通报并把意见书文本公布在校园网上，保障利益相关者的知情权。

3. 局务会议通报

督导室负责人把督导结果公开作为局班子会议的固定议题，定期向党政联合参加的局务会议通报督导结果，总结学校工作经验和亮点，指出存在的问题和不足，提出改进的意见建议。

4. 督导专报公开

每年根据督导工作开展情况，不定期编辑《黄浦教育督导专报》，电子稿发给科级以上领导及每位责任督学，并在黄浦教育网和教育督导网公开。

5. 形成督导工作年度报告

当年督导工作结束后，次年在回顾总结基础上，撰写形成年度督导报告，除了局务会议通报外，专门报送分管区长和上级督导部门，发给督导委员会成员单位。

（四）加大督导结果使用力度

督导结果如果不与督导对象的奖惩挂钩，很难真正产生效力。因此，督导结果公开后的使用环节，也是我们高度重视并设计制度加以落实的重点。

1. 纳入绩效考核

教育局对系统内学校每年一次进行绩效考核，督导室负责制定绩效考核指标和分配权重。每年根据学校综合督导的情况，把督导中发现的需要改进的共性工作纳入考核指标，以这种结果公开的方式推进学校改进工作。

2. 作为干部提拔任用、评优评先的依据

在局党工委会议及专项工作会议中，督导室负责人结合督导结果发表意见建议。在党工委会议讨论干部提拔任用、评先评优时，将听取督导室的意见建议作为重要依据之一。督导室负责人代表班子成员和督导室，每年年终对学校党政主要负责人考核，分别打分，计入考核总分。

3. 强化整改问责

对综合督导学校存在的比较严重的问题，如学生体质健康监测达标率没有达到标准、大面积补课等，跟踪整改情况，如果在第二年绩效考核时没有明显改进，采取一票否决的方式，取消学校绩效评优的资格。

4. 加强回访核查

学校针对督导建议制定整改方案，并报送督导室。综合督导两年后按规定对学校进行督导回访，跟踪改进成效。持续关注学校发展，促进督导结果的有效运用，进一步提高教育督导的权威性。

（五）聚焦撰写高质量的督导意见书

督导结果主要以督导意见书的文本形式呈现，也是主要以文本形式公开。督导意见书是全体督学集体智慧的结晶，也是督学职业精神和专业水平的静态表现，是代表上级政府对被督导学校 3～5 年发展工作综合评价的权威文件，是学校坚定办学方向、坚持特色、巩固成绩、改正不足、确定未来目标，保障学校持续发展的重要依据。因此，高质量的督导意见书是督导权威性的直接载体和成果体现。我们认为决定督导意见书质量的要素为：分组报告是基础，报告督学的初稿是前提，全体专家集思广益是保证，领导的综合判断是关键。

每次撰写督导意见书，我们都认真研读对照三级指标成文的分组报告、信息表及各种问卷，分析阅读各种信息，结合实地巡查及口头反馈，撰写初稿。初稿集体讨论修改后形成讨论稿，督导室负责人对定量分析和定性评价审核，提出指导意见，形成征求意见稿。征求意见稿发送学校听取意见，适当修改形成正式稿后印发并进行正式反馈。目前已经形成固定的三次讨论定稿的流程和相对稳定的总评、工作与成绩、问题与建议三部分的督导意见书格式，总评要高度凝练概括，突出特色和发展；工作与成绩要系统全面，对学校各项工作进行全方位评价，常规工作看落实，特色工作看创新；问题与建议要找准关键问题，提出有引领性的针对性建议。用词规范严谨，体现准确性、简洁性、规范性，体现公文特点和文字素养。

二、工作成效

近年来,黄浦区人民政府教育督导室把督导结果公开纳入区域推进法治政府、责任政府建设的整体格局,作为推进现代教育治理体系建设和依法治教的关键环节、教育督导体制机制综合改革的有机组成部分、办人民满意的教育的具体体现,上下联动、积极实践、有序推进、取得了明显成效。对于保障公众知情权,建设法治政府、服务政府,发挥了重要作用。

(一)督导结果公开规范了督导流程,促进了督导过程公正公平,完善了督导的基本制度,提升了督导的规范性

首先,深化了具有黄浦特点的"互促共生"发展性督导模式。注重与学校互动、对话、协商,推动形成"基于技术获取数据、基于实证形成结论、基于对话分析思想、基于发展推动改进"的"四个基于"工作方式,努力构建主体多元、过程开放、思想共融的"互促共生"的教育督导工作格局。

其次,形成规范的督导操作程序和工具。系统开发测评工具量表,坚持定量与定性结合,在设计学校办学基本情况量表基础上,设计了学生、教师、家长问卷,观课表以及访谈座谈提纲。吸纳绿色指标评价的合理成分,根据教育改革与发展的情况,每年修订督导评估系列指标,及时调整敏感性指标,形成了系统的各级各类学校的督导评估指标。完善督导工作流程,督导前一个月印发督导通知书,督导后一个月印发督导意见书;形成重心前移、指导延展、互信协作的督前,合作互动、对话追问、共同商讨督导结论的督中,多元汇总、结果公开、持续关注学校改进发展的督后的规范的一体化督导工作机制。

督导结果公开的制度化,改变了以往重督导、轻反馈的状况,完善了督导基本制度,促进了督导部门自身工作的规范有序。

(二)督导结果公开的常态化,保障了社会公众的知情权、监督权

督导除了校长和教师外,还涉及四类主体:学生、学生家长、社会组织、社会公众。专家意见不能代替家长意见。我们探索建立教育督导合作机制,督导全程吸纳社会、家长的合理意见,不拒绝任何利益相关者的参与。引入家长评价,邀请家长参与学校发展性督导评估方案的制定,拓宽家长深入了解学校的途径。通过问卷调查、座谈会等方式让家长参与到学校督导评估中来。引入社区评价,公开教育

督导评估日程表,让社区人员了解教育督导评估的时间、内容和标准,邀请社区中各类有代表性的人员参与督导评估工作过程。引入督导评估中介机构参与教育督导评估,发挥社会各界的监督作用,及时将意见建议反馈到督导部门,提高评估结果的公正性和公平性。

吸纳语言文字、体育卫生方面有关同志在督导期间到学校开展专项检查,撰写报告供督学参考。欢迎行政部门负责人参与督导自评和反馈,听取行政主管部门对学校的评价、对督导的建议。邀请特约教育督导员和人民教育督察员参与督导,听取来自不同行业人士的评价意见,提高工作权威性。建立挂牌督导与综合督导的融会贯通机制,让挂牌责任督学采用多种形式参与综合督导工作。多元参与、信息公开,有力提升了教育的开放度和透明度。

（三）督导结果公开倒逼督学提升专业能力,促进了督学专业化建设,增加了督导的权威性

督导结果公开最大的挑战对象是督导室和督学。实践表明,如果督导结果不能被学校领导和师生、家长认可,改进的动机和行动就不会产生,也就无法真正促进学校更好发展。督导结果具备专业性、客观性、公正性,才会具有影响学校的权威性。而督导结果公开恰恰成为促进督导权威性提升的有力抓手。

督导权威性来自督学的专业性。我们明确了督学队伍建设的总体目标:业务精湛、结构合理、富于创新精神与教育情怀。研究督学核心素养,从可学、可培、可测三个维度,初步提出黄浦区督学必备的品格关键能力,建设专业化督学队伍。

我们要求所有督学具备实务能力:在职督学人人能够独立完成学校督导方案的制订及落实各项会务要求,能够担任督导学校的责任督学,履行督导前期的协调指导职责,汇总督导小组的评估意见。具备参与能力:能够参加综合督导承担小组的指标评估工作,能够与学校领导教师就某项工作对话,能够担任督导学校的报告督学,独立完成督导意见书的撰写,能够参与督导室对学校督导意见书的研讨并发表自己的见解。具备引领能力:挖得出经验、看得出问题、提得出建议,能够在参与督导全过程中,形成对学校基本到位的定量定性的总体评价,能够对学校存在的主要问题进行比较准确的归纳概括,能够对未来发展提出符合实际的意见建议。

通过核心素养的提升,强调岗位成才,提高督学作为专业人才的学术话语权,构建团队和个人合理的知识能力结构。我们积极扩大兼职督学,建立专家资源库。

每年选派适合督导工作的人员参加督学资格培训,做到专职督学学段结构完整、兼职督学学科覆盖广泛。广泛聘请区内外专家参与督导工作,尤其是外区的督导室主任、特级校长、学科专家,形成支撑督导顺利开展的专家资源。逐步培养督学队伍成为观念共同体、知识共同体,实现督导结果的恰当性和确定性。

(四)督导结果公开提高了教育督导的实效性,扩大了督导的影响力

促进了行政部门科学决策,激发了学校自主发展的内生动力。教育督导条例规定,督政督学并重,监督指导并重。服务科学决策,服务学校发展,一直是督导工作的重要职能。

在一所初中督导时,我们发现学校建立了骨干教师学术休假制度,觉得这是促进教师专业发展、培养骨干教师的有效途径,因此经局务会议公开建议并通报,会议决定,在黄浦区整个区域建立了骨干教师学术休假制度。

2016年底在对一所幼儿园督导时发现,该园出现保教人员缺口较大、非编制人员占比较高(35%专职教师为非编人员)的情况,督导反馈意见书提出了整改意见,抄送区教育局,并上网公示。2017年区教育局常务会议上讨论形成了将某撤并园符合条件的教师队伍整体调入该幼儿园的解决方案,彻底解决了该园师资编制问题。

在总结年度督导情况时,我们发现中心城区近年来教师学历出现低于郊区的状况,经局务会议分析,区教育局采纳建议并制订出台文件,鼓励教师进修高一层次学历,费用由原来的行政、学校、个人各承担三分之一,改为全部由教育局专项经费承担。

再如对百年名校上海市实验小学的督导,通过高水平的意见书上网公示,学校自主发展热情和成效得到充分肯定,学校遵循育人规律办学的价值追求得到弘扬。今后的发展建议具有针对性和操作性,体现出这样一所百年老校名校下一步发展应有的高位追求和责任担当,校长、师生和家长对督导报告和整个督导过程高度认可。其他如对光明初中办学理念的探讨指导;对上外—黄浦外国语小学办学定位的对话;对一中心小学三类课程整合的意见;对浦光中学依托高校规划学校特色化发展的建议;都得到了学校的高度认可,促进了学校深入思考,主动发展。不同发展水平的学校都感到自己的努力通过结果公开得到了很好的总结和肯定,激发了干部教师的工作热情,同时,通过专业性的意见建议,明确了今后进一步提升发展的方向。学校、督学都受益多多。区域内学校目前都高度认可督导工作,校长们认

为督导理念和方式先进,专家专业水平高、专业服务意识强,尊重学校的发展自主性,对学校今后发展的指导有针对性,表示非常欢迎区政府教育督导室开展这样的督导。具有权威性的督导结果在激发不同学校办学主动性、积极性、创造性方面发挥了应有作用。

(五)督导结果公开形成可复制、可推广的经验,为市政府教育督导室决策服务,并辐射影响到市外

黄浦区的督导结果公开在课题研究及实践探索基础上,形成了四方面的显著特点:依法依规设计,规范简便可行;主体责任明确,发布程序规范;发布内容公正,提升结果权威;发布渠道畅通,监督保障落实。

上海市政府教育督导室及时总结提炼黄浦经验,将其吸纳到《上海市教育督导结果发布与使用暂行办法》(沪府教督办〔2018〕4 号)文件中,成为指导全市督导结果公开的统一的规范要求。区督导室负责人应邀到国家教育行政学院为督学培训班做专题讲座,到上海市兄弟区和市外督导同仁介绍工作经验,在更大范围内促进了共同推进督导结果公开工作。

三、工作思考

2019 年,国务院对《政府信息公开条例》进行了全面修订,明确公开原则"以公开为常态、不公开为例外",对政府信息公开工作提出新的更高的要求。《中国教育现代化 2035》要求:健全教育督导体制机制,提高教育督导的权威性和实效性。提升教育法治化水平,建立和规范信息公开制度。中共中央、国务院《关于深化新时代教育督导体制机制改革的意见》提出以优化管理体制、完善运行机制、强化结果运用为突破口,不断提高教育督导质量和水平,推动各类主体切实履行教育职责。这些为我们今后工作指明了努力方向和工作重点。我们要提高政治站位,站在人民至上、办人民满意的教育的高度,进一步提高对督导结果公开工作的认识,以提升督导权威性,增强实效性,积极回应新时代的新要求,开辟督导工作新局面。

(黄浦区人民政府教育督导室)

第二节　"服务发展"——督学责任区挂牌督学的实践创新

　　黄浦在全市率先实施覆盖区域内所有中小学、幼职特教教育机构的责任督学挂牌督导工作机制。责任督学围绕规划编制与实施、教师专业化发展、课堂教学改革等所有学校长期面临的工作内容、年度重点推进项目以及学校个性化发展等三大主题,切实履行责任督学挂牌督导职责,推动学校依法办学、自主发展。该机制强化了学校开门办学、督导部门主动开放的意识与行为,有效形成了教育督导与学校办学互促共生的工作效应。

依法履职,助推"依法治校示范校"的创建
——责任督学指导和参与学校创建依法治校的案例

【案例背景】

　　2018年11月,根据市教委《关于开展本市依法治校(2016—2020)创建工作的通知(沪教委法〔2017〕14号文)》,我区推进首批依法治校区级初审检查工作,作为责任督学不仅要履行监督学校依法依规办学的职责,更要助推学校依法办学过程的优化。我担任责任督学的5所学校中,共有两所学校申报示范校,一所学校申报达标校,当学校遇到检查时,作为责任督学为学校供相关的支持是应尽的义务。

【案例描述】

1. 认真学习、梳理重点和难点

我认真学习《2017—2018 年度"上海市依法治校"工作检查验收表》中的验收指标和观测点,通过换位思考"如果我是校长,该如何完成这一验收",我理清了如何助力学校完成这一验收的思路。通过对 7 个一级指标和 22 个二级指标(主要观测点)的梳理,对学校可能会存在问题的指标进行了研判,根据学校的实际情况和个人的实践经验,有 4 个观测点可能是学校的薄弱环节。通过电话沟通,其中一所学校 4 个薄弱点中占 3 个,有两所学校 4 个薄弱点都存在,其中观测点"立改废程序"是最突出的薄弱环节。

2. 点面结合、破解难题

于是我走访了其中一所学校,对其依法治校工作检查准备情况进行现状调研。首先与校长交流,根据验收表中需要提供四个观测点案例的要求,逐一与校长讨论依法治校的典型案例,如"参与学校民主管理与监督"的典型案例选择什么事件。通过讨论我对学校依法治校的关键事件有了较为清晰的认知,也为学校完成自评报告提炼了生动和鲜活的内容。

随后我与校长讨论"立改废程序"这一观测点,"立改废"是指"立改废释"并举,就是要将"新立、修改、废止、解释"作为一个整体,使各项制度更具针对性、可操作性和科学性,用制度管人、管事和管权。"立改废程序",就是要求学校制订一个关于规章制度"立改废程序"的实施意见,分别就学校规章制度的新立、修改和废止等进行操作性的设计和解释,以保证每一个新立(修改、废除)的制度都有规范的流程和科学的依据。当然在汇报时,如果能够举一个具体的案例效果会更好。

在点上调研的基础上,一周内,我又到另两所学校进行现场随访,一是了解学校依法治校的总体情况并进行资料整理,二是为另两所学校提供有效的做法和经验,三是为今后常规督导积累观测点和发掘增长点。

3. 总结反思

最终这三所学校都以高分通过了示范校(或达标校)评审,在被检查过程中,有一所学校校长围绕"立改废程序"进行了生动阐释,得到了评委的高度评价,同时学校行政人员对于"立改废程序"也有了较为深刻的认识和理解,在随后的常规督导中,我与这些学校的校长和行政人员也就有了更多的交流话题,为学校提升依法治校的水平注入了新内涵。

【案例评析】

通过本次督学与学校共同完成的创建活动,主要有如下体会:责任督学的自觉学习,关键事件的履职,工作机遇的把握。

1. 责任督学的自觉学习

责任督学既不能代替校长决策,更不能代替校长指挥,而是支持和促进校长依法自主办学。要实现"正向的支持"就要自觉学习,通过学习敏锐把握社会和教育发展的脉搏,当学校面临思考发展方向时,可以提供相关的支持。如曾经有一位新任校长思考学校新的增长点,我事先学习了相关标准和要求,帮助学校找到了问题,提炼了相应的案例,在共同讨论时我也提供了有效的支持。要实现"有效的促进"更要自觉学习,而且要根据校长的风格特征开展工作,同时也要准确和系统理解教育政策。如此次迎接创建检查,如果发现问题后,有些校长只需要将问题如实反馈就可以了;有些校长不仅需要反馈问题,还需要与责任督学共同分析问题产生的原因;有些校长不仅需要反馈问题和分析原因,还需要与责任督学共同讨论问题解决的对策。当然绝对不能在发现问题后由责任督学直接指挥,这样不仅会影响校长的权威,也不利于问题解决。

2. 责任督学的履职智慧

责任督学依法具有 9 项职责,但要产生正向的效应,责任督学必须注重把握工作时机和累积工作成效,努力形成履职智慧。责任督学履行职责最好是融入学校的工作进程,而不能干扰学校和校长固有的工作节奏。融入学校工作进程有三个有利因素,一是易深度交流,由于聚焦学校工作,责任督学与校长就有了共同的交流话题和时间,彼此之间的分析和辨析就有了拓展的空间;二是易形成合力,由于聚焦学校工作,双方可以围绕同一目标,从不同角度思考目标达成的策略和路径;三是易累积成效,当达到目标后,双方就会建立彼此信任的关系,在不断地成效累积中,实现持续的正向效应。

责任督学积极履行担负的使命,积极支持和促进学校依法自主办学,这是教育改革发展的时代命题,在完成使命的过程中,责任督学的自觉学习和智慧履职也将永远在路上。

(黄浦区人民政府教育督导室责任督学　卢起升)

"督"与"学"相长，助推每一所学校"出彩"

【案例背景】

笔者是刚加入兼职责任督学队伍中的一名新兵，通过每月一次挂牌督导工作的开展，对自己责任区内的五所三种类型的学校有了更为深刻的了解。通过深入解读每所学校的历史沿革、办学理念、办学远近目标，深入分析每所学校当前所处的发展平台及各自的发展优势和阻力，结合自身办学的经验与反思，帮助各校校长一同为学校的发展前景诊断把脉。基于每一所学校发展进程中遇到的困惑与矛盾，协助校长们直面应对、有效化解、沟通情感、排解压力。责任督学究竟是怎样的一个角色？在各校自主发展的进程中，在各校校长忙于日常工作的轨道里，如何弹奏出协调、美妙的和声音符，有效推动学校的稳健成长？都应该成为责任督学率先想到的问题。本文从责任区五所学校中取三所学校的督导为例，以示思考。

【案例描述】

A、B两所学校类型相同，都是本区市实验性示范性高中协作链命名的公办初级中学，校址相距不远，周边居民构成类型也比较接近，两所学校都有各自的办学优势，形成不同的办学亮点。A校以"管理上水平、德育创特色、教学争一流、发展求和谐"为目标，着力加强教师队伍建设、加强校园文化建设、加快学校发展，办学水平保持在同类学校中的领先水平。学校拥有诸多的荣誉称号，学校的教职工对学校的文化认同感较强，干劲足、氛围好。除了学校的这些发展优势外，该校也不可避免地遇到了发展的不利因素：受办学场地的限制，学校现有的校本化课程很难满足更多学生的个性化需求；教师的教育教学观念、本领、跨学科开发创新课程的能力亟待提升……作为站在较高平台的优质初中学校，校领导渴望得到优质教育资源的共享，突破现有分配制度的束缚，创新管理模式，扩大办学的辐射效应。

B校长期以来坚持走特色教学的发展道路，在外语教学实践中，根据学生的学情、兴趣等具体情况,开展多种教材的校本化整合,为培育英语教学特色提供了强有力的支撑。通过教材之间的互补优化教学资源,给予学生大量的英语语言形式和内容的浸润,增强学生各类基础知识的积累和训练,激发和培养学生学习英语的兴趣,养成良好的学习习惯,使学生的听、说、读、写技能得到提高,形成一定的综合语言运用能力。除此之外,该校在射击特色课程、德语等小语种课程建设方面也颇有建树。但同时学校发展也遇到诸多瓶颈问题:学校硬件设施陈旧、场地年久失修,办学硬件基础比较薄弱,学生生源情况堪忧。在学生人数连年下降的外显特征背后,更令校领导担忧的是生源构成,非本市户籍人口占较大的比例,这些学生因无法参加本市中考,绝大多数人会在初一、初二年级纷纷转回老家求学,很难形成对学校的归属和文化认同感。学生的家庭教育背景、生活状况较多的是处在城市中低水平,家长对子女的受教育要求参差不齐,家长群体的文化水平有限……这些阻力因素,一定程度上影响到教师发展的内驱力和学校持续的生长力。

C校则与以上两所学校截然不同,是一所特殊教育学校,校内容纳的受教育学生群体均属智障残疾学生,从3岁到19岁不等。学校坚持"让每一个儿童少年都拥有尊严、幸福、健康和快乐"的办学宗旨,营造"充分、和谐、多元、个性"发展的教育教学环境,坚持"生存教育"的主脉和特色。学校以课题引领学校教育教学,注重内涵发展,积极推动课程改革,引入智慧化校园建设,尝试打造从教学到管理的一站式工作平台,在传承已有办学特色的基础上,积极开拓创新生长点。这是一所特殊教育名校,在全市乃至全国都享有盛誉,一所用大爱砌成的象牙塔,工作在其中的教师会有与其他教育工作者全然不同的期许、愿景及收获,更有绝大多数教育工作者难以承载的艰辛与困扰。跟校领导与教师群体的交流接触中,感受到她(他)们渴望得到专业价值认同的强烈愿望。特教,除了教师须拥有高尚德行节操这一前提条件之外,往往被绝大多数人忽视了其专业价值,教智障学生还需有专业? 教师还要研究教学? 在区域教育的平台上,特教鲜有受人抬爱的关键词。特教教师呼唤专业发展,向往专业成就,渴望站到世界发达国家特教研究的前沿阵地去学习、研修,领略更美的风景……

【案例评析】

作为新任兼职督学,对督学的角色定位有一定的认识,责任督学应该具有强烈的使命感和明确的角色意识,谦虚务实,服务学校,反映教育实情,积极建言献策,做好办学行为的监督者、素质教育的推动者、教育质量的评价者、典型经验的发现者、现状问题的诊断者、社会各界的联系者、教育行政的协调者、教情民意的反馈者。

1. 督学对于自身角色的科学定位，是有效促进与被督导学校磨合的首要因素

每一所学校都有不同的历史、文化、特色，全面了解学校的基本情况、深入分析学校的客观现实、综合考虑学校的优势与不足是督导工作顺利开展的前提和保障。督学要把责任区学校当作自己的朋友，设身处地地从多维度观察、发现，与学校共商提升办学水平、拓展办学思路、打造办学亮点的新途径。

从以上三所学校的督导工作中可以清晰地感觉到，各校校长立足现实、坚持不懈，找准教育教学管理和改革的切入点，不断学习、不断探索、不断提升进而形成自身特色。这中间，对教育理想追求的志存高远、对教育工作实践的严谨细致，都不时闪烁着动人的光辉，将这样行之有效的办校思路与方式大力推广，是责任督学义不容辞的义务。

2. 督学对于自身责任感与使命感的认识将对督导工作产生积极影响

督导工作不能只是走走、看看、说说，流于形式，空洞乏味，要将自己化作学校一员，为学校的建设动脑筋、想办法，就能"忧学校之忧而忧，乐学校之乐而乐"，真正为学校健康发展建言献策。从一个个数据上，从一次次谈话中，检验学校经验的真实性，思考学校经验的可行性。在督导过程中，多研究一些具体问题，少谈一些空洞的理论；在评价学校时，多一些鼓励与共同探讨，少一些批评与不屑一顾。如果坚持这样的正确做法，督导工作就能够得到学校领导、师生的认同，真正起到作用。

3. 亦"督"亦"学"，"督""学"相长，成就每一所学校

在开展督导工作，履行督促、检查、评估、指导职责的同时，也是自身学习进修的过程，更是发现各校"长处"与"短板"，架构校校经验分享的桥梁，引导各校进一步改进，助推包括自己学校在内的每一所学校都能"出彩"的交互性建设工程。亦所谓"督"与"学"相长，实现校校间的取长补短、相互激励、共同成长。

希望通过挂牌督导工作，助推每所学校的校长充分激发办学热情，讲好自己学校的"故事"，率领师生体验办学成就与自信，彰显各校的办学价值。

（黄浦区人民政府教育督导室责任督学　周　政）

基于问题,回应需求,适度引导

——责任督学专业指导功能发挥的成效与启示

【案例背景】

2014 年,笔者督学责任区内的四所小学中的三所学校因为各种原因更换了法人代表(校长)。其中,A 小学是一所内部人员相当复杂、举报信件频繁的中心小学,新上任的是位有书记和小型学校校长领导经历的中年校长;B 小学是一所老牌课改基地的中心校,因为一些原因,局里任命一位学科业务背景相当强的原名牌学校副校长继任校长工作;C 小学是一所学生家长层次复杂、以民工子弟为主的小型学校,校长由学校原来的书记转任,年纪相对较轻。面对三所学校负责人的大变动,鉴于三所学校的现状和校长的经历与工作特点,作为责任督学,笔者深知,如何引导他们用适切、合理的方法管理学校,使学校在"稳定中求发展",是本人肩上的责任,也应该成为自己今年责任督学工作的主题。为提高督学专业引导工作的即时性和有效性,笔者通过引领指导与示范助推相结合的方式,分两个阶段对三位新入职校长进行了针对性的指导,收到了预期的效果。

【案例描述】

第一阶段:

开学后一周,笔者首先约请了三位新上任的校长到自己学校参加校长沙龙活动。为此,笔者特别设计营造了一种轻松随意的沙龙氛围,目的是让三位校长,特别是其中两位刚踏入校长岗位的校领导,能在轻松的氛围中对话交流,探讨办学经验、分享治校智慧,做好入职准备。

笔者:欢迎大家加入校长行列,这意味着你们将进入一个艰辛而快乐的工作旅程。艰辛的是,这个岗位需要大家吃苦耐劳、艰难创业、付出心血,这是因为我们校长这个岗位劳动力强度大,需要良好的协调能力、设计能力,还需要敏捷的思维力、坚强的抗挫能力等。快乐的是，这个岗位充满挑战中的乐趣——创造的乐趣、成功的乐趣、圆梦的乐趣。

你们刚担任校长没多久，听了我这番话，各位最想了解的是什么？或者说感到工作中最可能遇到困难的是哪些管理项目？请大家大胆、随意提问。

B 校长：我对财务知识一无所知，做副校长的时候从来不关心，现在我最担心的是如何管理财务？

我来自一个处于高位的名牌学校，见惯了勤勉努力、有思想、有智慧的教师群体，自己又经常沉浸在带领教师钻研业务的单纯氛围中，现在的学校有少部分教师安于现状、干劲不足，工作氛围很不一样，如何激发所有教师的工作热情呢？

C 校长：原校长来自名校，管理风格很硬朗，绩效工资分配方案在群众中有些看法，但教师并未明说。上下讨论时，作为青年书记的我当时就感觉到情况复杂、情绪微妙。现在原校长离开学校委以重任，我觉得教师们可能会以绩效工资作为学校新局面的谈资，作为老书记、新校长，我如何处理比较妥当？

A 校长：我新上任的学校各方面情况复杂。历任校长制定的管理制度或约定俗成的做法与现在的形势和教育法则有较大的脱节，由此引发小部分教师趁机投诉，导致学校运行不稳定。现在很难推出工作中的新举措，我既要应付历史遗留和目前还在出现的信访问题，又要修订制度纠正各种做法，特别是财务问题，触及群众利益，更难处理，我如何做比较妥当？

另外，我的前任校长现在担任学校的书记，其心态和工作职责较之以前均不一样，在管理中如何处理好党政之间的关系，共同推进学校的稳步发展，这方面我有较大的困惑。

【案例评析】

笔者听了这些问题特别高兴，因为，这些中青年校长虽然履职不久，但对学校的管理已有清晰的认识和思考。对于如何关注学校的管理，他们有的找出自己暂时的管理知识和技能方面的短缺与不足，有的找到了学校存有的历史遗留问题与进一步发展提升的瓶颈口，有的找到了新校长最棘手的管理问题，有的找到了可以解决这些问题的思路与方法。特别令人兴奋的是这些问题都涉及了"稳定"这个要素，这也是学校进一步发展的基础，而且这些问题是基于学校的，也是彼此可以互相借鉴的。针对各位校长提出的问题,笔者根据自身的管理经历和治校经验,与他们进行了较长时间的互动,提出了建设性的建议,并渗透了可资借鉴的、合理适切的管理手段和方法。

总结第一阶段的成果,个人认为有三个经验可以分享:责任督学的专业指导必须基于并快速回应学校的实际需求;这种专业指导的有效性应该建立在宽松、平等、和谐的专业对话基础之上;激发学校、特别是校级领导主动分析学校重大问题,提出针对性强的"需求"或"疑问"是一种有利的专业指导方法。

【案例实录】

第二阶段:

为了进一步跟踪和助推新履职校长平稳有效地开展工作,一个多月后,笔者抽时间走访了三所学校:根据各校实际,通过实地查看和约谈学校书记、中层干部和校长本人,了解新履职校长的工作开展情况,对三位校长进行针对性的答疑指导。

在 A 学校:

——与书记对话

笔者:一段时间下来,您与 A 校长共事后,学校发展得如何?

针对书记的回答我进行了积极的回应:您曾是这所学校的前任校长,明了学校往昔内部很多问题,现在您处于一个更重要的新岗位,党管干部、党管队伍、校长负责制下管理学校的好坏,您起了重要作用,学校如若发展得好,您是大功臣。换了个岗位,您有什么感触?

——与教导交流

笔者:新任校长来了以后,在新班子领导下,您觉得学校发展得如何? 有些什么困难?

笔者:新班子推出了一系列举措后,群众反应如何?

笔者:新形势下政府提出了许多新规则、新条例,有的涉及群众利益,您是如何看待的?

——与校长深谈

笔者:书记只做了三年前任,某种程度上说他是你一条战壕里的战友,你要牢牢依靠书记,尊重书记,学校管理是否成功,取决于你是否能与书记合作好,是否能在中层干部中做好各种举措推出的铺垫工作。在学校管理中，你是如何思考"防患于未然"这一命题的？

在B学校：

——与校长恳谈

笔者：我上次教了你一招调动某位体育教师积极性的方法，很有效吧？针对不同教师，调动所有教师工作热情，你又采用了哪些方法，效果如何？

笔者：最关键的是你是如何调动你的搭档——书记的工作积极性的？

笔者：经过一段时间的摸索，你觉得财务管理方面目前最棘手的是什么？

在C学校：

——与校长深谈

笔者：趁绩效工资总量有所调整，我建议多上多下，教代会反反复复讨论，让各条块教师充分发表意见，最后形成新方案。目前这一方面工作进展如何？

笔者：从"学校绩效工资方案调整"这一案例，你作为校长觉得有什么收获和启发？

笔者：你目前思考过如何进一步推动学校发展吗？从哪个项目着手？预设效果如何？

【案例评析】

笔者适时监督并跟踪指导，给校长及相关成员提出要求和建设性意见，无疑是对新任校长思想与行动紧密结合的推动。应该说，这几个中青年校长基础是相当不错的，既有出色的思考力，又有较强的领导力和行动力，更重要的是有合作精神和高尚人品，所以能在较短时间胜任新岗位，取得较高效度。

较之第一阶段的激发新履职校长主动提问，第二阶段主要是笔者针对第一阶段校长们的疑问，在有意识地抛出一些递进性问题，意在通过此类预设性问题引发思考，从而一起找寻对策，引领校长从顺利入职向平稳有效履职迈进。事实证明，以"问题"为中心的互动探讨是责任督学进行专业指导的有效方式之一。

（黄浦区人民政府教育督导室责任督学　陈　瑾）

延伸督导触角，助每所学校高质量发展

教育督导是教育法规定的一项重要制度，在督促落实教育法律法规和教育方针政策、规范办学行为、提高教育质量等方面发挥的作用已经清晰显现，其中挂牌督学好像自然界昆虫的触角，延伸了感知、畅通了信息、敏感了预知。上海的教育督导在管理上呈现了行政与专业并重、在制度上实现了制度与管理兼备、在队伍上形成了专职与兼职互补的态势。作为一名一线的校长，又承担督学工作多年，从履职担责、创生方法、接续探索三个方面作如下汇报：

一、围绕核心，延伸"触角"

教育督学是教育政策的落地，教育获得感成为民生幸福的制度保证。督学提高政治站位，自觉学习提高，勤奋扎实工作，做到"眼观三路，耳听八方"：所谓"三路"，就是国家教育整体制度规划之路、区域教育发展有独特之路、世界教育发展的共同之路，帮助每一位校长理解教育事业的四梁八柱，鼓励学校走出特色之路。所谓"八方"，就是上下左右前后现时现事，督学倾听各方声音，从大局着眼，自觉对接，让依法意识成为教育人的首要意识，为此督学就要在三个时间节点中保证工作到位，即政策颁布的"第一时间"、工作规定的"核定时间"、常态化的"后管理时间"，及时传递政策做到校校知道，进行对标性实务解释做到校长准确领会，提醒学校及时进行制度性修改，使学校章程制度建设不断完善。督学就是在上通下达中，引导学校围绕国家教育方针与目标，规范办学，内涵发展。

二、履行责任，创造方法

自觉按照国家颁布的《中小学校责任督学挂牌督导规程》，做到年度有计划、督导平台有实录、全年工作有小结，让工作规范，节奏规律。

（一）定期随访督导

实地走访以"月＋"频次进行，即每月一次＋重点专项，安排好一月一次现场随访，这是督学掌握学校真实情况的最好是时机。了解真情况、把握真问题，"入校"环节可以做到三必须，即：重要场地必到、关键人物必谈、主要问题必说。对于校园安全的关键地，如食堂操作区、卫生室的药品储放区、个性化活动场地等都是容易发生突发事件的地方，每月一巡视就可以适度提高管理人员的警惕度，有利于减少意外事件的发生。对于督导工作学校主要负责人都比较重视，但是要保证工作的真正落实，必须层层传导压力，于是督学到校，一定要和校长、分管人员、社会相关方面和受益人群这四类人员进行交流，这样才能及时发现问题、了解具体困难、发现有效经验。比如在上海进行晚间看护工作的检查中，在与看护老师交流中，我发现了个别学校由于人员不够，在个别时间段中请非教职人员担任管理学生的工作，于是我当场从规范性角度指出管理的不正确，从风险的角度预计可能发生的事故，学校第二天就做出了整改。

（二）发挥专业优势

在上海市黄浦区已经形成专职督学与兼职督学结合的工作模式，根据多年工作的感悟，一线校长担任督学的工作优势与问题可以用"二长二短"去简说，即实践经验丰富、与校长们易于沟通是长项，时间有限、精力不足是短处。凡事都有其两面性，扬长避短就能体现工作的价值，兼职督学就好像是理论与实践环节中的重要连接点，只要保持专业话语，工作过程中专业化程度就越高，工作中可以用"'一转二写三推荐'＋"的方法体现一线校长的专业转化能力："'一转'＋"，就是转发重要文件＋提供解读，可以帮助校长理解工作的起因、设想过程中可能出现的问题，预计要达到的目标，使工作推进少走弯路；"'二写'＋"，就是在督导工作全部结束后，督学自己写出专项分析情况书＋建议的文章，向责任区中学校说明工作的亮点和问题，提示后续可以进行的工作，促成"工作实施有时段、工作完善无时限"状态的形成；"'三推荐'＋"，就是组织不定时的通气会，反映整体工作和独立学校的具体情况，做到整体明了，自我清晰，把责任区转化为工作的共同体，在兼容互促中共同进步。

（三）共享学校资源

上海市黄浦区人民政府督导室在配督学责任区时比较重视学校的属性和教育的集群发展，所以会把同类特色校、项目校或者集团校与责任区一致，这就为我们这类现职校长更好承担"督"的责任、更有效体现"导"的作用创造了可能。作为上海市实验小学的校长，学校有着丰富的教育资源与可复制的教育经验，我所在的挂牌督学责任区中,就有课程改革学校、项目特色学校,也有办学相对困难的小型学校,我就以校长之心推己及人,主动拿出学校的课程、师资、活动品牌与责任区内学校共享,经过几年的努力,我们建立了共享式大型主题活动,在行业内外均获赞誉,也促成各美其美、美美与共的协同发展局面的形成。

三、行思共生,护航发展

做好事想明理,最大程度发挥制度优势。督学不是行政职务,却具有相当的公信力:在校长和师生、家长心目中是具有公正性、独立性和权威性的特殊教育人,督学可以主动放大这些特殊性,做好上下衔接、左右融通的工作;在行政眼中我们是业内"评价人",我们评价与建议会引起相当重视,于是用好建议权,为学校争取发展支持,促使行政管理由"一刀切"向"点对点"支持转型;在责任区学校管理者与教师眼中,我们是专业"裁判员",如学校团队缺失上进动力时,督学可以运用指导权力,通过参加行政会议,作客全教会等方式,传递改革要求、明示工作优势、点击工作弱点,让学校团队在感受动力与压力中,内生紧迫感,形成行动力。我们广泛听取家长、社区对学校工作的评价,及时向相关人群传递教育政策、学校情况,为学校的办学赢得良性的教育大环境。

强国必先强教育,中国疆域辽阔,差异相对较大,在实现教育均衡前提下的现代化进程中,督学制度保证依法治校落实落细,监督指导学校依法规范办学,全面实施素质教育,维护教育公平,提高教育质量。挂牌督学制度又为精准信息传递、精细工作到位、精准对接师生、家庭提供了可能。督学的工作,又如教育"触角"延伸,使管理无盲区,以"观察督察、指导改进、提炼再构"的方式,实现了助力改革,培育经验,建立新常态,同时为政府和教育行政部门推进教育改革与发展提供决策参考。

中国教育春天已经来临,教育新政的密集出台,恰如一夜春风吹开万树梨花;中国教育新征程已经开启,教育改革的推陈出新,一如直挂云帆千舟劲发济沧海;中国教育新时代已露端倪,中国文化的代际传承,一如不拘一格育英才成就巨龙腾飞!

(黄浦区人民政府教育督导室责任督导　杨　荣)

第四章

自主办学，追求质量，打造教育改革创新的"策源地"

学校章程建设是落实办学自主权、建立现代学校制度的核心要求，是中小学实行自主管理、依法接受监督的基本依据。随着依法治校的全面推进，黄浦区各级各类学校普遍重视学校章程建设，坚持社会主义办学方向的基本原则，以促进改革、增强学校自主权为导向，依法自主制定具有自身特色的学校章程，着力规范内部治理结构和权力运行规则，健全学校依法办学自主管理的制度体系。各学校章程阐述了办学方向、办学宗旨、主要任务、管理体制等重大基本议题和社会公共职能，呼应了时代、社会对学校教育的要求，反映了学校办学特色、发展目标及自身发展的需要，也反映了广大教职员工、学生的意愿，凝练共同的办学理念与价值认同，提高了学校章程及制度建设质量，形成了在一定时期内指导学校办学的规范性、自律性、纲领性文件，促进了学校依据章程自主办学的全面实现。

学校发展规划是一种思想方法，是对未来发展的系统思考，是为完成某项任务制定的比较全面长远的发展计划，是对未来发展的整体性、长期性、基本性的行动方案。黄浦区各级各类学校牢固树立规划意识，从学校的内部、外部两个方面分析学校发展的基础性出发，对学校未来3~5年内要达到的主要目标和发展途径及实施策略进行系统思考和设计安排，推动学校的可持续发展，提高学校的办学水平和教育质量。在规划编制过程中尊重教师在学校的主人地位，凝聚众智，广泛汇聚师生对学校发展的意见建议，为更客观、科学、适切编制规划奠定基础。规划自主评估是促进学校依法办学和自主管理的一项重要举措，在学校发展规划实施进程中，把握学校的优先发展项目，采取各项有效措施，提高规划实施效能，推动学校持续发展。

为贯彻落实《国家和上海市中长期教育改革和发展规划纲要》关于"制订教育质量国家标准，建立健全教育质量保障体系"的要求，黄浦区印发了《区教育局关于加强中小学教育质量保障体系建设的实施意见》，提出以绿色指标为导向，分步实施，有序推进区校两级质量保障体系建设，基于对教育质量的全面诊断和综合分析，建立一套有助于学校可持续发展和学生全面发展的教育质量保障措施、运行机制及管理流程。各中小学开展"以校为本的教育质量保障体系"建设，完善"一校一策"的文本架构，在教育教学实践中落实教育质量保障体系中的制度要求，加强课程教学质量管理、课程教学质量监控、课程教学质量评价和反馈等机制的建设与运行，不断完善课程教学等相关制度，从学校课堂教学改进、质量过程监控与反馈校正等环节整体推进，落实教育质量保障建设指标的各项要求，以达到保障教学质量的目的，提升办学水平，各学校教育质量保障体系建设取得明显进展和成效。

第一节　一校一章,制度建设有规可循

学校章程是依据《教育法》《义务教育法》《教师法》《未成年人保护法》等相关法律制定的,是为保证学校正常运行,主要就办学宗旨、内部管理体制等重大的、基本的问题做出全面而规范的要求,从而形成的自律性基本文件。它是学校自主管理的"基本法",在学校规章制度体系中居于龙头地位。因此,黄浦区教育局高度重视规范学校章程对于构建依法治校的现代学校管理体制的重要作用,组织全区各幼儿园、小学、中学、职校参与"一校一章程"建设工作,保障学校的成立、运作"有章可循"。

黄浦区教育局推进中小学幼儿园章程建设实践与思考

一、以"一校一章程"建设为抓手,推进本区中小学依法规范办学

(一)规范操作流程,扎实开展"一校一章程"工作

黄浦区教育局于2012~2013年在全区推进学校章程建设工作,现已完成了各中小学、幼儿园章程的文本起草、制定、审核等流程,进入试行阶段。整个"一校一章程"建设围绕十个环节扎实开展:

(1)成立由教育局书记、局长挂帅的章程建设领导小组,为章程建设工作提供组织保障;

(2)制定下发开展学校章程建设文件;

(3)举办区教育系统"一校一章程"建设工作推进会议暨专题培训班,旨在部

署推进全区学校章程建设工作；

（4）编制并下发适用于各学校、各类型学校的学校章程样本，供各级各类学校编制学校章程时规范化参考；

（5）各校开展规范章程建设工作，纷纷在校内宣传动员、民主讨论、提炼特色，形成学校章程初稿；

（6）区教育局组织章程建设领导小组成员到各级各类学校走访，了解章程制定情况，并提供相应建议、辅导；

（7）召开黄浦区教育系统"一校一章程"建设工作评审会议；

（8）邀请由特级校长、局分管领导、相关科室负责人、督导室督学、区法制办、区司法局、市教委政策法规处等单位领导组成的专家小组，分高中组、初中组（含职校、技校）、小学组（含特殊学校）、幼儿园组指导、修改、完善各级各类学校章程；

（9）全区100家公办中小学、幼儿园、中职校全部完成章程的制订、修订工作，经修订的章程通过学校教代会等民主程序表决通过，上报教育局申请核准；

（10）区教育局核准后生效试行。

（二）本区中小学幼儿园章程制订、修订完成情况

全区100所公办中小学、幼儿园、中职校全部完成章程的制订、修订工作，其中包括36所中学（含中职校）、33所小学、31所幼儿园。这些学校均已于2013年上报区教育局申请核准，经区教育局组织的专家组核准和校内教代会等民主程序表决后生效试行。4所民办学校的章程也均已报教育局备案。

二、保障章程落到实处，深化"一校一章程"工作

通过组织各校开展"一校一章程"建设，树立了一批依法治校先进典型，正逐步示范引领全区学校，增强学校校长、教师、学生的法治观念和依法办事的能力，提高学校依法决策、民主管理的水平。区教育局将继续监督促进各校做好章程建设的后续工作。

（一）启动"一校一章程"建设工作

推动学校做好章程配套制度修订、实施工作。倡导全区所有学校在条件成熟的情况下，逐步建立适应学校自主发展的一套章程配套制度体系。区教育局于2015年4月下发《黄浦区教育局关于推进本区教育系统"一校一章程"建设的通

知》，引导各校逐步围绕学校章程这一"基本法"，形成教育、教学、教师、学生、安全、财务、分配、物资采购、基建、后勤、校务公开等完整、配套的规章制度体系，并加以落实。要求学校于 2015 年 9 月底前完成"一校一章程"汇编，现已有部分中小学幼儿园提前汇编成册。最终，学校能切实根据章程中确立的本校办学宗旨、管理体制及各项重大原则，制定出具体的配套管理制度和发展规划，建立并完善自身的管理系统，依法、自主、规范、有序地组织实施各项管理、教育教学活动。

（二）监督学校章程落实

对章程执行的监管包括政府的监管、学校的自我监管以及社会的监管。其中，政府监管方面，区教育局拟建立依法治校责任制，将学校执行章程的情况纳入全区现代学校制度建设的重要内容以及依法治校评估考核之中，以推进全区学校章程建设工作的扎实开展。考虑通过区政府教育督导室对学校依法办学的政府监督、区教育局对学校落实章程情况的检查监督、依法治校示范校创建等形式，及时了解基层学校执行章程的情况，加强对学校章程落实情况的监督检查和评估，维护章程的严肃性、权威性。此外，也要充分发挥学校的自我监管及社会监管的作用，引导校长等学校管理者依章程自律办学、党支部组织监督、教代会及学校家长委员会民主监督、社区代表或社会教育评估中介组织对学校依据章程办学的社会监督等。

（三）组织章程制定、执行情况研讨交流

在章程及其配套制度执行一段时间后，组织学校研讨交流章程执行情况，请部分章程贯彻执行得比较好的学校介绍经验，以点带面、示范引领，推进全区现代学校制度建设，提高依法治校水平。

（四）适时开展章程执行后修订工作

为适应教育改革深化和学校特色发展的需要，区教育局将在确保章程相对稳定运行的基础上，督促各校遵循合法性、完整性、准确性、特色性、继承性、务实性等要求，适时、规范地做好学校章程的修订工作。

三、问题与思考

在抓好规范学校章程建设、助推依法治校的同时，区教育局深入思考如何寻找新抓手，既进一步深化依法治校，又能有效推进民主治校。经过前期调研，区教育局基于以下思考，决定以推进家委会为抓手完善学校治理结构，继续做好依法治校、民主治校工作。首先,各校章程文本中均明确规定,要建立健全家长委员会制度。因此推进家委会工作本身就是落实学校章程的要求。黄浦区如今正在以完善中小学、幼儿园的家长委员会工作为抓手,推动"一校一章程"的实施。其次,各校章程中还明确家委会承担参与教育工作、参与和监督学校管理、促进家校合作沟通等职责,因此家委会对学校是否依据章程办学管理具有监督的权利。学校应当提供必要条件,保障家委会对学校、教师依章程开展教育教学、管理活动实施监督,提出意见建议,并定期与家长委员会成员进行沟通,听取意见。

2014年11月,黄浦区教育局正式启动"区中小学、幼儿园完善家长委员会工作"项目,主要从以下三方面部署推进本项工作。

一是提高认识。完善家委会工作项目是为贯彻落实《教育部关于建立中小学幼儿园家长委员会的指导意见》以及市教委相关通知的要求,我们充分认识到建立健全家长委员会对于发挥家长的积极作用,落实"一校一章程"的实施,建设依法办学、自主管理、民主监督、社会参与的现代学校制度具有重要意义。区教育局高度重视家委会工作,成立了由局长领衔,中教科、小教科、幼教科,德体卫艺科科,政策法规科等相关科室科长和工作人员等任组员的项目领导小组。各校在项目小组的领导下,提高认识、形成共识,激发自身建立健全家委会工作的积极性和使命感。

二是明确要求。区教育局通过制定印发《关于开展"黄浦区中小学、幼儿园完善家长委员会工作"项目的指导意见》,从原则上明确了完善家委会工作项目的目标任务、工作要求以及推进步骤。通过拟定《基地学校完善家委会工作试点项目要求》,从制度建设、组织建设、功能建设等方面细分五个子项目初步提出了家委会建设试点要求,为学校完善家委会工作指明试点方向,突出工作重点。

三是落实责任。首先,区教育局经过前期调研家委会现状、健全项目领导组织架构、遴选15家中小幼学段基地学校、发文拟定工作要求等项目筹备工作,将建立健全家委会工作列入议事日程,加强领导,部署推进。其次,各基地学校明确各自试点方向、认领工作要求,申报完善家委会项目计划,在全区率先探索实践完善家委会工作,以形成可复制、可推广的经验。最后,全区各校在基地学校以点带面的示范引领下,逐步参与完善学校家委会工作,全面推进全区学校家长委员会工作建设,促进家长更好地参与学校管理、参与教育工作、参与家校沟通,通过家校合作优化育人环境。

目前,黄浦区完善家委会工作项目正处于各基地学校探索实践、积累经验的阶段，区教育局将多到基地学校调研，了解家委会项目实施情况，协助学校解决遇到的问题，并计划通过组织中期评估、现场展示、结题报告等形式加强对基地学校家委会建设项目的过程管理。预计在一到两年内，各基地学校在区家委会项目小组的领导下，强化建立健全家长委员会的意识，从家委会的组织架构、产生程序、运作制度、职能发挥等方面探索提升水平，在学校层面梳理规范、建章立制，形成学校家委会建设长效机制，为全区推进家委会工作积累经验。

（黄浦区教育局）

以学校章程为统领的现代学校建设

——基于上海市格致中学两校区一体化管理的实践案例

一、背景

建设一所现代化学校,不仅要积极响应时代对学校发展的新要求,落实国家和地方的教育总体规划,还要紧密结合学校自身的文化传统和办学目标,对被视为学校"宪法"的学校章程进行动态修订,从而更好地发挥学校章程对现代学校建设的统领作用,为学校实现更高质量的转型发展构建法理依据和根本保障。

2014 年 9 月,以打造国际化和信息化特征鲜明的高科技高中为办学定位,肩负推进上海基础教育优质均衡发展重任的格致中学奉贤校区正式启用。面对学校办学条件改善、办学规模扩大、两校区学生管理模式差异等实际情况,学校在充分实施"两校区一体化管理"总体办学理念的基础上,立足办学实际,从适应高考新政的角度,着手对 2013 年版《上海市格致中学章程》进行新一轮修订,逐步调整和完善学校的各项规章制度。

二、实践

（一）适应高考新政与学校特色发展的中层管理机构调整

根据 2013 年版学校章程第三章第十五条"中层管理机构",学校常设的中层职能部门包括校务办公室、人事处、教导处、德育处、科研处、总务处和国际交流部。

2014 年高考新政全面实施以来,为了更全面、深入地落实高中学生综合素质评价各项工作,进一步聚焦学生创新精神与实践能力的培养,学校不仅制定了《上海市格致中学学生综合素质评价实施办法》,还在原有的中层管理机构外,增设两校区"学生发展指导中心"和奉贤校区"科创中心",切实保障"实施办法"的顺利施行。

学生发展指导中心的主要职责是领衔管理学生生涯发展课程的实施。中心在编制生涯发展校本课程,建立志愿服务基地、职业体验项目基地的基础上,指导年级组、班主任及全体生涯导师定期组织开展生涯集市、家庭教育指导、职业体验、志愿服务和社会考察，从而帮助学生形成正确的人生观、价值观，明确个人发展方向和生涯选择。

奉贤校区"科创中心"的主要职责是围绕建设国际化、信息化特征鲜明的高科技高中这一办学定位，领衔开展新技术课程开发、创新实验室建设、校外创新实验基地建设、学生研究性课题指导等工作。

根据学校章程，增设的部门与其他常设中层机构各司其职、分工合作，提升管理效能，确保各项工作顺利完成。

（二）引进高校资源共建学生培养基地的配套制度建设

根据 2013 年版学校章程，第八章"学校与家庭、社会"中对于学校和高等院校、科研机构开展合作未设定相关的条例进行说明和约束。

2014 年以来，学校先后与美国麻省理工学院共同建设标准化 FabLab 创新实验室——格致创智空间；与上海师范大学美术学院合作建立格致油画艺术创作基地；与上海市农业科学研究院结为全面合作伙伴；与上海交大、同济大学、上海大学等高校缔结合作，整合人才与资源优势，为培育学生的科技创新与人文素养搭建广阔桥梁。

为了进一步提高学校与高校的合作质量，在修订后的学校章程中明确了学校与高校共建学生培养基地须在双方友好协商、达成共识的基础上签订合作框架协议，落实学生培养基地的联系人和主要管理人员，明确学生培养基地的管理和使用规章，建立基地的经费使用和管理规定。对于资优生或特长生培养基地，还需要进一步明确年度绩效目标和投入、产出目标，以便于学校合理评估引进高校资源共建学生培养基地的实际成效。此外，章程中还明确了学校与高等院校需定期总结在学生培养方面取得的成果和改进的方向，对取得显著发展成就的培养基地，学校将给予全面支持，通过多种形式不定期推介和发布师生取得的创新成果。

（三）适应创新人才培养的现代创新实验室管理机制建设

近年来，学校多次参加上海市教育委员会主管、上海市教育技术装备中心牵头组织的上海市中小学创新实验室建设项目，先后建成了物理创新实验室、化学创新实验室、生物创新实验室、机器人创新实验室、格致创智空间等多个支持学生开展拓展性学习和研究性学习的现代学习空间。在奉贤校区建设高科技高中的背景下，创新实验室已不再局限于"实验室"的传统概念，它为学生开辟了一个崭新的学习环境,应根据学生发展的不同需求,提供多元化的工具载体和设施服务,而这种载体和服务,是一种对既有课程的超越和重构,也是一种对传统实验室管理机制的革新。

根据 2013 年版学校章程,对于学校各实验室管理的有关规定适用于第七章第五十六条"资产管理与使用"。修订后的学校章程,将创新实验室管理调整至第四章"教育教学管理"下,明确了创新实验室的现代管理机制:各创新实验室采用团队管理模式与运行机制,由实验室主任、技术主管、运营主管及资深专家组成管理和运行团队。实验室主任总体负责对外交流、宣传及项目推广等各项工作。技术主管负责实验室配套课程的开发与实施。运营主管负责实验室的日常管理和统筹协调。学校还为各创新实验室聘请相关领域的学者和专家,对实验室开展的各项研究活动进行高端指导。此外,创新实验室的建设费用有部分来自各级教育专管部门的创新实验室专项经费,为了充分释放创新实验室的溢出效应,学校章程中还特别注明了建立创新实验室的对外开放机制。

三、成效

本轮学校章程修订始于 2014 年 9 月,历时两年的调研和讨论,于 2016 年经职工代表大会审议、校务委员会通过,故称为"2016 年修订版"。纵观本轮学校章程修订过程中的关键之处,不论是中层管理机构调整、学生培养基地的配套制度建设,还是创新实验室管理机制建设,其核心都是围绕适应高考新政与学校特色发展,保障学生创新素养培育和综合素质的全面提升。

学校章程修订后,学生综合素质发展态势喜人,具体表现在学生不仅仅满足于完成基础型课程的学习,还积极参加研究性学习和社会实践体验,学生课题数量与质量显著提高。据统计,2017 学年,高一(2020 届)、高二(2019 届)共计立项学生研究性课题 267 项,共涉及地理、信息技术、化学、历史学、工程学、政治、经济、法律、数学、物理、语言文学等 12 个研究领域。此外,2017~2019 学年学生利用寒暑假前往中医健康会所、会计师事务所、上海清算所、律师事务所、银行、网游公司等单位进行职业体验活动。学生全部完成志愿者服务,并参与寒暑假及双休日志愿者服务。

(上海市格致中学)

基于"废改立"的学校治理体系建设

一、依法治校是学校发展的必由之路

2014 年 10 月，党的十八届四中全会专题研究了全面推进依法治国若干重大问题，通过了《中共中央关于全面推进依法治国若干重大问题的决定》，坚持法治国家、法治政府、法治社会一体建设，促进国家治理体系和治理能力现代化。党的十九大报告强调：新时代中国特色社会主义全面深化改革总目标是完善和发展中国特色社会主义制度、推进国家治理体系和治理能力现代化。十九届四中全会审议通过的《中共中央关于坚持和完善中国特色社会主义制度、推进国家治理体系和治理能力现代化若干重大问题的决定》指出，推进学校教育治理现代化是新时代中国特色社会主义教育现代化的必然要求。

就学校而言，治理现代化就是全面推进依法治校，把学校管理和办学活动纳入法治轨道，在自上而下与自下而上的持续互动的过程中，实现多元主体的共同目标。根据《上海市教育委员会关于开展本市依法治校（2016～2020 年）创建工作的通知》（沪教委法〔2017〕14 号）要求，学校申报了新一轮（2016～2020 年）上海市依法治校示范校，开展依法治校示范校创建工作。

随着教育综合改革的深入，在不断满足人民群众对优质教育需求的过程中，学校办学过程中不断出现新矛盾和新问题，只有通过治理现代化，才能解决教育教学发展中的新问题，才能促进学校可持续发展。

二、"废改立"是依法治校的重要载体

（一）加强学习，明确载体

学校党政班子成员具有强烈的依法治校意识，努力践行现代学校制度建设的理念。自 2014 年起就认真规划依法治校的各项工作，寻找依法治校的载体。通过系统学习和广泛的调查研究，最终将稳步推进"废改立"作为依法治校的载体。

"废"就是对已经失效或阻碍新问题解决的制度进行废除，在废除制度中，对部分取消利益或者调整利益的制度，必须对上位制度连续进行深入浅出的解释和找到最合适的时机，如推行绩效工资制度，很多教师已经习惯了结构工资，而制订绩效分配方案则是进行利益调整，只有对绩效工资的核心理念和价值进行辨析，才能赢得广泛的认同和理解；"改"就是对已经出现矛盾或无法适应新问题的制度进行修改，在修改制度中，对修改内容必须做好修改依据明晰和未改内容的匹配性检测，如教师奖励制度，奖励应该与学校重点推进工作保持一致，所以具有明显的阶段性特征，如果学校希望教师多发表论文，对发表论文的教师奖励力度会更强一些，如果学校希望教师不断提高教学能力，对高考中学生取得好成绩的教师奖励力度会更强一些，随着阶段性重点工作的不同，调整奖励制度是必需的，但要明晰修改依据和进行匹配性检验，以保持制度的连续性和针对性；"立"就是对首次发生的常规事件或者无法解决新矛盾的制度进行建构，在制度建构中，对新建制度必须做好系统性建构和制度之间平稳性检测，如新建了全勤奖励制度，学校必须明确全勤奖与基础性绩效奖，全勤奖和奖励性绩效奖之间的关系，不满足全勤奖条件的发放规定等，最终必须通过试行最终检测新矛盾解决的效果。

"废改立"三者之间既有区别也有联系，更是一个整体，学校在实际推进过程中必须做到两个兼顾：一是兼顾其整体性和差异性，在推进过程中，废和立必须是整体思考，是"先破后立"还是"先立后破"更合理，既有整体性思考也有实际性选择；二是兼顾其操作性和节奏性，在推进过程中，每学期（或每学年）"废改立"的数量也要有所控制，既不能过多，过多会影响整体工作的推进，也不能没有，没有就无法激发动力和化解矛盾。

（二）攻坚克难，建章立制

在推进"废改立"的过程中，学校坚持两个兼顾，在节奏把握上，原则上每学期出台两项"废改立"制度，一项是相对宏观，如《上海外国语大学附属大境中学"三重一大"事项集体决策制度》和《上海外国语大学附属大境中学教职工工伤处理办法》等，另一项是相对微观且涉及教职工利益调整，如《上海外国语大学附属大境中学全勤奖实施办法》和《上海外国语大学附属大境中学教师工作手册》等，在操作过程中坚持整体性和差异性原则，采取系统思考和点上突破的操作策略，积小胜为大胜，持续推进"废改立"。以五个案例具体说明建构依据和操作流程：

案例一：为深入贯彻习近平新时代中国特色社会主义思想和党的十九大精神，

进一步落实全面从严治党要求,严肃党内政治生活,深化推进民主集中制建设,努力提高集体领导、科学决策、民主决策、依法决策水平,有效防范决策风险,依据《中国共产党章程》《关于新形势下党内政治生活的若干准则》《中国共产党党内监督条例》《中国共产党地方委员会工作条例》《中国共产党党组工作条例(试行)》《中国共产党工作机关条例(试行)》《中国共产党问责条例》《中国共产党纪律处分条例》等有关规定。经过"两上两下",先校务会讨论制订初稿,然后听取组长意见,校务会再完善,再征求全体党员意见,重新修订了《大境中学"三重一大"事项集体决策制度》。

案例二:义务献血是每个公民应尽的义务和责任,每年学校都能很好地完成这项工作。但实际操作中也遇到了一些困难,为了解决难题,学校根据《中华人民共和国献血法》和《上海市公民义务献血条例》精神。经过"两上两下",先行政会讨论,然后听取工会组长意见,行政会再完善,最终召开教代会征求意见并通过征求意见稿,从而新制订了《上外附属大境中学教职工义务献血条例》,规范教职工义务献血,促进了义务献血工作的健康开展。

案例三:随着绩效改革和新一轮课程改革,特别是走班制教学开展,给教职工外出教育教学活动带来了一定的困难,如何规范教职工正常外出参加相关教育教学,又尽可能不影响正常的教育教学工作。经过"两上两下",先行政会议讨论制订初稿,听取教研组长和年级组长意见,行政会再完善,最终由各教研组征求全体教师意见,从而修订了新的《上外附属大境中学教职员工请假制度》及《上外附属大境中学教职员工请假制度补充规定》,较好地化解了矛盾冲突。

案例四:学科竞赛一直是促进教学质量提高、培养优秀学生的途径之一,但随着教育改革,老的奖励办法已经无法运行,而且阶段性鼓励重点也发生了很大的变化。经过"三上三下",先行政会讨论,由于既有"立"也有"破",成立制度研制小组,由分管教学的校长牵头,在反复酝酿和听取教师意见基础上形成了初稿,随后听取教研组长意见,行政会议再完善,最终由年级组征求全体教师意见,行政会议讨论决定选择"先立后破"的策略,最终教代会通过了新的《上外附属大境中学学科竞赛奖励办法》。

案例五:教学是学校的中心工作,教学质量是学校的生命线。面对新的教育改革中呈现出来的问题,如何切实加强教学质量的保障和监控,实施教学过程的全面质量管理,实现对教学质量的有效监督检查、评估指导,建立保证提高教学质量的长效机制,从而促进教学质量的全面提高,一直是学校长期探索的核心问题。经过

"两上两下",先行政会议讨论,在对提升和保障教学质量的理论和实践的长期探索的基础上全面总结,然后听取教研组长意见并形成了初稿,行政会议再完善,最终听取全体教师意见,从而新建了《上外附属大境中学教学质量保障体系》。

（三）系统思考,完备体系

为切实推进依法治校工作,使学校各项制度更具针对性、可操作性和科学性,保障学校持续发展,学校制定了《上外附属大境中学规章制度"废改立"工作方案》。对"废改立"工作目标、工作内容、工作机构、工作程序作出了明确的规范。

在依法治校示范校的创建过程中,学校加强规章制度建设和体系建设,构建依法管理体系。学校依据法律、法规制定和完善学校章程,建立和完善学校各项管理制度,明确校内各级岗位和机构的职责权限和议事规则,构建科学的教育管理运行机制,建设以学校章程为核心、各类规章制度为配套的系统性的制度体系,努力实现学校办学从"人治"向"法治"的转变。

三、学校治理必须依法而定和依法而行

在实施依法治校的过程中,学校认真学习党的十八大以来的方针和政策,并结合学校的实际制订相关的制度,努力做到依法而定,如根据依法治国的相关要求,学校制订《上外附属大境中学贯彻"三重一大"的实施方案》和《上外附属大境中学年度考核方案》等,又如涉及民生热点工作,学校在招生、人事、奖惩、基建等工作中均按规定进行集体决策（教代会通过）并按要求进行公示,接受社会和全体师生的监督。

在推进"废改立"的过程中,学校整理、汇总、规范、梳理了上一轮成功创建市依法治校示范校建立的各项规章制度,努力做到依法而行,通过总结学校发展中依法治校的成功做法,进一步修订完善了《学校管理手册》。该《手册》由十个部分组成,即党风廉政和民主管理制度、绩效管理制度、德育管理制度、教学管理制度、课程管理制度、教师专业发展管理制度、教育科研管理制度、教务管理制度、总务管理制度、安全管理制度等,涉及20多个岗位职责以及70多条制度条例,从而学校被认定为第二批上海市依法治校示范校（2016～2020年）。

（上海外国语大学附属大境中学）

学校章程助力学校内涵发展

一、背景

学校章程有学校"宪法"之称，是学校的"根本大法"，是国家有关学校管理各个方面的法律法规的集中体现，是学校自主管理的象征、体现法人主体地位的基础。学校章程反映了时代、社会对学校教育的要求，也反映了学校办学特色及自身发展的需要，是学校自主管理及政府监督管理的基本依据。因此，制定学校章程意义重大。然而在学校章程制定和实施的过程中，难免会出现"情"与"法"的较量，如何用好制度、用活制度，考验着管理者的智慧。学校如何调动一切积极因素，凝聚共识，攻坚克难，开创一个依法治校、按章办学的新时代，这更是构建学校教育治理现代化体系带来的严峻挑战。

上海市大同初级中学积极探索教育治理现代化，加强学校章程建设，并依托学校章程科学制定学校新五年发展规划，寻求自身发展新突破，提升教师课程领导力，为学生可持续发展构筑绿色平台。

二、实践

学校章程的生命力在于实施，学校通过各种方式认真制定并落实学校章程，将学校章程与具体的办学行为和管理制度相结合，发挥学校章程的纲领性作用，使学校章程成为学校一种自觉的战略选择，从而明确学校未来发展的方向。

（一）规范章程制定流程，指明学校发展方向

制定学校章程的过程非常严肃规范，需要广泛的宣传发动、深入的学习讨论、规范的立章程序、具体的贯彻落实，以及学校领导的身体力行和教职工的广泛参与。因此，在学校章程制定时，为规范其制定流程，学校严格按照"合法性、完整性、特色性、准确性和时效性"的制定要求。

首先，学校成立学校章程起草小组，召开会议对拟定的学校章程文本架构做了

通报，并对章程起草初步内容进行了分工安排，由负责领导根据相关文件要求和章程范文，按照学校实际酌情进行增删，起草章程草稿第一稿。然后，起草小组再次召开会议，对已经形成的学校章程第一稿的文本架构、内容及存在的问题进行了讨论，章程统稿完成后形成章程草稿第二稿。接着，学校召集教师代表对第二稿进行集中讨论，再次修改后形成《上海市大同初级中学章程》（征求意见稿）。随后，将征求意见稿下发各年级组征求意见，提交党支部审议，形成了《上海市大同初级中学章程》（征求意见稿第二稿），并决定提交九届一次教代会征求修改意见，各位代表认真审议，积极建言献策，提出了许多宝贵意见和建议，章程起草小组对照内容，认真吸纳意见，进一步对章程进行了修改完善形成《上海市大同初级中学章程（草案）》。最后，召开全体教职工大会表决通过，做到了科学性、民主性。学校章程按照前瞻性、规范性、指向性、可控性和特色性等基本要素，作为考量的标准，准确把握章程的基本特征。在全体教职工的积极努力下，经过了反复讨论和多次修改，《上海市大同初级中学章程》最终形成并实施。

学校章程共九章 72 条，包括：总则、学校的办学理念与学校文化、学校治理机构与运行机制、教育教学管理、学生的权利义务、教职工的权利义务、学校资产、学校与家庭社会共建、附则等内容。《上海市大同初级中学章程》作为学校的基本法，涵盖了学校的历史传统、办学理念、办学宗旨、办学特色及学校发展目标和战略，规范了校内各种关系，明晰了领导体制、组织结构、管理模式，规定了学校、老师和学生各自的权利和义务，从而向社会展示出学校的形象和品位。学校章程既是学校自主发展、自主管理、自我约束的基本依据，也是学校依法接受行政监督和司法审查的重要依据。在实施学校章程的一系列过程中，只有把建章立制的"硬"管理和人文精神的"软"管理有机地结合起来，重"管"更重"理"，使学校的章程遵循和体现以人为本的理念，用人文精神管理学校，关心师生，才能构建起和谐的校园，有力地推动学校走上可持续发展之路。

在当今均衡教育的大背景下，为了让每一个学生都能享受到优质教育，学校把"为学生未来发展奠基"定位为学校的办学理念，以"崇真、求是、创新"为学校精神，以"以人为本、关爱生命、课程精致、自主发展、具有科技特色的上海市优质初中品牌学校"为办学目标。为了保证这些理念能够在校内顺利实施，学校将其纳入章程第二章第五条中，并进一步明确"培养学生热爱生命与学习，人格健全、身心健康，有一定人文底蕴、审美情趣和科技素养的全面发展的初中毕业生"为学校的培养目标。可以说,学校章程为学校开展教育教学活动制定了详细具体的规则,为学校发展做出了前瞻性的引领,更为内涵建设、特色建设、未来发展指明了方向。

学校章程第四章第二十三条中提到:"学校实行全员育人的德育管理。"看似简单的一句话,却有着重要的意义。为了做到这一点,学校深化育人方式改革,落实立德树人根本任务,注重学生核心素养的培养,深化学科德育,创新德育途径,积极搭建"师生成长平台""规范引领平台""安全防护平台"和"心理对话平台"这四个德育平台,坚持德育课程化、无痕化、生活化,为每一名不同潜质学生的学习与发展搭建不同的脚手架和攀登阶梯。学校德育室还联合政史地组开发"享趣社会"德育综合实践课程,深受学生欢迎。为了展示课程实践的成果,学校开展了为期一周的"发现·萌动·畅想"采风节活动:"守护生命"包扎、固定、心肺复苏、绳结比赛,"美,在你我身边"小品表演,"双休日中学生参加社会实践活动与课外辅导班孰轻孰重"辩论赛,"畅想无极限"演讲比赛,"从这里出发,驶向生活的海洋"手绘小报展。形式多样的采风节活动,让同学们真切地感受到"享趣社会"这门课程带给大家的快乐和成长。

学校章程第四章第二十六条中提到:"学校要积极开发校本课程,形成学校特色课程体系。"为了完善学校规章制度在这一方面的内容,学校以上海市课程领导力项目研究为引领,以"PIE"(实践、体验、创新)的课程理念来统领学校的课程建设,全校形成了50门左右的校本课程,还将重点打造一批精品特色课程。学校成立了校质量监控小组,健全了行之有效的《教学质量监控制度》和《随堂听课和评价制度》,用以正确评价教师的教学效果。学校不断完善教师培训体系,全面落实"立德工程""青蓝工程""领航工程"和"助力工程"这四大工程,开设了"信息技术助推教学改革与创新""科学发声,正确护嗓""从'美国贸易战'管窥两国关系的现状与未来""电子白板与课堂教学的开放结合""研究选题和方案设计""教师压力应对与自我心理调节""中考改革背景下的初中育人方式变革""'教师之德'育'教育之善'"等丰富多彩的教师素养课程,拓宽教师专业成长的路径,为教师发展提供广阔平台和机会,促进全体教师的专业进步,营造适合优秀人才脱颖而出的生态环境。学校还努力塑造名师,不仅拓展了学校品牌优势,也推动了学校的跨越式发展,促进了学校章程建设的进一步完善。

(二)深入学习宣传章程,促使教师形成共识

《上海市大同初级中学章程》是我校依法自主办学、实施科学管理和履行公共

职能的基本准则，是我校依法治校，实现治理机制和能力现代化的有效保障，是我校推进法治建设的重要内容。学校章程能否成为全体教职工的"共同愿景"，关键看教职工是否对学校章程认同与内化。因此，章程在发布实施初期，学校就十分重视发挥舆论导向的作用，通过教工大会、教研组会、年级组会等进行广泛宣传，组织教职员工对本校的章程进行认真学习，充分领会章程各项规定对学校发展所具有的深远意义。除此之外，学校还聘请教育专家、特级校长谈自己对章程的看法，进一步引导全体教职工关注章程建设。教职工从刚开始制定章程时的被动式完成任务，到现在的自主式修订。

学校章程是保证学校各项具体规章制度整体协调的坚实基石，为了增强全体教职工的学用意识，提升学用效果，学校在校园网发布章程，打印学校章程，让全体教职工人手一份。学校开展了大讨论活动，促进广大教职工对学校章程的充分理解与认同，使学校章程的学习过程成为学校总结经验、探索规律、凝聚共识和促进发展的过程。在对"章程和制度是什么关系？""章程为学校能带来哪些变化？""校长和教师的主动性如何有效发挥？"等问题的讨论中，教职工们达成了共识：一所学校要建设现代学校制度，首先要依照法律法规，建立起自己的学校章程。然后，以学校章程为依据再来制定学校三年或五年的发展规划，不断完善学校的各项规章制度。这样才能"顺理成章"，才能"合法""合理""合情"。以各种方式宣传章程，形成全校上下学习章程、尊重章程、依法依章办事的新局面。

（三）依据章程健全细化，完善学校配套制度

章程是核心，制度是针对现在，规划是面向未来，制度和规划又是章程的保证。学校带着问题边研究、边归纳、边解答、边制定，把学校章程、制度和规划作为三驾马车，并驾齐驱。学校根据不断发展的教育形势，审时度势，逐步完善学校管理制度，凝练办学章程，最终达到"依法治校，自主发展"的目的。实践中，我们也越来越认识到章程创建和完善是章程系统制度建设的必须，体会到"依法治校，自主发展"才是学校可持续发展的永恒动力。在学校制度建设中，以校长为首的学校领导班子应该成为真正的领导者，不是单纯根据行政意志或经验设计制度，然后强制要求师生遵守制度，而是应当引导学校管理层和教职工对包括章程在内的学校内部管理制度的合理性进行反思、讨论、交流，强调制度建设中的共同参与，营造民主的氛围。

学校以章程为准则，启动我校制度废、改、立工作。全面清理学校的各项规章制度，对不符合章程，在章程中没有依据的，不适应学校改革发展实践要求的，要及

时予以废止或者修改。对保留的文件要进行系统整合,形成以章程为核心的层次清晰、内容规范的制度体系,制订相关配套实施细则。近年来,学校根据《学校章程》这份办学总则,为规范教育教学工作,已经建立了较为完善的《岗位设置方案》《骨干教师管理办法》《职务评聘工作实施办法》《中层干部选拔办法》等师资管理制度,加强对教职员工的管理;修订了《绩效工资实施办法》《教学成果奖励方案》《教科研工作制度》《教学、科研工作考核奖励办法》等一整套比较完善的管理制度;严格《财务管理内控制度》《财务管理制度》《资产管理制度》和《建设项目管理制度》等,大宗物品的采购都能按照文件规定进行,学校的工程建设均能按要求进行招投标,学生的收费能严格按照物价局的文件执行;严格执行《三重一大决策制度》,所有行政工作工程投标等全员参与决策;德育为先,学校细化了加强德育队伍建设以及加强学生思想道德建设的《文明班组评比细则》《学生一日常规》等规章制度;确保校园安全,为师生营造一个良好的氛围,学校制定了《校园安全预防预案》《公务车使用规章制度》等安全管理制度,加强校园治安整顿,确保校园安全。

随着制度的不断完善,增加了学校管理的透明度、信誉度,增加了学校管理的战斗力、凝聚力,启迪了全体教师的智慧,挖掘了教职员工的潜能,提高了教育教学效果,促进学校管理向科学化、制度化、精细化方面发展,形成了高效有力的管理格局。

三、成效

学校章程凝聚着学校每位教师的智慧,每个人都是章程制定的参与者。在学校章程的执行过程中,我们也深感学校的组织纪律强化了,明确任务与要求后,教师们的法治意识、责任意识加强了,各项工作的开展都有法可依,办学更为规范,为实现学校的内涵发展奠定了基础。在学校章程的指引下,上海市大同初级中学的校园充满了勃勃生机,每一处都浸润着学校精神,每个人都可以寻找到自己的发展空间。

师生们共同成长,教师的专业化发展,促进了学校的新发展:学校先后获得了"全国生态文明教育特色学校""上海市文明单位""上海市头脑奥林匹克活动特色学校""上海市体育多样化试点学校""上海市航空特色学校""上海市安全文明校园""上海市平安示范单位""上海市依法治校示范校""上海市中小学心理健康教育达标校""上海市学校心理健康教育先进集体""黄浦区行为规范示范校""黄浦区体育传统项目学校""黄浦区艺术教育特色学校""黄浦区教育科研先进集体""黄浦区语言文字规范化示范校""黄浦区先进职工之家""黄浦区青年文明号""黄浦区教育系统红旗团组织""黄浦区少先队红旗大队委员会"等荣誉称号。8位教师成功入选黄浦区教育系统第二期名师、名校长工作室，10多位中青年教师参与了大同名师工作坊学习，青年教师成长迅速，在市区各类教学竞赛中崭露头角。每年学校教师有50多人次、学生有近300人次在各级各类比赛中获奖。

今天的大同初级中学站在了新起点上，我们将进一步树立章程的权威，牢记"不忘教育初心，践行立德树人"的神圣使命，秉承"为学生未来发展奠基"的办学理念，以综合评价为导向，继续依托学校章程引领学校内涵发展，不断完善全员育人机制，促进学生健康成长，实践学校在新时代下的责任与担当。

（上海市大同初级中学）

落实学校章程，推进民主管理

上海市黄浦区卢湾一中心小学是上海市教委 2015 年命名的上海市首批"依法治校"工作示范校。学校于 2013 年 6 月经教代会表决通过了《上海市黄浦区卢湾一中心小学学校章程》，章程经黄浦区教育局核准后，向社会公开。近年来，学校围绕章程的落实，在加强学校内部管理机制建设和特色项目打造上做深化研究，积极推进学校民主管理，提高学校治理能力的现代化水平。

一、加强内部机制建设，推动章程落细落实

学校遵循《上海市黄浦区卢湾一中心小学学校章程》，建立学校规章制度汇编机制，规范学校规章制度的编制、修订、发布、汇编流程，提高学校依法治校工作的科学化水平。学校成立由校长室领导，学校各部门参与的学校规章制度汇编工作领导小组。学校规章制度编制由各部门负责制定，领导小组审核并汇编成册。制度手册由岗位职责、工作制度、突发事件应急预案三部分组成，其中工作制度部分由党政管理类、工会人事类、教学管理类、德育管理类、安全管理类、后勤保障类等六类。学校规章制度分类别汇编成册，归档健全。

二、深化重点制度实施，推进学校民主管理

学校章程共有九章 72 条。学校就其中与学校民主管理关系密切，学生、家长、教职工普遍关心的问题做重点研究和实施推进。

一是深化落实校务信息公开机制。学校在充分发挥党组织、职工大会、教代会民主监督作用的基础上，成立了校务公开监督小组，校园网和校门口公示栏均设定校务公开栏，由学校信息负责人担任信息公开专管员。校务公开栏的主要类别包括学校基本情况、建章立制情况、计划、招生升学和学生管理、财务管理、教学计划执行情况等。学校每学期召开校情分析会，充分发挥教工代表、家委会理事会、社

区代表的作用,处理在学校教育教学、师资队伍管理、家校协同等方面存在的隐患,参与学校管理,为学校工作献计献策。学校建立了校内重大事项集体决策和论证评估机制,制定《学校"三重一大"决策工作细则》,学校的奖惩制度、绩效工资方案的修订及人事制度改革分配方案等事项均经过教代会多轮讨论通过执行。

二是深化落实教职工代表大会工作制度。近年来,经教代会研究通过《2016—2020年学校五年发展规划》《"落实三个主体责任"情况自查报告》《黄浦区卢湾一中心小学绩效工资实施办法》等学校重点工作文件,审议了《固定资产管理制度》和《卢湾一中心小学关于重申严肃规范财务报支纪律说明》等学校资产内部管控制度。

三是深化落实学校家长委员会工作机制。目前家委会设有班级家委会、年级家委会、校级家委会理事等三级家校协同管理网络。家委会成员由家长本人自荐,全体相关家长民主选举产生,学校成立了家委会宣传部、活动部、青保部、志愿者部等四个职能部门,建立家委会参与学校管理工作机制,学校定期召开家委会理事会,就学校重大工作事项与家长做商讨及意见征询。

三、提高制度运用水平,加强师生权益维护

在近年来学校章程的落实过程中,建立了由学校党支部书记担任依法治校工作专管员,学校所在街道派出所副所长担任学校法制副校长,管段民警担任校外辅导员的工作格局。学校常年聘请专管律师为法律顾问,学校的章程的制定、合同的审核、学生伤害事故的调解等校内决策都会请律师把关、咨询,以发挥参谋和助手的作用,不断提高学校的制度运用水平。

尤其是在完善教师权益维护机制和学生权益维护机制。在教师利益保护方面,教师录用规范、透明、签订合同。根据上级文件精神要求,结合本校教师情况建立了教师职务评聘机制、继续教育机制、奖惩考核机制,制定了《黄浦区卢湾一中心小学绩效工资实施办法》《黄浦区卢湾一中心小学教师考评方案》《班主任工作考核奖励方案》《教科研成果奖励方案》等。在职称评定上,坚持"五公开、一监督"制度,做到政策公开、岗位公开、评审办法公开、个人材料公开、评审结果公开、接受群众监督。在学生权益保护方面,积极开展有关学校安全的综合治理工作,优化学生成长环境。在学生中有计划地宣传《宪法》《未成年人保护法》等,增强学生法治意识

和自护常识。学校大队部是学生申诉专门机构,学校制定了《学生伤害事故处理流程》,建立学生安全和伤害事故应急处理机制。

四、开展特色项目研究,深化章程实施效果

一是建立章程学习的"培训机制"。学校组织教职员工按照主题条目学习学校章程,同时,组织教师学习《教育法》《教师法》《中小学教师职业道德规范》《上海市事业单位聘用合同法》《中华人民共和国劳动合同法》《上海市青少年保护条例》《上海市职工代表大会条例》等法律法规,每学年不得少于 4 次。同时,学校德育处也要组织全校学生学习与学生有关的规章制度,每学年不得少于 2 次。

二是依托学校章程建立"问责机制"。根据学校章程,学校制定了《教学事故认定和处理办法》《卢湾一中心小学教师考评方案》等以上方案对教师从正面提出了要求,又从反面划出了禁区。为了进一步规范教师职业道德,加强对教师的管理,学校制定了《卢湾一中心小学教师师德承诺》《一中心小学教师一日常规》《教育教学事故认定条例》《固定资产管理制度》《卢湾一中心小学关于重申严肃规范财务报支纪律说明》。学校实行承诺问责制,坚持"安全第一、预防为主、一岗双责、责任到人"的原则,校长与部门主任签订"部门安全管理目标责任书",责任书分为"目标要求"与"责任追究"两块内容,真正落实"谁主管,谁负责,谁出问题谁负责",确保学校正常的教育教学工作的开展。

三是建立校务公开"监督机制"。学校按照依法治校的要求,实行党务公开,严格执行校务公开制度。公开内容涉及学校发展规划、重大工作安排、民主评议干部、教师的职称评审、工作调动、绩效考评、评优评先、工程招投标、大宗购买、收费标准、财务收支情况、招生工作等。公开载体有教代会、教师大会、行政会议、校务公开栏、公示栏、校园网等,基本形成了对内和对外公开相结合、部分公开与全面公开相衔接、过程公开与结果公开相协调、校务公开与解释说明相统一的工作格局。

近年来,学校获得了"上海市文明校园""上海市行为规范示范校""上海市安全文明校园""上海市家庭教育工作示范校""上海市劳模集体""上海市'五一'劳动奖状"等荣誉,在市区具有较高的办学美誉度,育人成效明显。

(上海市黄浦区卢湾一中心小学)

建立章程运行机制,激发办园活力

蓬莱路幼儿园创办于 1956 年,半个多世纪以来,幼儿园根据依法治国基本方略的要求,积极推进依法治校工作,成了上海市首批依法治校示范校。按照"践行依法治校,打造优质校园"的目标要求,我们以制订幼儿园章程为主抓手,以建立章程运行机制为突破口,探索研究如何依据章程规范学校管理,如何通过建立章程的运行机制,激发办园活力。这既是教育工作法制化的要求,也是提高教育质量,办好人民满意教育的关键。

一、背景意义

从 2013 年开始,幼儿园成立了以园长为组长、工会主席为主体的章程起草工作组,通过专家指导,在全园教职工及家长的共同参与和努力下,形成了《上海市黄浦区蓬莱路幼儿园章程》,于 2013 年 7 月 10 日经第七届第三次教工大会审议,2013 年 12 月 30 日经黄浦区教育局核准备案,自 2014 年 1 月 1 日起正式生效。2017 年 2 月,对章程进行了微调,加入了蓬幼新园所(中福分园)的相关信息,再一次经教代会通过,同年,幼儿园章程被汇编进入《上海市中小学幼儿园章程建设成果选编(幼儿园)》一书中。

幼儿园章程是幼儿园基本的纲领性文件,是幼儿园中统领全局的文件,幼儿园所有的活动,都应当体现章程的精神,贯彻章程的具体内容。我国《教育法》规定,学校及其他教育机构要"按照章程自主管理",如何管理?我们希望章程能有效指引我们科学有序地开展各项工作;我们希望章程能激励全体教工统一思想,凝聚人心,以此建立良好的园所文化和园纪园风;我们也希望章程能支持满足园所自主管理、教工自主发展、幼儿自主成长的需要,让幼儿园始终焕发生机和活力。

二、实践探索

我园坚持以章程为准则,为了进一步发挥幼儿园章程在依法治校中的基础性作用，凸显章程的生命力，在实践中我们重贯彻实施、学精神实质、建运行机制，育园所文化、促办园活力、赢社会声誉。

（一）建立常态化的宣传培训机制

1. 教工的分类培训

俗话说："铁打的营盘流水的兵"，幼儿园的章程就好比是铁打的营盘，园所中的工作人员就好比是流水的兵。作为一所老牌的示范性幼儿园，由于近几年扩园增部，大量的新教师和工作人员加入团队，我们将对章程的学习作为新进教工的第一课，无论是新进教师，还是劳务派遣的保育员、营养员和幼儿园保安等，都要积极开展幼儿园章程的宣传和学习培训。一方面，在全园上下营造学法、知法、普法、守法的氛围；另一方面，通过章程学习，了解幼儿园的办学理念、目标特色、工作要求，能尽快地寻找到归属感，激励并唤起"我是蓬幼主人""我为蓬幼增光添彩"的责任意识。

每年，我们都会开展章程的温故知新培训会，或让老园长介绍蓬幼的光辉历史、课程发展，或邀请蓬幼历任的退休党政领导和大家一起聊聊蓬幼的过去，再来回看章程文本，把章程的要求化解到自己的日常工作中，落实到每一个环节处，使传承、发展和创新更加顺理成章。

2. 家长的全面宣传

幼儿园章程也利用网站向社会公开，接受园内外的监督。每一年的新生家长会，由园长主持，其中必有的一个环节就是宣传幼儿园的章程。我们还组织家委会成员进行章程学习，并向广大家长宣传普及，使大家对幼儿园章程有一个正确的统一认识，保证家长在幼儿园日常工作中能根据章程要求监督幼儿园工作。

（二）完善制度的"立改废"运行机制

幼儿园章程是立校之本，是现代学校制度建设的核心，幼儿园所有的管理制度都是贯彻章程的重要保证。我们相继出台和完善了一系列与章程配套的规章制度，内容基本涵盖幼儿园方方面面的工作，如：党建工作、园务管理、工会工作、保教管理、卫生保健、安全管理、家长工作、财务资产管理、后勤管理、教师专业发展工作等，对推进我园依法治校工作起到了积极推动作用。以后每一年，我们都根据幼儿园的实际情况，结合教育改革的形势要求，对现有制度进行梳理和增补，对一些与章程、当前形势和政策相违背的规章制度，进行及时的修改或废止，对章程中尚未具体规定或细化的规则和程序，通过新制订规章制度等方式，加以明确和细化。"立改废"的工作运行机制使制度不再是墙上挂着的镜框和资料库中的文本，而是成为教职工遵守和执行的准则，成为大家行动的指南。

（三）落实意见征询和反馈机制

1. 定期向家长、社区征询意见

为了进一步深化幼儿园内涵发展，我们主动利用幼儿园网站、微信公众号、公告宣传栏等途径向社会公开信息，定期通过发放问卷调查表、召开座谈会、园长接待日、公开园长信箱和办公电话等方式听取家长和社区人员对幼儿园在园务管理、保教工作、师德师风等方面的意见和建议，经梳理汇总及时与相关部门和教职工进行交流和反馈，并立即制订方案，采取有针对性的整改措施，通过家长会、家长接待、家长开放日、巡访日等活动向家长进行反馈，提高办园诚信度，将更优的专业水准和更佳的服务姿态呈现给家长，服务好幼儿。

2. 主动邀约专家进行诊断

我们经常邀约专家来园指导和督查幼儿园的教科研、卫生保健等方面的工作，对教师执教的能力、课程建设的情况、园所环境的创设、家教指导的方法等进行诊断和评析，以帮助教职工提高业务能力、保教水平、师德修养、课程执行力为目标，发现问题及时反馈和整改，拾遗补阙，以评促教。

为了保障章程真正落到实处，我们还建立了监督检查机制，经常性地对幼儿园章程的落实情况进行自查；规范了章程的调整完善机制，使章程更加符合教育规律的要求、顺应时代发展的要求和适应幼儿园自主发展的要求。

三、成效反思

"一校一章程，一校一制度"很好地帮助了幼儿园行政管理人员进一步深化依法治校的意识，以章程为统领建设现代学校制度体系，积极培育校园文化。我们在教育实践中深深地体会并感悟到：建立章程的运行机制能激发办园活力，我们依靠章程，将幼儿园里的人、财、物、时空、信息等因素进行有效的统整和管理，根据幼儿的特点、结合家长的需求、发挥教职工的作用，进行优势互补，实现优化组合，建立并形成科学的、持久的、良性的运行机制，提高了幼儿园整体工作的面貌和效率，促进了教职工的内在驱动，也因此收获了家长的信任和社会的赞誉。

都说章程是学校的"基本法"，是学校的"小宪法"，我们依法自主办园，努力使章程成为办学治校的准则和规矩。

（上海市黄浦区蓬莱路幼儿园）

第二节　一校一品,特色发展行动纲领

进一步完善教育治理体系,关键在于落实学校办学主体地位,增强学校办学内生动力,强化对学校发展的支撑和引领。黄浦区坚持发挥学校"策源地"和师生"动力源"作用,鼓励学校积极承担教育综合改革校级项目和创新教育特色项目,定期对学校特色发展开展规划论证、调研督导和绩效评价,引领、指导、支持区内各级各类学校、幼儿园形成"一校一品"特色发展格局。

营造创造文化,共建向明人的精神家园

学校办学的根本任务就是立德树人、培育英才。学校走什么路、育什么人,关系到党和国家命运的关键。云上时代,社会希望中学教育能培养出更多有创造潜能、会思考的、有创造力的、品德高尚的学生。

一、面临的挑战

在"互联网＋"时代,培养青少年的道德责任感、社会价值观、诚信品质和道德认知能力的任务更加艰巨。网络技术的发展给学校教育带来诸多困惑:从课程目标方面来说,互联网时代需要的是具备全球化视野和实践能力的人才,这就需要我们满足互联网对人才的需求,着力培养学习者的创新思维与合作意识;从课程实施的角度来说,更加强调开放多元的学习方式,注重学习者自身的学习体验,强调学习情境与现实问题的关联性;从课程评价的方面来说,转变以前的类似以考试为单

一路径的评价方式,强调多元评价。

如何把对学生创造性人格的培育放在首位?课程建设如何满足学生的个性化学习需求?教学过程如何保持且提升学生的思考力和创造力?即高阶思维能力。如何提高学生学习的主观能动性?如何提升教育评价的有效性?这是我们面临的问题与挑战。

二、实践过程

在规划中,学校进一步明确了学会创造、追求梦想,让每个学生在创造实践中成长的办学理念和培养目标,制定了各个条块的具体发展目标和相应措施。

(一)完善培养具有创造性人格后备人才的发展目标

学校的德育教育是以培养学生创造性人格为核心,围绕"明理向上"的校训和"爱国""责任"的德育核心,将理想信念教育、心理健康教育、家庭伦理教育"三教"合一,学校、家庭、社会三位一体,抓好班主任团队、校外德育顾问队伍和团委学生会管理团队三支队伍,以社会主义核心价值观教育为主线,利用德育读本和 HJH 课程建设坚定不移地开展理想信念教育,加强民族精神熏陶,营造"三创三独三心"的创造文化,着力塑造具有爱国之心和强力责任心的创造性人格。

(二)加强对校本课程的开发,注重课程内容的艺术化和生活化

以创造教育课程群为载体,依托震旦书院平台,加强创造教育课程模块建设,开发网上课程和新课程。

在扎实抓好认知性基础类课程校本化的基础上,进一步完善自主性拓展类课程和自创性研究类课程的开发,围绕创造性后备人才培养的目标和创新实验班要求,建立和完善 60 门校本课程,编辑成《向明创造教育校本教材丛书》。

加强特色教研组建设,联动震旦书院的建设,开设拓展性研究类课程,主要为五大板块:STEM 课程,文化素养教育课程,国际理解教育课程,科学与艺术课程,职业生涯指导课程。开设书院讲堂和学生学术论坛、成功校友讲坛,两年内逐步成立各学科校级竞赛团队,每周保证学生有两次选修拓展性研究类课程和实践性体验类课程。

建造 12 个以创造教育为特征的特色学科实验室,积极培养和引进 10 位特色教师。

（三）以培养学生创造性思维能力为核心，激发兴趣，激活思维

努力打造激情课堂，在学科教学中创设合适的情境激发学生学习的热情和激情，鼓励学生大胆设想、大胆提问，在研究的气氛中培养学生思想活跃、敢于质疑、勇于挑战、宽容失败、追求梦想的品质。通过创造教育核心课程学习，掌握创造性思维，学习研究方法和技法。

（四）开发移动学习课程资源和教学素材

积极推进基于智能手机的移动学习资源设计，包括移动课程资源和移动教学素材。内容覆盖所有基础型学科，部分拓展型学科。课程资源包括"课程简介"模块，"公示公告"模块，"课程资源"模块，"互动反馈"模块。移动学习平台涵盖 APP、网页、微信公众号。

（五）进一步推进学校教育管理网络系统的整合与再分配

就环境建设与资源建设方面，包括以下几个具体方面：一是网络基础平台，二是应用支撑平台，三是应用处理系统。基础平台包括校园网络、服务器等硬件环境建设。

有了比较完善的校园硬环境，还需要注重学校的软环境建设。学校数字化校园包括校园网站，学校微信公众号，三个校园办公平台，两个校园信息安全系统以及十一个教学与课程辅助系统。满足对外展示、学校管理、课程教学，德育科研需求，以多维度的方式打造一个智能校园空间，为全校师生提供全面信息服务的软硬环境。

三、取得的成效

近五年来，向明中学在区教育局的领导下，取得了一定的成就：先后获得全国文明单位、全国文明校园、全国教育系统先进集体、全国创造教育示范基地、全国教学成果奖一等奖、市特等奖、全国群众性体育活动先进单位、上海市文明单位、上海市行为规范示范校等数十项全国、市级以上荣誉称号。特色学生、成功校友不断涌现，创造实践成果、特色创新项目、各类科技创新大赛硕果累累，几乎在所有市级以上乃至国际创新比赛和发明展中都获得奖项，获得创造发明专利数在全市中学年段名列前茅，30 多位教师获得市、区各类荣誉称号。学校在取得自身发展的同时，通过各种方式，积极对外示范和辐射向明创造经验，带动区域教育共同发展。

（一）构建高中各学科教学融入德育内涵的育人新机制

学科教学中德育渗透方法的选择取决于学科的性质、教学内容中的德育因素和教学对象的实际需要，多数学科能够普遍采用。

（二）多元化课程结构日趋完善

近40年的创造教育实践积累，学校逐步构建了以创造教育为特色的多元化课程框架，统称四大课程八大模块组，即由认知性基础类课程、自主性拓展类课程、自创性研究类课程、实践性体验类课程四大类课程组成，内含学科基础学习课程组、创造教育核心课程组、学科拓展提高课程组、兴趣拓展创意课程组、社会文创研究课程组、自主科创研究课程组、社会体验课程组、自育修身课程组八大课程组，涵盖了必修课、选择性必修课和选修课。

（三）课堂的教学组织形式和教学手段日益丰富

网络教学平台、网络教学系统、网络教学资源、网络教学软件、网络教学视频的运用，帮助教师树立了"互联网＋"的教学理念，改变了课堂教学手段和教学组织形式。在网络的天地里，学生对研究对象可以轻松地进行全面的、多角度的探究，可以对陌生或相识的人群进行大规模的调研与访谈，可以开展虚拟与仿真的实验。小组化、个别化适应性教学有了可依托的技术支持。

（四）逐步建立科学而有效的管理与评价机制

学校管理原则是规划为先，计划为实，目标超前，特色凸显。由管理向治理过渡，具体的就是在校长主持下，发挥党总支的政治领导和决策作用的党政工联席会议机制、教代会民主审议监督作用以及各民主党派和专家教师参与指导作用。

（上海市向明中学）

培育"新工科素养",建设特色高中

储能中学是一所当年地下党领导的革命老校,黄浦区爱国主义教育基地,区实验性示范性高中。在黄浦教育努力打造国际大都市中心城区一流的现代教育背景下,学校一直积极寻求发展机遇,着力构建富有个性化的特色办学品牌。然而,在多年来不断坚持的,如红色传承、混龄互动、信息技术等特色创建探索中,由于受政策、师资、资源支持等因素的限制,特色创建始终停留在不断徘徊摸索和操作层面,缺乏可持续发展的后劲。如何让革命老校焕发青春的风采,如何实现既凸显高位引领又契合储能特色的内涵发展,学校结合自身的办学实际和发展优势,借助上海高校的优质教育资源,开启了一条特色高中创建的探索之路。

一、借力上理工,聚焦"新工科",以特色创建规划引领学校整体改革

上海理工大学是市属重点建设的应用研究型大学,享有中国"制造业黄埔军校"的美誉,2018 年被列入上海市"高水平地方高校"的行列。上理工目前提出了打造"特色显著的一流理工科大学"的发展定位,不断探索人才培养新模式,培养跨学科的"新工科"人才。

创新型人才,尤其是未来的"新工科"人才培养要从基础教育做起。储能中学与上海理工大学有着良好的办学合作渊源——两所学校都是有着光荣爱国革命传统的老校,办学思想相近,拥有共同的知名校友,两校地理位置相近……2019 年 7 月,储能中学与上海理工大学在"新工科教育向高中教育的前延"方面初步达成了合作意愿。储能中学将依托优质大学资源,以培育高中生"新工科素养"为办学特色,共同创建特色高中。

通过培育"新工科素养"开展特色创建,必将引领学校整体的系统改革。为此,学校在大学和教育主管部门的指导下,精心制定了《上海市储能中学依托上海理工大学创建特色高中发展规划(2019—2024)》。2019 年 12 月,依托上海理工大学创建特色高中发展规划论证会顺利举行。储能中学从培育"新工科素养"入手,正式

开启了红色学校特色发展的新征程。

二、顶层设计，明确愿景，精心制定发展规划与发展路径

在以新教育推进立德树人、五育并举的教育时代背景下，在储能这所红色传统爱国主义学校，我们培养的学生不仅要有家国情怀、红色基因，还要有为国服务和效力的本领和技能，培养的是既有一颗爱国心又有工匠精神和现代工程师技能的创新型人才。为此，在规划制定伊始，我们进一步统一思想，明确将通过制定和实施创建特色高中发展规划实现以高中特色办学撬动储能传统育人模式的转型；依托与上理工合作办学来增强创新实践的实力和底气；以创设"新工科"特色课程打开分类办学的有效路径；依靠上理工和储能教师团队的创新与智慧实现学校跨越式的提升和发展。

（一）坚持红色底色与传承，明确学校特色发展定位

在规划制定中，学校以原有的"知行精进、储能效实"为办学理念，在培育"新工科素养"的创建背景下，赋予办学理念新的时代内涵，即以"知行统一、践履所学"为核心，以发展学生的创新素养、科学思维为重点，通过培养学生为国效力、甘于奉献的家国情怀与精益求精、一丝不苟的工匠精神，提升学生自主学习和终身发展的能力。我们制定了新的办学目标——依托上海理工大学，创建"新工科教育"特色鲜明，具有"创新发展力、协调统整力、绿色生命力、开放竞争力、共享幸福力"的现代大学附中。同时，学校育人目标是"培养人文情怀深厚、'新工科素养'见长的现代高中生"。新的学校发展定位，让每一个储能人有了更清晰的认识和思考，也提升了学校自主发展的针对性和实效性。

（二）厘定"新工科素养"校本内涵，完善储能特色育人模式

在规划中，我们对于"新工科素养"进行了校本理解与界定——在中国学生发展核心素养框架下，新工科人才培养向基础教育延伸过程中学生所需要的价值观念、必备品格与关键能力。在国家提出的六大核心素养的基础上，综合考虑"新工科"教育的目标和理念，我校提炼了学生"新工科素养"的四大支柱，即爱国精神与社会责任、科学思维与工匠精神、综合实践与创新素养、自主学习与多元发展。（如图 4-1 所示）

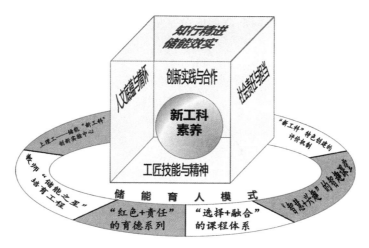

图 4-1　储能特色育人模式

为此,我们设计了六大重点项目,并形成了储能特色育人模式,即构建"红色＋责任"的学校德育工作;推进"选择＋融合"的学校课程体系;创设"智慧＋兴趣"的"智趣课堂";开展教师"储能之星"培育工程以促进教师的发展与成功;打造上理工——储能"新工科"创新实验中心;建立"新工科"特色创建的评价机制。每个项目都设有期望目标,并据此设置实施方案,并尽力提升规划的可操作性。

(三)突破局部重点,实现学校特色课程的整体推进

围绕规划的制定和实施,我们认为撬动"新工科"发展的杠杆一定是要逐步形成凸显"新工科"特色的学校课程体系和教师队伍,并且在日常的课题、课堂、课程和实践活动中加以呈现。从课程角度,其核心突破口是发展特色课程。对于储能这样一所传统学校,"新工科"培育可能更偏重从课程的局部植入或者局部突破来实现对学校整体特色课程的推进。为此,我们研究了四步推进计划(如图 4-2 所示):

图 4-2　特色课程四步推进计划

最终，经过实践探索，我们期待形成金字塔形状的"新工科"课程理想结构（如图 4-3 所示）。

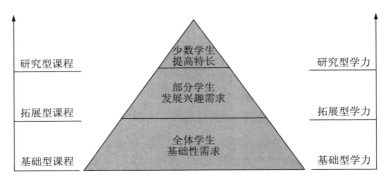

图 4-3 "新工科"课程理想结构图

在特色课程的创建过程中，我们还要努力梳理原有校本课程，对其进行改造重构，使之为"新工科"育人目标服务。此外，每一位教师都需要学习思考学校打造育人特色的目标与自己任教学科的关联所在，并自觉在日常教学中积极融入和渗透学校育人特色的内容，最终保障学校特色育人具有深厚的土壤和各学科的协同支持从而形成合力育人的健康生态。

（四）探索关键抓手，形成"新工科"特色创建路径

在规划实施过程中，我们计划抓住关键点，以点带面开展实践探索，并形成特色创建的有效路径（如图 4-4 所示）：

第一	第二	第三	第四	第五
依托高校和自身努力，培育和创建几个拓展型课程的特色项目，在特色项目建设中打造一支学校"新工科"改革教育的先锋队	建立一个"新工科"培育为主线的特色班，在特色班中设置部分专业素养的课程，开展调研，激发学生对于新工科的学习兴趣	设计和初步构建 1 到 2 个"新工科"教育为核心的创新实验室，为学生"新工科"实践和体验搭建平台	依托上理工的资源，积极参与适应学校高中学生能力水平和特点的"互联网＋萌芽"赛道，争取短期内有所收获	利用上理工国际交流平台，为高中学生提供多元的升学出路，鼓励储能毕业生进入上理工或其合作学校学习

图 4-4 "新工科"特色创建路径

在条件日益成熟的前提下，我们要申报市区特色项目校和创新教育项目学校，逐步达到"面向全体、鼓励兴趣、支持拔尖"的"新工科"育人方向。

三、扎实推进，厚积薄发，"新工科"激发校园新气象

以培养"新工科素养"为目标的特色高中的创建，为学校发展带来了新的机遇。从学校与上理工有了初步的合作意向，到特色创建发展规划论证会顺利举行，储能中学对全体教师进行了多次调研、座谈，并向全校师生进行宣传。2020年1月，储能中学四届四次教代会顺利通过了《上海市储能中学依托上海理工大学创建特色高中发展规划》，它不仅为学校未来五年特色高中创建指明了方向，更成为凝聚师生齐心共进的重要载体。

作为上海市乃至全国第一所开展"新工科向基础教育前延"特色创建的学校，储能中学正在进一步学习和厘清"新工科""新工科素养"等概念和内涵，并通过考察上理工附中等理工类特色高中，进一步学习了解特色高中发展的关键元素和实施路径。随着学校项目组内研讨交流，以及吸收上理工教授的建议与指导，教师们也在不断学习、内化、拓展自己的专业知识面。2019年10月，在高一年级学生研究型课题申报中，已有多位教师承担了相关课题研究方向的指导任务。"新工科"方向的拓展型课程也在酝酿中。2020年4月，上海理工大学召开了上理基础教育集团会议，为特色高中如何对接高等工程教育发展趋势，有效实现"新工科"教育向高中教育的延伸把握方向，在围绕储能中学"新工科素养"培养的顶层设计和课程架构上给予支持和帮助。2020年6月，黄浦区人民政府和上海理工大学签约，拉开了上理储能附中特色高中创建的序幕，上海理工大学将储能中学的特色创建纳入大学的整体发展布局，在教育教学、师资队伍建设、平台建设、资源共享、国际合作交流等方面与储能中学开展深入合作。

培育"新工科素养"特色发展与创建上海市特色高中的举措必将推动学校工作的整体提升，储能这所革命老校，正在重新焕发出创新时代的精气神和激情活力。

（上海理工大学附属储能中学）

"勤朴"为核,规划为径,打造家门口的好学校

在黄浦区义务教育优质均衡发展总目标指引下,市八初级中学围绕新优质项目学校的建设,整体推进学校教育教学,全面提升学校内涵建设。过程中,学校党政一班人以学校"勤朴"文化为根基,立足学校实际,着眼于办学特色发展方向,科学合理地制定学校发展规划;中层管理团队认真细化发展规划,分工协作,设计课程实施体系,助推教师专业发展,丰富学生发展平台;全校教师踏实执行发展规划,层层落细,以学校发展宏观目标引领个人职业成长规划。近年来,市八初中"真规划""真落实""真执行",切实以学校发展规划引领学校发展,学校"勤朴"特色不断彰显,一所老百姓满意的家门口的好学校正在茁壮成长。

一、"勤朴"理念——发展规划制定的原点和核心

我担任市八初中校长之初所面临的首要任务就是制定学校"十三五"发展规划。为此,学校组建了发展规划研讨班子,首先从学校文化中寻根,从现状中挖潜,找到学校发展的"关键点""增长点""突破点",使发展规划"接地气"。

(一)循迹校史,确立文化原点

市八初中历任校领导始终不忘创办人杨斯盛先生倡导的"勤朴"校训,按照党和国家的教育方针办学,奠定了扎实的办学基础、勤奋的教师群体和良好的社会声誉,尤其是形成了学校特有的"勤朴"文化。无论走得多远,都不能忘记从哪里出发。学校的办学传统和全体市八初人的"精气神"是学校新一轮发展的基石。离开了这些,新的发展规划就会成为无本之木、无源之水。因此,新一轮规划将原办学理念"育尽责之人"进一步具体为"勤朴立校、尽责育人"。其中,"尽责育人"四字既蕴含了全体教职员工"尽育人之责"和"育尽责之人"双重含义,又衍生出学生对自己、对集体、对社会尽责的育人目标,是对学校"勤朴"文化在新时代的继承和发展。

(二)立足现状,明晰核心要义

为了制定符合学校实际、定位适切、落地有径的发展规划,我首先组织学校中层

及骨干教师认真研读学校绿色指标分析报告和上一轮区专家督导建议，并采用问卷调查、座谈调研、SWOT 分析等方法对学校进行自我剖析和科学定位，找到学校"最近发展区"。同时我们也将新优质项目学校的建设要求与办学理念、办学目标、特色发展项目等顶层设计进行"无缝对接"，制定了以"勤朴"理念为核心的新一轮发展规划。

二、"勤朴"矩阵——发展规划落实的途径和载体

学校发展规划是办学思想，更是办学实践和发展过程。新一轮发展规划好比是体现学校总体发展愿景的蓝图，但仍需相关具体措施和保障机制所构成的"施工图""作业图"。为此，学校打造了发展规划细化后的项目群，形成了"勤朴"矩阵，使发展规划可落地、可操作。

（一）建设"勤·朴"课程，滋养育人沃土

为了培养德才兼备、全面发展的"勤朴人"，满足学生全面而有个性发展的需求，按照学校发展规划，我校积极构建校本特色课程——"勤·朴"课程。"勤·朴"课程建设在落实社会主义核心价值观进课堂、进教材、进学生头脑的基础上，传承学校"勤朴"文化，注重学生体验感、幸福感的获得，将"乐在其中"作为课程的重要特征，设置了四大板块，即"乐学基础课程"，是国家基础型课程的校本化实施，旨在创设"乐学"的学习方式；"乐享生涯课程"，是满足学生个性发展的拓展学习课程；"乐建校园课程"，提供学生参与校园文化活动和自主管理的平台，在模拟社会情境中培养道德修养、文化涵养和创新素养；"乐行上海课程"，鼓励学生在实践、研学的过程中提升学习能力，培育公民道德。

（二）打造"勤朴"社区，凸显育人特色

为使学生在实践和体验中提升责任感，实现学校"尽育人之责、育尽责之人"的办学思想，学校创设了能让学生乐于参与其中，主动投身实践的"勤朴社区"公民教育实践课程，使育人工作从"形"到"意"不断丰富、立体起来。课程以实践育人为主要路径，围绕培养学生生活习惯、学习习惯、人际交往和公共规范四项教育内容，通过构建模拟社区，横向形成班级公共生活、学校公共生活和社会公共生活三大生活情境，纵向构建"体验的岗位""践行的平台""自主的载体"和"分享的媒介"四个社区情境，形成了"3×4"的整体框架。

（三）厚植"勤朴"文化，助力师生成长

学校文化是学校影响力、生命力、发展力的最佳反映，是一个学校办学品质的

客观反映。在"十三五"学校发展规划中，在"勤朴"理念的指引下，学校重点关注学校文化的顶层设计，形成一种具有引领性的核心文化，努力营造一种直观的文化环境。一是"外显于'形'"，逐步建成了斯盛墙、笑脸墙、雷锋像、校园文化墙、"学雷锋足迹"等校园精神文明微景观，营造出浓浓"勤朴"味；二是"内化于心"，打造"勤朴"文化软环境，先后形成了旨在探索初中学生综合素质评价与指导学生生涯规划的"导航工程"，助推教师队伍高质量发展的"感知幸福""成长助力""优化评价"系列项目，以及夯实教学五环节规范管理的基于"问题"的校本教研特色模式。

三、"勤朴"文化——发展规划实施的成效和展望

在十三五学校发展规划有效落实的基础上，学校各项工作呈现良好的上升之势。

（一）师生"勤朴"品质进一步凸显

在"十三五"学校发展规划的实施过程中，我们通过厚植"勤朴"文化，构建"勤朴"育人环境和组织"勤朴"育人活动，为学生的终身发展和健康成长打上"勤朴"的底色，为每一位学生未来成为合格的"社会人"打下了坚实的基础。

教师的课程开放和设计能力得到较大提升，"玩玩造型土""数字故事制作""笔墨飘香"等一批学校特色课程，被选为区教师培训课程或区共享课程。微课程"我们是初中生家长"成为学校家庭教育的亮点。教师的文章还纷纷登上了《现代教育》《上海中学数学》等核心期刊。

（二）"规划增益"效果进一步显现

经过近年来的实践，学校在落实落细发展规划的过程中，不断使其增益，从而推动学校整体工作以及每个教师的专业化发展。过程中，我们也形成了初步的经验。一是启动校级教育综改项目，细化发展总目标，形成分层分类的分目标。教师们以团队形式负责一个项目，制定详细的方案，并接受校级领导的常态评估。二是形成多级化样态，即学校发展规划、分部门工作计划、学科（德育）组实施项目、教师个人自主发展规划，使学校发展愿景不断具象，使发展目标层层落实，事事落细。

"十三五"期间，学校荣获国家级集体奖项 1 项，市级集体奖项 15 项，区级奖项 35 项；教师个人荣获国家级奖项 4 项，市级奖项 33 项，区级奖项 45 项；学生在全国、市区级各类比赛中获奖累计 564 项。

（上海市市八初级中学）

从"车头引力"到"动力单元"

—— 以项目责任制和年度计划推进规划实施的行动探索

学校发展规划,是具有鲜明特质的办学"愿景",是教育人逼近理想的实践"蓝图",也是团队共同梦想的未来"领域"。规划一般跨时五年,有相当的时长性,在现实到未来中间隔着湍急的河流,由于规划设计之初由校长室负责牵头,历来在执行中校级干部就成了当然的"火车头",而其他层级人员只是"挂车"被带着跑,即便规划按期完成,绝大多数教师只知"其然",而不知其所以然,这种推进方法导致了规划在执行过程中其内涵的深刻性得不到保证,相关人员的创造性层层弱化,全体人员的管理与育人能力得不到同步提高。我们不甘于被困扰,开始了科学破题的探索。

多年前,动车组概念进入人们视野,学校受到动车概念的启发,开始探索组建若干管理"动车组"以提速提质规划的实施。目前形成了以办学规划引导学校整体专业能力提升为导向,以"培育动力单元,提高管理能级"为策略,以"三分三步法"实现三全的管理方法。

所谓"动力单元",就是让传统的管理条线,如工会、德育、教学、人事等部门,兼具执行、研究、引领功能,把学校规划中的相关部分,分内容压实责任,明确工作,鼓励创造,使工作结果不仅可用完成度来表示,更可以用研究成果、工作特色及行业影响力来体现,一如"动车组"中的一列,既是整体的组成,也是独立强大的动力单元。所谓"三分三步"就是从管理的责任、任务和方式角度从校长室到备课组,从校长到一线教职工,做到分时全过程、分项多领域、分工全覆盖。在总工作思路下,我们建立了推进三部曲。

一、分解规划,计划具体,责任到位

规划是在学校的办学理念下的目标性构想,一般由校长室牵头设计,因而自规划诞生之日起就体现出极强的"上位性"特点,在普通教育人眼中,规划往往是高大上的文本，普通教育工作者会认为这只是学校领导层的责任，教育相关群体更是认为这是学校内部的事情，于是就会出现精心设计的规划只是重要的档案和汇报时的资料。为保证规范成为人们共同的"愿景"，我们按总分原则，把规划总体目标对接年度工作目标，持之以恒、锲而不舍、驰而不息，做到学校年度工作计划全面分解规划目标，条线计划细化专项工作，团组计划具体明确工作任务，个人五年职业发展目标书对接学校发展目标，体现个人发展需要。学校规划目标是建立具有开放特征的、能引领上海教育发展、影响全国基础教育的实验性示范性学校，落实过程通过点点对应、环环相扣，使规划与计划、工作与研究、学校与个人相关联，促成"多赢"局面的形成。

二、分设项目，课题攻坚，专业建峰

作为在全国全市有一定影响的实验性学校，我们用以点带面的方法，借助教育科研破题，带动持续的高位发展，是学校基本的工作路径。自 1999 年小学开放教育的实践研究，到 2005 年的学校可持续发展的规律性研究，再到 2015 年的开放教育形态下学校形态的研究，从理念到行动，从现象到规律，从创新形式到探路现代化办学新形态，持续的问题驱动、科研助力体现学校在教育改革之路上理性与激情兼具的情怀。由于学校整体规划中对前沿性的问题突破相对比较强，教育科研的内容也就具有独创性，为保证教育改革的领先性，我们用总课题＋分课题的方式，实现项目细化与延伸。比如，在这五年的学校规划中我们提出了以培育具有开放特质的学校形态，总课题由校长负责，时长五年，下面分解成学校环境与教育、开放课程与课程领导、开放教学与信息化等分课题，科研室以《年度课题研究指南》的方式，向备课组和教师发布选题信息，这样就实现了学校课题聚焦核心、人人参与研究的新常态，此类管理实现了改变中层习惯于接受任务的传统思维，为有志于教育改革的普通教师创造了空间，激励管理者带着想法去工作，普通教师主动把教学与研究相结合，学校也形成了多点发力、人人研究的良好局面。

三、分级行动，研究照应，"蓝图"成真

教育是整体的系统工程，任何规划与行动都是在坚持教育本源前提下的整体

性迭代优化。我们用总分总的方法，在行动推进中做到三个"自觉"三个"保证"，即自觉关联总体规划既定目标，保证规划完成；自觉关注行业最新发展，保证先发优势；自觉支持上位项目，保证研究科学有效。规划落实的行动要经历五年的时间，期间教育大局与学校的办学基础均有变化，因此推进过程中就必须处理好稳定与动态的关系，做到坚持关键核心目标不变这一前提下的因时变化，如在学校原定发展规划里，对学校的教师队伍建设目标是这样设定的：以高尚师德为核心，培育教师荣誉感、责任感，建设一支敬业爱生、扎实专业、崇尚学术的"爱生、民主、求实、智慧"教师队伍，实现"二升二降一高位"，即学历、能力双提高，平均教龄、管理层年龄双下降，保持职称结构合理高位，让学生能遇见好老师。

随着教育均衡化力度的加大，优势师资不仅满足本校教育需要，更要服务于上海市及全国，于是我们增加了"中国好教师公益行动"之家校共育研究，为全国同类学校提供经验；支持上海市城市一流建设与崇明教育现代化建设，筹建长兴分校；承担上海市见习期教师规培任务，研究新教师职业培育课程。承担教育的社会责任，显示学校的专业能力。

授人玫瑰，手有余香。在推进学校发展规划中，我们在"风物长宜放眼量"中不断放大格局，不仅达成了预设目标，更在提高整体人员教育境界、育人能力上取得了成绩，学校美誉度和影响力显著提高：2019年获全国教育系统先进集体称号；德育工作、队伍建设、教育科研等专项均获得上海市先进集体称号；骨干教师总量提高、年龄下降；高级职称达17％专业岗位比例的上限；省级以上现职劳模3人；规划期内研究生以上学历提高5个百分点；青年教师在参与上海市教育工会、上海市教研室、上海市师资培训中心组织的学科比赛中有8人获得一、二等奖。

学校发展规划是学校主动回应时代要求的文本性答卷，是承担区域教育任务的行动表征；学校规划对教育全局而言是部分，对学校个体而言是整体。我们秉承实验人的勇气，站在伟大事业的新起点上，找准位置高位建标，咬定青山主动作为，优化管理先行先试。管理中我们努力做到多点做强，同向发力，脚踏实地一件事接着一件事干，让每一个、每一环均成为强大的动力单元，把理想的规划物化成理想的学校，不断提高办学品质，在"学有所教"中办人民满意的教育。

（上海市实验小学）

以规划路径创新,放大"思优"品牌效应

一、问题聚焦

我们通过制定办园规划,明晰幼儿园发展愿景:坚持"思优"教育价值的引领,提高"思优"教育实践的科学性,持续提升"思优"教育质量,充分满足每一位幼儿健康快乐成长的需要;以构建幼儿园循证改进的质量管理变革机制为载体,自觉提升领先示范的核心能力;以学前教育公共服务的视野面向社会,拓展优质学前教育的服务功能,实现"思优"教育的可持续发展。

但是,面对家长、社会对高质量学前教育的需求、幼儿园课程深化改革背景、人本化管理理念的转变、办园功能拓展等问题情境,我们应创新规划路径,否则规划效应将会递减。在"十三五"规划实施过程中,我们始终以办园规划为引领,创新发展路径和机制,实践重点围绕两方面探索——以多主体参与促教育治理、以机制变革促品牌建设,以全方位的创新实践,落实更好的办园规划,推进更好的教育治理,塑造更优质的"思优"教育品牌。

二、规划思路

提升规划效应,关键在于:以治理理念为引领,将幼儿园发展置于更宽泛的背景下,关注幼儿园的发展生态,将家长、社区与幼儿园组合起来形成教育治理共同体,围绕一个目标,共同参与、协调互动。因此,在办园规划实施过程中,我们把握规划参与的多主体特征,将幼儿发展的利益相关者引入办园的协同治理,引领、激活家庭、社区、集团等多元主体参与,在共同维护"思优"价值观的基础上,提升"思优"教育内涵发展,做强"思优"教育服务品牌。

(一)家园共育,达成教育共识

正确认识和尊重社会转型期家长的观念与需求,与家长形成新型的合作关系。一方面,我们主动倾听家长需求,与家长共同探讨"思优"教育的培养目标;另一方

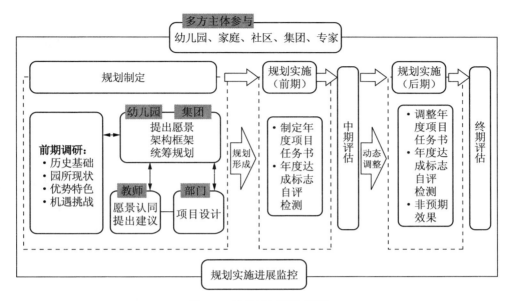

图 4-5　幼儿园规划路线图

面,加强对幼儿园做事方式背后理念的解释,与家长就"培养什么样的幼儿"达成共识。我们致力于打造"'思优'家园协理中心",在幼儿园办园的课程设计、课程实施、质量评价等关键环节引入家长的参与,使家长成为幼儿发展的联合观察员,理解、接受、认同"思优"价值观,达成教育共识。

(二)共享社区资源,践行文化育人

持续发挥社区评议协调委员会的作用,开展对办园质量、社区责任履行、教育服务等方面的共同评议,更大程度地开放"思优"教育的优质服务,惠及更多社区幼儿,搭建"思优"教育影响的"大平台"。并进一步从合力育人、文化育人的视角,拓展社区资源的引入渠道,形成幼儿发展的"大资源"支持,进一步丰富幼儿的课程经历。与社区的协同合作,让我们革新了幼儿发展的文化浸润"大视野",让社区文化与幼儿园活动互相浸润、彼此依托,让公益性、开放性、丰富性、多样性融入"思优"品牌建设中。

(三)激活发展动力,共建教育集团

将幼儿园发展置于公共服务的视野,将"思优"个别化教育集团建设纳入"十三五"规划设计与实施过程,探索集团化办学、结对发展、资源输出等示范辐射的新方式。我们转变传统"自上而下"的集团化输出形式,把"开放"不仅仅只定位于"打开校门"，从"成果辐射"转变为"满足需求"，更加注重倾听和了解集团成员的实际需求，搭建各种共享和互动平台，激发集团成员校的发展主动性和积极性，提升其自主发展能力，进一步推动区域学前教育优质、均衡发展。

三、项目任务书：三项机制变革

"十三五"规划设计与实施过程中，我们关注保教质量的持续提升、关注教师队伍的优质发展、关注高质量的教育资源供给和教育公共服务，以年度项目任务书形式进行规划项目的分解实施，并积极开展三方面的机制变革——保教质量自评机制、活力型协同研究机制、信息技术深度应用机制，在变革中不断丰厚"思优"教育品牌内涵，扩大品牌影响力。

（一）优化保教质量自评机制，提升品牌竞争力

"思优"教育品牌的核心竞争力在于持续优质的保教质量，我们对"思优"保教质量自评机制进行了优化。首先，建立以"保教质量保障中心"为核心的质量自评组织，下设保教活动质量研究室、健康观测与干预研究室、资源保障与运作研究室等，实现质量评价的组织保障。其次，优化保教质量评价指标，编制《"思优"保教质量自评操作手册》，以工具为抓手，形成保教质量评价规范。再次，形成常态化运作制度——"日观测、周评析、月调控、学期评"，构建基于问题分析、改进、调适的"回环反馈"常态化质量改进机制。基于"思优"价值的保教质量评价机制的实践探索，持续保障"思优"教育发展的优质内涵。

（二）构建活力型协同研究机制，保持品牌生命力

教师队伍建设是幼儿园发展的核心。基于对我园教师队伍发展现状和困境分析，我们开展了基于对话、合作与思辨的行动，构建"活力型协同研究机制"。充分倾听和尊重教师的个性化需求和差异性学习，不设权威或专家，每个人带着自己的思考平等对话，教师在多向反观、自我调适的过程中建构起更先进的理念与行为。教师聚集在活力型协同研究平台上，逐渐形成了"信息表达—寻求证据—同伴质疑—自省自悟—着力改进"的教师专业对话和互相影响的新路径，构成一种能持续发生"交互影响"的动态发展的环境，持续推动教师专业能力提升。

（三）建立循证改进的信息技术平台深度应用机制，扩大品牌影响力

把握现代幼儿园发展的特征，在质量管理、教师专业发展、集团建设等多方面赋

能,着力提升"思优"教育品牌的影响力。园所内部,着力建设"思优"保教活动质量调研与改进支持平台,形成多元证据收集、及时预警、动态调整与改进等核心功能,形成"聚焦问题—收集证据—分析问题—改进活动"的循证改进过程,持续保障保教质量优化。园所外部,研发"思优"个别化教育集团统一协作平台,从教师观念、课程设计与实施能力、幼儿园课程、教师专业发展等方面开展集团协作。一方面,实现扁平式的信息传递,让"思优"价值观点对点、更精准地传递到个人;另一方面,设计集团成员自主发展、交互发展过程的可视化功能,让集团发展的过程和证据可见。

四、实施监测

为了保证规划实施的效能,我们形成了规划实施的评估与监控机制,包括在实施前对方案的评估以及实施中期、实施结束后的效果评估。首先,形成项目实施监控组,由在党支部、工会指导下的志愿组织建立。其次,明确规划实施监测的主要任务在于"项目准入、把握进度、纠正偏差、挖掘亮点、信息公开"。再次,通过系列举措,让规划项目内容成为有计划的行动,如制定年度项目任务计划书、开展项目实施追踪、形成创意申报制度、定期开展项目问题诊断与纠偏、实行项目进度信息公示等。最后,引入社会监测机制,由家长、社区、集团等参与项目管理、质量评估、成果推广、宣传辐射等,取得协商共育的社会信誉。

经过跟踪监测,"十三五"规划实施期间,我园各方面工作得到上级部门、幼儿、家长、社会各界的肯定与赞誉,并取得了丰硕的成效。

(一)办园质量持续优化,提升领先示范的核心能力

在规划重点项目引领下,幼儿园保教质量持续提升。近年来,在"课程与教学调研""教师专业发展学校"等多项第三方调研和督导中,幼儿园办园质量得到公认好评。幼儿园教学成果获得国家级教学成果二等奖、上海市教学成果特等奖等十余个奖项。同时,幼儿园保教人员的课程质量意识和自觉行为不断增强,促进幼儿的身心健康发展,确保每一位幼儿的在园生活品质。

(二)以公共服务视野面向社会,拓展优质学前教育的服务功能

我园也始终将幼儿园置于公共服务的视野,将示范性幼儿园的责任担当转化为服务的动力,主动为上海市及黄浦区学前教育发展的优质资源集聚、转化和辐射贡献力量。全方位开展各类经验交流与成果展示活动,三年内在我园开展市级以

上展示交流活动 20 余次、区级以上的交流活动 40 余次，主要接待来自西班牙、匈牙利等近 15 个国家和地区的专家学者。持续开展园长、教师培训服务，与三所外省市幼儿园结对，并牵头成立"思优"个别化教育集团，下属六所各级各类幼儿园。积极开展科研成果的转化与推广，研发市、区级教师培训课程两项。以多对象多途径的全面辐射，推动"思优"教育品牌的新发展。

面对新一轮办园"十四五"规划制定，我们将进一步聚焦：提升"思优"品牌内涵和辐射张力、激活幼儿主动和创造性学习的课程变革、提高"全人发展"视角的教师专业支持等，持续创新探索，让幼儿经历更幸福的童年，让教工体会更明显的获得感，让家长和社区享受更优质的教育资源，让"思优"的故事和文化得以更广泛地传播和发展。

（上海市黄浦区思南路幼儿园）

第三节 一校一策,建设质量保障体系

构建区域教育质量保障体系是提升教育管理科学化水平,提高教育质量和整体办学水平的重要保证,是促进各级各类学校自我约束、自我完善、自我发展的有效途径。黄浦区积极贯彻落实市教委文件精神,结合市教委实施的《上海市中小学生学业质量绿色指标(试行)》,以学生发展为本,构建区域教育质量保障体系,树立正确的教育观、学生观、质量观,促进区域教育进一步遵循教育规律、教学规律、学生成长规律,实现科学发展。

中心城区区域基础教育质量保障体系构建的研究与实践

一、问题的提出

教育发展是数量、规模、结构和质量的统一。在上海教育发展进入以内涵发展为主的新阶段,公平和质量就是教育发展的核心问题,而教育质量始终是学校发展的生命线。国家和上海市中长期教育改革和发展规划纲要明确提出,要"制定教育质量国家标准,建立健全教育质量保障体系","制定教育质量标准,建立健全科学、多元的教育评价体系,形成政府、学校、家长、社会各方面参与的教育质量评价机制"。

黄浦区贯彻落实市教委文件精神,以学生发展为本,落实"让学生健康快乐成长"为核心理念,树立正确的教育观、学生观、质量观,全面实施素质教育,进一步深化教育内涵发展,促进区域教育进一步遵循教育规律、教学规律、学生成长规律,实现科学发展,保障学校教育教学质量持续提高,促进全体学生全面、主动、有个性的可持续发展，实现"办人民满意的教育，办学生喜欢的学校"的总体目标。

这个命题一方面反映了黄浦区自身教育管理水平经历螺旋式上升之后在新的形势和发展时点下的内在要求，更主要的是，这个命题顺应了国家中长期规划 20 字工作方针中的"核心任务"——把提高质量作为教育改革发展的核心任务。因此，作为课题是非常有价值的。

随着教育内涵发展成为普遍追求，这个命题将会在不同地区尤其是发达地区成为共同的发展要求，作为基础教育水平领先的上海更应先行一步，黄浦区作为基础厚实的中心城区，有基础、有能力推进这项工作。

二、研究的路径

（一）关于教育质量的话语转换

本课题研究首先必须讨论：什么是质量及教育质量？其中，最关键、最困难的任务是，研究一套适合本地区实际、又具有前瞻性的教育质量标准体系，首先应包含课程教学质量、师资建设质量、学校管理质量等。否则保障体系将会指向不明，各自自我目标设定不一。但在国家质量标准没有出台之前，黄浦区研制中心城区的质量标准既没有可能也没有必要。但可以通过话语转换，在讨论教育质量概念后，用描述性的语句替代质量标准，即以教育方针和素质教育理念作为质量的界定，把"培养全面发展的社会主义建设者和接班人，让每一位学生健康快乐有个性地成长"作为质量的替代表述。

（二）关于研究目标

本课题的研究目标应该是建立以提高管理质量和教育质量为基本导向的管理制度和运行机制，在区域内把教育资源配置和学校工作重点引导到强化教育教学环节、提高教育质量上来。

区域基础教育质量保障的基本目标就是要以全面推进素质教育为核心，突出内涵发展，构建区域基础教育质量保障体系，对基础教育质量进行全面的监测、科学的评价及有效的保障，以持续提高学生学业成绩，促进学生全面发展，办好每一所学校，教好每一位学生。

1. 明确三个保障主体

教育行政决策、行政监督，教育业务研究指导以及办学机构是区域质量保障的三个主体。要明确并落实管理监督部门、研究指导部门、办学机构的教育质量主体职责,强化管理和实施职能。同时注重引进家长、社会参与办学质量监督和评价。

2. 建立不同层面的两个体系

从区域层面,建立外部质量保证体系和内部教育质量保证体系两个体系,且外部质量保障体系要服务于内部质量保障体系。外部质量保障包含政府决策监督管理系统、政府研究指导系统、家长社会参与评估系统等子系统;内部质量保障包含教学质量管理系统、教学质量自我监控系统、教学质量信息反馈系统等子系统。

3. 形成一个有效的运行机制

教育质量的形成主要在于学校的办学过程,因此,内部质量保障系统是基础和核心。要从教学质量监控的深化完善入手,建立教学质量保障体系,然后发展到学生学业质量保障体系建设,逐步形成教育质量保障体系。

可以进一步设计的理想目标、终极目标是:在行政部门引导和驱动下,每一所学校逐步建立自身的质量管理和评估体系。可以预想,虽然保障的最终标准不具体,但涉及教育质量的每个环节和过程都是可以控制的,都是追求最优化。过程追求最优化,产生的结果一定不会是差的。

(三)关于研究任务

将会涉及质量管理的目标设计质量管理体系的基本要素和整体架构、各有关部门在管理体系中的职责、管理和评估体系的运行机制、质量管理与评价结果的运用等。

尽管目前也有高校、研究所、教研机构等其他部门从事教学、学业质量评价,但是对于综合的学校管理和教育质量的监测评价,教育督导部门应当是比较具有合法性的,理应是最权威的政府机构。

督导部门有必要、有条件、也有能力配合政府和教育局出台本区域教育质量管理体系和评价标准,在此基础上通过对常规督导和监测任务的梳理、整合,将它们逐步纳入政府对本区域基本教育公共服务(义务教育、高中教育、学前教育、职业教育)的质量管理体系。国家中长期教育规划纲要第四十八条也明确提出"建立和完善国家教育基本标准"。

目前上海基础教育质量保障体系性质的举措虽普遍存在,但尚未出现在明确理论指导下建构为体系并形成运行机制的行为。高校在质量保障方面的研究和实践都相对成熟,其中上海的高校在这方面有优势,可以迁移借鉴。

从地方政府角度看,这项工作也是对于公共教育服务进行问责的重要手段之一,是建立公共服务型政府的基本要求。

本课题主要采取以下研究方法:

文献法。本研究将认真梳理关于教育质量保障等教育管理学、教育学等不同领域的文献,明确有关观念的内涵,了解当前研究的成果。

案例法。对质量保障体系构建的区域、学校等不同层面的案例进行考察分析,加以分析总结,从个别中归纳出具有普遍性的结论。

本研究成果最后将形成教育局的规范性文件和实施意见。

三、构建依据

(一)为什么保障(意义和目的)

教育质量保障是指政府、督导评估机构、专业组织和学校为维持和提高教育质量,对基础教育机构及其活动所进行的检查、监督、核定、报告、质量改进等活动。

区域基础教育质量保障的基本目标就是要以全面推进素质教育为核心,构建区域基础教育质量保障体系,对基础教育质量进行全面的监测、科学的评价及有效的保障。

质量保障的总体目标:(1)提高学生学业成绩;(2)提供一个公平安全的教育环境;(3)提高教育管理效率;(4)改善社会家长的支持和对学校的信任;(5)创造积极良好的社区文化;(6)为所有孩子提供规范化的学习条件;(7)促进全体学生实现有个性的主动全面发展。

(二)谁来保障(利益相关方)

由于教育主管部门、监督部门、教育研究机构、校长和教师的工作性质和职能不同,学校类型、层次不同,在区域性基础教育质量保障体系构建中所扮演的角色和所起作用也会有所差异。如果不对区域性基础教育质量保障体系的建构主体进行层次划分,各个主体就不能各尽其责,区域性基础教育质量保障体系也会混乱无序,难以形成完整、科学的系统工程。经初步考虑,可以将区域性基础教育质量保障体系的建构主体分为四个层次:本区域教育行政主管部门、行政监督部门,教育研究指导机构、相关职能机构,学校、师生和学生家长,社会。

教育主管部门是区域性基础教育质量保障体系的组织建设主体，隶属于区域性基础教育质量保障的外部系统。作为本区域基础教育发展的指导者和组织者，发挥统一领导、统一管理和内部协调的职能，协调本地区各职能部门工作，统一理念和思路，分清各部门的职责，根据区域教育发展水平和教育发展规划，从规模结构和布局等方面科学规划和正确引导区域基础教育发展。

区域政府教育督导室是行政监督机构，发挥监督、检查、评估、指导职能，也隶属于区域性基础教育质量保障的外部系统。

区域教育研究机构、教育理论工作者是区域性基础教育质量保障体系的指导者，也隶属于区域性基础教育质量保障的外部系统。既是咨询专家，为教育发展"把脉"，也是教育主管部门和中小学、学生家长与社会之间沟通的桥梁。深入中小学搜集各学校发展的信息，提供各种有助于学校改革发展的服务，除了在课程上要帮助学校开发，还要在学校的课堂教学改革方面，通过组织各种各样的教学示范、研讨、展示、交流、评比等活动，促进教师研究教学过程，改进教学质量，提高课堂教学效益。

学校、师生是区域性基础教育质量保障体系的实施主体，是区域性基础教育质量保障的内部系统。区域性基础教育质量保障体系的构建工作，在很大程度上依赖于区域内各中小学教学质量的提升，依赖于这些学校对区域性基础教育质量保障体系构建的重视程度和适应能力。学生家长社会则是区域性基础教育质量保障体系构建的环境主体，隶属于区域性基础教育质量保障的外部系统，也是区域性基础教育质量保障体系的良好社会舆论环境的建构者。

内部与外部：以学校为单位构建内部质量保障体系，同时构建外部保障体系，学校要接受外部监督、指导、评估。学校系统的外部评估往往被称作教育督导，是在政府的推动下展开的，而学校内部评估考验的则是校长的领导力。

（三）保障什么（系统与要素）

研究学校的具体目标系统。包括学校育人有哪些要素，各要素之间是什么关系，包括何种外部要素、内部因素。

1. 将学校作为一个系统的要素分析

（1）作为特定功能的活动场所——空间

学校要有合理的校舍结构、布局及良好的设备、环境，在完善设施设备等基础建设的基础上对资源进行功能开发，服务于学生发展，最后注重环境育人，积累积淀学校文化。

（2）作为由育人职能连接起的特定人群——组织

学校的校长、书记、教师、学生各自角色定位,形成的价值追求和共同愿景,进行制度建设、职责划分、组织文化培育的情况。

（3）作为以处理知识为主的团体——学术共同体

学校的学科建设、课程开发、课堂教学情况,年级组、教研组的建设,教学五环节的落实与改进。

（4）作为公共服务的机构——事业单位

学校人财物管理的效益,推进现代学校制度建设,合理进行权力分配,吸收家长与社会参与学校办学管理,提高学校治理水平情况。

学校的本质是育人的专业共同体,学校的职能主要是传授知识、培养人才、服务社会三个方面,学校职能的实现途径是课程与教学,学校根本目标是立德树人、全面育人。

2. 教师：办好学校的基础和关键

教师群体是一个学术共同体,以学科与育人目标为纽带,处理知识、传授知识。要对教师的专业精神、专业知识、专业能力进行评估,建立校本提高的制度。

研究表明,影响国民教育最重要的因素不是教育经费,而是教师素质。整体来看,近十多年来,OECD 的工业国家大量投入教育经费,其中对中小学教育资金的投入,平均增长五分之二,但各国学生的学习成就并没有明显进步。从教育领先的芬兰、瑞典等国家来看,具有优秀教师是学生表现优秀的共同因素。以芬兰为例,所有中小学教师都必须具备硕士以上学历,而且非常重视教师的在职进修。

各国识别有效教学的手段,主要是学校对教师的评价,主要指标为：学生学业成绩、教学对学生需要的满足、教学创新、教师对专业发展的参与等。在这四项指标中,学生的学业成绩居于首位,其他方面都是课程教学环节。所以影响学生的最大因素是优秀师资,教师评价的主要因素是学生的学业成绩,提升学业成绩的关键是课程教学。

抓住教师就抓住了管理的根本,要建立校本研修制度、听课评课制度、年级组教研组蹲点制度等保障质量的制度。

3. 学生：学校存在的根本

学生内部组织结构包括班级、年级、学习小组、社团、活动组,其主体地位在现实中没有真正得到落实,学生的成长体验和感受具有决定意义,但长期以来被忽视、被代表。所以,质量观、发展观要根本变化,树立成长比成功重要的理念,学生观要根本变化,建立平等民主的师生关系。以学生为本,就要建立学生表达意见的制度,研究学生、适应学生、引导学生,尊重学生成长的顺序性、阶段性、差异性、不均衡性,对每一位学生的全面主动个性化发展负责。

4. 课程教学:校长、教师的核心工作

着眼点是办好每一所学校、成就每一位教师、教好每一位学生。

学校的一切追求都必须通过课程实现。课程实施必须加强教学"五环节"管理,体现核心素养的备课、上课、作业、考试、指导,构建具有不同学校特色的课堂教学模式。

"一期课改"重在研究教师状况、研究学科知识,着重在教师、教材方面,重视教师的专业发展、知识系统完整。"二期课改"重在研究学生需求,重学生主体,着重在教学五环节的适切性,重过程、重全面、重评价,重视全体学生在原有基础上都有所发展,从研究"教"向研究"学"转变。

课程管理是提升质量的核心环节,要认真制定学校课程方案和课程计划,系统构建、规范设置、有效实施、体现特色,课程的理念、目标、内容、结构、实施、评价、改进、保障需要呼应办学理念,落实培养目标。

课程教学应注重合法性与合理性,合法性即国家课程不能任意删减,校本课程开发程序规范;合理性即课程应符合学生个性发展要求,符合知识自身要求。

课程建设水平直接且集中体现了校长的专业领导能力和教师的专业发展高度,应做到规范性、多样性(选择性)、特色性的统一。

学科建设居于课程建设的首要位置,高水平学校首先要有高水平学科建设;学科建设的关键是学科领军人物的培养和学科组的建设;校本课程建设要聚精会神解决好基础型课程的校本化实施;一所学校注定只有少数教师能成为学科专家,但所有教师都可以成为学校课程有效实施的推动者。质量保障必须关注学科建设、课程建设。课程成就学校、课程成就教师、课程成就学生。

5. 家长与社会:与教育发展有密切关系的利益相关方,是教育公共服务产品的直接接受者

家长对学校的感受想法,一直缺乏有效的表达渠道;社会组织作为非政府组织,有不同的专业背景和专业人才,在教育评估中有很大的发展空间,目前还不够

发达；社会公众作为社会的成员，可以从第三方的角度对教育事业提供客观的意见和建议，但长期以来社会公众缺乏参与学校工作的机会。要发挥家长委员会作用，建立家长学校、家访、家长开放日制度，吸纳社区和专业人士参与学校发展，形成开放、多元、包容、互助的治理格局。

学校办学管理常规落实程度体现了校长管理水平，质量保障必须关注以下常规工作的落实：以章程为核心、规划为主线的制度建设；以校长负责制为核心的治理机制运行；以课程教学为核心的课程领导力制度建设；以教师发展为核心的课程执行力制度建设；以学生健康成长为核心的质量保障体系建设；以校舍开发、财务、安全为核心的资源制度建设；以图书档案管理制度为核心的文化积累建设；以校风、教风、学风为核心的文化精神建设；以服务为核心的学校、社区、家庭育人主体建设。

（四）怎么保障（结构与功能，方法与手段，运行机制）

建立领导机构、评价机构、指导机构、支撑机构及办学资源信息库。

形成评估系统（标准化工具与程序、检测、数据、分析等，一般而言，专业机构只做鉴定性评估，不做指导性建议，督导部门可以监督指导）、报告（反馈）系统、支持系统，以此服务决策、监督、指导和实施。

同时，应实现全要素管理、全过程管理、全员化管理、主动化管理、绩效化管理、开放性管理。

关于运行机制，需逐步制订质量标准，明确质量管理机制，开展质量教育（质量文化建设），质量信息收集、处理、积累及反馈与持续改进。

教育决策、政策机制如创建示范校、学科带头人评选、设立名师工作室等，主要可以通过文件规范、行政指导、经费支持、评估评价等方式实施。

构建区域教育质量保障体系要树立育人为本的教育观、科学的教育质量观、全面发展的教育目的观、教育是一个创造过程的教育过程观，并遵循以下原则：

（1）全面性。通盘考虑，全面设计有关评价指标和教育教学保障体系。

（2）全员性。全体管理人员、全体师生都是教育教学质量监控体系的主体，是提高教学质量的因素。每个人都是质量保障体系的主人翁，同时也都是被监控的对象，要全体参与、自觉配合监控环节的各项工作。

（3）全程性。教育教学质量是在整个教学实施过程中形成的，不是靠最后的评价、检查得出的。因此，应当对教学的全过程进行监控，做到事先监控准备过程、事中监控实施过程、事后监控整改过程的循环、统一。

（4）系统性。把教育教学质量管理作为一个由各级系统组成的整体来看待。把区域教育质量提高作为一个系统，把各级各类学校教育质量提高作为子系统，每所学校内部又有不同的子系统，以"让学生健康快乐成长"为核心理念，以"办人民满意的教育，办学生喜欢的学校"为追求目标，从学校管理改革、课堂教学改进、加强教学研究、质量反馈与校正等环节整体研究，促进学校教学管理精细化、规范化，从而达到保障教学质量的目的。

（5）可行性。质量保障措施的制定必须以区域和学校现有的人财物及发展状况为基础，提出切实可行的发展目标和监控方案，形成操作性强的运行机制。

（6）目标性。教学质量监控的目的是关注学生培养目标的实现度、发现培养目标的误差并采取有效措施及时纠正以保证完成教学任务、实现教育教学目标。

四、实施策略

区域教育质量保障体系是复杂的系统工程，需要区域基础教育内部质量保障系统和外部质量保障系统两个部分来共同推进和履行保障功能。教育质量保障建立在一定价值观基础上，教育方针和办学目的是教育质量保障目标形成的基础，办学投入是质量形成的条件，办学过程特别是校长课程领导力、教师课程执行力是决定质量高低的核心，办学水平的督导评价、研究指导是持续改进办学行为、提高质量的重要途径，借鉴相关理论资源是提高质量保障体系科学性的必然要求。要采取整体设计、系统思考、分层构建、试点先行、持续改进、逐步完善的实施策略。

（一）在实施步骤上分三步实施

第一步，启动阶段，主要是整体设计，制定相互配套的政策，使教育质量保障有章可循，并依法组建一些质量保障机构，搭好质量保障的基本框架。

第二步，成立基础教育质量保障主管机构和专家机构，制订出切实可行的计划，分类推进中小学自评和同行评估；实施教育决策、政策机制，如创建示范校学科带头人评选设立名师工作室等。主要可以通过立法规范、行政指导、经济手段、评估评价等方式实施。

第三步，质量保障体系的全面建设阶段，在完善各种政策、制度的基础上，将质量保障工作向纵深方向推进，全面开展学科、专业质量评价工作，并对前期工作的经验与教训进行总结，充实、修改、调整一些评价标准或工作程序等，使区域性基础教育质量保障体系在实践中逐步完善。实现全要素管理、全过程管理、全员化管理、主动化管理、绩效化管理、开放性管理。

（二）在工作要求上做到三点

第一，保障重心下移，以学校为重点，强调保障的自主性。

第二，保障内容紧紧围绕"学生"这一主体，侧重于对学生学业质量与综合素质的培育，强调对个体的关注，强调研究学生，关注学生个体和个性特长，对学生进行差异化的因材施教，充分发挥学生在日常教学中的主体地位，提高教学的针对性与有效性。

第三，注重质量产生因素分析，注重质量产生的过程和成本，注重反馈与教学改进。

五、实践工作

建立局教育质量保障相关组织机构：领导机构和专家机构。

召开相关专家、校长座谈会。

明确形成若干意见文本及年度实施步骤。

开展专题研究，包括文献研究（政府教育质量保障的主要政策法规、研究文章、评估工具）与实地考察。

以点带面，推进质量保障体系不断完善。在学校原有工作基础上，在各级各类学校中选择 1～2 所先行先试取得一定成效的学校，总结提炼，交流推广，推动全体学校有效开展保障体系建设。

六、推进措施

教育行政部门制订基础教育质量评估标准体系，构建立体化的监测与评估体系：教育督导室加强监测与评估方法的研究和开发；学校加强基础教育的过程监测与评估；教育学院加强基础教育结果的监测与评估，建立基础教育质量监测与评估数据库。

（一）强化质量意识

提高教育质量是基础教育教育改革发展的核心任务。树立科学的质量观,把促进人的全面发展、适应社会需要作为衡量教育质量的根本标准。树立以提高质量为核心的教育发展观,注重教育内涵发展,促进各级各类学校办出特色、办出水平。建立以提高教育质量为导向的管理制度和工作机制,把教育资源配置和学校工作重点集中到强化教学环节、提高教育质量上来。

（二）加强对教育质量保障的领导

教育主管部门是区域基础教育质量保障体系的组织建设主体,隶属于区域性基础教育质量保障的外部系统。作为区域基础教育发展的指导者和组织者,发挥统一领导、统一管理和内部协调的职能,协调本地区各职能部门工作,统一理念和思路,分清各部门职责,根据区域教育发展水平和教育发展规划,从规模、结构和布局等方面科学规划和正确引导区域基础教育发展。重点制定教育质量宏观管理的有关方针、政策和制度,通过政策予以指导和管理,促进学校关注质量保障,引导相关机构参与质量保障,对教育服务提供者的办学行为进行政府监督。全面构建以政府教育管理为主导、业务研究指导部门为主干、各级各类学校为主体的教育质量保障体系。

教育局成立教育质量保障领导小组。聘请教育教学和管理专家,建立教育质量保障专家指导组。聘请社会各行各业专家成立教育质量保障咨询组。

教育行政决策、监督检查、研究指导部门各司其职,加强教育督导与教育决策、教育执行之间的统筹协调。

教育行政部门建立定期研究、检查、指导等管理问责机制,协调形成教育行政、教育监督、教育研究定期通报研究制度。

各级各类学校要把提高教育质量摆在教育工作的核心位置,修订完善教育质量管理制度,进一步完善教学计划制定、执行和评价等相应制度,严格按照教学计划组织教学活动,加强对教学活动的管理。强化校长办学质量任期考核,完善校长目标责任制,把教育教学质量作为校长任期考核以及教师职务评聘晋升、评选先进的重要依据。

（三）改革和完善基础教育质量督导与评价制度

区域政府教育督导室是行政监督机构,完善对政府履行教育职责的监督和评价制度,督促和引导政府组成部门和街道按照科学发展观和正确的教育质量观,遵循教育规律,抓好教育工作,切实担负起全面实施素质教育的政府主体责任；健全普通中小学校督导评估制度,研究修订区域各级各类学校督导评估标准和实施方案,督促和引导学校全面实施素质教育,全面提高教育质量,促进学生全面发展；改革和完善教育督导与评价工作机制。要定期对政府、学校实施素质教育和提高教育质量情况进行有针对性的综合督导、专项督导等督导评估,督导报告要向社会公布,充分发挥督导的职能作用。

（四）加强教育研究指导

区教育学院以及区域教育研究机构是区域性教育质量保障体系的研究者、指导者,也隶属于区域教育质量保障的外部系统。是教育主管部门和中小学、学生家长和社会之间沟通的桥梁。要建立科研支撑机制,加强教育质量研究,强化对基层教研工作的指导和服务,定期对学校进行指导、培训,加强教研、科研队伍建设。通过组织各种各样的教学示范、研讨、展示、交流、评比等活动,促进教师研究教学过程,改进教学质量,提高课堂教学效益。

（五）完善教学质量监控体系

学校是质量保障系统的最终落实者,是质量保障的内部系统。要建立具有合理内部结构、严密通畅的教学质量监控体系,包括教学质量管理、教学质量监控、教学质量评价和教学质量问题反馈的闭合系统,形成随机听课制度、教学质量抽查制度、学生问卷座谈制度、考试流程管理制度、学习质量档案制度等一系列制度。

（六）实行全方位的质量监控

教育质量"最终体现在学生发展的质量上",要在以下五个方面对学生发展进行全面监测,保障教育教学过程的质量,针对性地及时发现问题。一是学生的思想品德和公民素质。二是学生的身体、心理健康水平和艺术素养。三是学生的学业水平和学习素养特别是学习兴趣、学习习惯、学习方法等。四是学生的实践能力和创新意识。五是影响学生发展的教育环境与社会环境,主要是学生的家庭环境,教师、学校、课程等学校教育环境,以及有关的社会、经济环境等影响学生发展的相关因素。

（七）建立多元化评价指标体系

区域和学校两个层面研究开发不同的评估系统(标准化工具与程序、检测、数据、分析等),构建与绿色评价指标相衔接的多元化的教育教学质量评价体系。包括优化评价指标体系,建成符合各个学校实际的、完整的教学质量评价指标体系；

制定包括教学规范、教学计划完成情况、教学管理规章制度等的质量评价标准；制定科学的评价方案，在评价方案的制定方面要紧紧抓住备课、上课、作业、辅导、考试等教学的五大环节，对教师的教学质量、学生的学习情况、学生的素质培养等进行测评；合理控制评估质量，形成评估专家、管理人员与师生、家长、社会共同参与的评估主体，保证结果的公正科学。

（八）增强反馈力度，形成持续改进机制

监控结果的反馈对教育教学质量监控体系的发展意义重大。通过建立多种渠道，真实有效地采集教学质量信息，定期进行反馈，及时反映教学过程存在的种种问题，提出改进措施，促进学校持续改进提高。

（九）建设区域基础教育监测数据库

针对区域当前基础教育发展特点，结合教育质量监测保障体系布局，整合原有的数据资料，汲取数据库建设实践和经验，不断积累有关监测数据，特别是重视监测学生的创新意识和心理健康水平。通过对数据的科学采集、分析和研究，对基础教育发展中的问题进行定量及定性的分析和研究，为教育行政部门提供决策依据。辅助区域建立以素质教育理念为核心的基础教育质量标准，完善各级各类教育质量评价标准，建立有区域特色的课程标准、教育教学标准、学生身心健康标准，定期发布教育质量报告，为全面实施素质教育、提高教育质量奠定基础。

（十）营造共同推进教育质量提高的良好氛围

广泛宣传关于教育质量的政策要求，树立典型，推广经验，引导学校、社会树立正确的人才观和质量观，为提高教育质量营造良好的社会氛围。采取多种途径，引导家长树立正确的教育观念，掌握科学的教育方法，关注子女心理健康，帮助子女养成良好行为习惯，形成学校、家庭、社会"三位一体"推进教育质量提高的浓厚氛围。

（黄浦区人民政府教育督导室）

黄浦区义务教育阶段(小学)教育质量
保障体系专项督导调研报告

《国家中长期教育改革和发展规划纲要(2010—2020)》明确提出,要"制定教育质量国家标准,建立健全教育质量保障体系",区域教育质量保障体系的构建是提高区域教育质量和整体水平,促进各级各类学校自我完善、自我发展的有效途径。质量是办学的生命线。黄浦区历来重视教育质量保障工作。2003年就在小学阶段推进质量监控,2009年开始整体思考区域质量保障体系建设。2015年正式印发《关于构建区域教育质量保障体系的若干意见(试行)》,要求各级各类学校因地制宜构建质量保障体系。到2017年,为了深入了解学校落实推进情况,区教育局第64次局务会议通过议题,决定在小学阶段开展专项督导调研。

区教育局牵头,区政府教育督导室负责具体实施,包括制定工作方案、设计工具量表以及为师生家长问卷增设相关问题,区教育学院参与了部分工作。2017年4月至2018年1月,由市区专家、督学和教研员构成的质量保障体系建设督导调研小组,先后对黄浦区卢湾二中心小学、师专附小、董家渡路二小、上师大附属卢湾实验小学、应昌期围棋学校(小学部)、黄浦区卢湾一中心小学、瞿溪路小学、曹光彪小学、裘锦秋实验学校、巨鹿路一小共10所学校开展了专项调研。样本学校兼顾学校规模、生源状况、办学水平,具有代表性。

其间,通过听取校长专题汇报、查阅相关资料、个别访谈等形式,从"组织管理""运行情况""取得成效"三个维度,深入了解学校内部质量保障体系构建与实施现状,总结质量保障体系建设对促进教育教学管理规范化、科学化的有效做法和经验,以服务学校为宗旨,共同探讨办学规律,提升办学水平,促进学校办学水平整体提高。

专项调研发现,各校均高度重视教育质量体系保障建设,对教育质量有科学正确的理解和认识,视教育质量为学校的发展核心和生命线。依据《区教育局关于加强中小学教育质量保障体系建设的实施意见》文件精神,以"绿色指标"为导向,基于办学目标,努力构建质量保障体系,加强组织管理,多措并举,分步实施,有序推进，提升办学水平，各校教育质量保障体系建设均取得明显进展和成效。

2018 年 4 月 17 日，召开了总结研讨会。2018 年 6 月第七次局常务会议上通报了小学质量保障体系建设专项督导调研情况。学校卓有成效的工作得到了专家和领导的高度肯定。

一、做法与成效

（一）顶层设计是前提

各校基于办学目标，立足学校实际，整体建构了工作方案。各校基于对教育质量的高度重视和对质量保障体系的学习理解，在深入思考的基础上，结合不同学校的实际、办学特色，撰写了以校为本的教育质量保障体系的方案文本，架构校本化的质量保障体系，各校质量保障体系建设与运行呈现校本化的特色，各具亮点，凸显质量保障体系在学校整体工作中的重要地位和作用，保障学校稳步持续发展。

卢湾二中心在梳理学校百年历史发展脉络的基础上，进一步认清与辨析学校变革与发展的走向，围绕"转识成智"的办学理念，从学生实际出发，把学生身心发展的"心需求"和培养满足社会不断发展的"新需求"的智慧型人才，作为教育的归宿点，在两点之间实施以智慧型管理为前提、阶梯式智慧型课程为特色、睿智课堂教学为根本、培养智慧型教师和智慧型学生为最终目标的教育过程，构建了"双需五智"教育质量保障体系。

师专附小围绕"多经历　漫成长"的办学理念，以"遵循教育规律，丰富学生经历，习得有效学习经验来促进学生核心素养的提高，促进学生全面、健康、个性成长"为核心，进行整体架构，依托有序管理，逐渐形成有效的运行机制，并使其成为教育质量形成的基础和核心。

董家渡路二小质量保障体系的构建基于学校的办学理念——"让学生体验成长的快乐，让教师享受职业的成就，为学生的终生发展奠定基础"，根据"全面推进，逐步完善"的原则，确立了学校质量保障体系的内容和措施，并且建立职责明确、运行规范、循环往复、螺旋上升的自评机制，有特色地构建了学校教育质量保障体系。

卢湾一中心小学依据"构建完整教育，塑造健全人格"办学宗旨，以"全员、全程、全面"的质量保障策略，明确质量保障实行分级目标管理，把质量管理的目标和要求落实到每一位教职工，落实在教育教学每一个环节中，基本形成了相互协调、相互促进、运行顺畅的质量管理保障体系。

上师大附属卢实小基于"圆融通达、修德允能"的办学理念，以绿色指标和全面质量管理理论为导向，架构"133"学校质量保障体系："1"个核心理念，即让教与学的品质落实到每一个人的身上；"3"个重点过程研究实施项目，即"目标导向下的导学稿编制""允能课堂全员解析""五彩学习卡"；"3"个评价项目，即"教学流程监控评价项目""允能团队考评导向项目""综合素质评价导向项目"。

应昌期围棋学校通过不断完善已有的教学质量保障措施，使各项措施规范化、制度化，基本形成了学校质量保障体系。并且利用教工大会、业务学习等机会，使全体教师统一思想、提高认识，并对学校已有的管理模式进行反思，总结经验和改进不足，以适应学校新的发展要求。

曹光彪小学围绕"寻找适合每个孩子的教育"的核心办学价值，在探索"适合"的内在一致性和外在丰富性的过程中，整体思考、分层构建、点面结合、持续改进，逐步完善建立各项保障机制，不断增强学校的发展潜力和发展可能。

裘锦秋实验学校围绕"自主发展，开发潜能"的办学理念和"自强不息"的校训，不断增强全体教工的质量意识，并且逐步树立全面的教育质量观，构建了比较完整的教育质量保障体系。

瞿溪路小学质量保障体系围绕"赏识、自信、快乐、成功"办学理念，制定了"慧溪"质量保障体系方案，聚焦核心素养培育，培养有爱心、知礼仪、求智慧、显活力的"四好"阳光少年。

巨鹿路一小的教育质量保障体系有科学的办学理念和适切的培养目标支撑，以"守护童心"的质量保障体系核心价值观，形成"1、2、6"质量保障体系，即：一个核心理念、两个实践维度、六个保障项目，确立教育质量是学校发展的根本，提升教育质量是学校永恒的主题。

（二）组织管理是关键

各校健全组织架构，理顺管理关系，初步形成了管理运行机制。各校都将质量保障体系视作一个全员参与的全面质量管理的生态系统，通过质量保障体系的组织建设，进一步理顺学校管理中"线"与"块"之间的关系，明确分工，形成一个全员参与、多层次、多维度的全面质量管理网络，让质量保障落实在管理的各个环节上，为学校教育质量保驾护航。

卢湾二中心小学形成了以校长、书记、分管教学副校长和工会主席为主的决策系统,以科研室、课程教学部、德育部、后勤保障部、团支部和大队部为单位的协调、指导、监控系统,以"年级组长——班主任"和"教研组长——学科任课教师"组成的行动执行系统。全校各部门纵向无缝对接,确保各项工作承上启下,为学校质量保障体系的有序运行提供了组织保证,为有效保障学校教育质量的提升奠定了坚实的基石。

师专附小实行三级分层质量保障体系的组织管理,明确职责,落实到位。以校长室为领导,教导处、德育组、总务处为各负责部门,分别负责教学、教育、后勤保障等工作。其中校长、各部门负责人为质量保障体系组织机构中的责任人。各部门依照教育质量责任制度开展管理工作,互相监督,协同合作。

董家渡路二小成立了以校长为组长的教育质量保障领导小组,校长是教育质量保障组织机构中的第一责任人,领导小组成员均是学校各职能部门的负责人,同时也是学校教育质量保障体系建设各方面的分责任人,包括党支部书记、工会主席、教导主任、人事干部、总务主任、大队辅导员等,所有成员之间都要具有质量责任意识、协同合作、互相监督。

卢湾一中心小学成立由校长挂帅、党政领导和中层各部门负责人参加的学校教育质量保障领导小组,在不改变学校原有管理体制与组织机构的情况下,推进保障机制的系统化、制度化和常态化,强化各部门的质量管理职能,发挥其积极推进的作用,保障教育质量管理各项制度和工作机制的有效运行与实施。

上师大附属卢实小以项目推进的形式架构质量保障体系,完善并推进"133质量保障体系",体现质量保障的全员性、过程性与导向性,聚焦内涵发展。学校根据办学实际调整推进项目,并梳理提炼项目实施的策略与路径,体现了质量保障体系是一个动态的全过程管理与保障。

应昌期围棋学校从课程建设、常规制度落实、质量跟踪调控、奖励机制促提高、行政引导做好服务五大方面架构学校的质量保障体系,力求在保持学生适度课业负担的前提下,提高教学工作效率,努力提升学校教学质量,使全体学生在自己原有基础上都有不同程度的提高。

曹光彪小学的质量管理路径为"学校决策,处室督导,年级管理,教师落实"。此系统强化了年级管理职能,把管理重心下移到年级,把年级组建成学校教育教学与管理实体,强化了教研组研究功能。将管理重心下移,强化管理职能与研究能力。

裘锦秋实验学校由校长领衔、各职能部门负责人参加组成教育质量保障领导小组。设置课程开发、课堂教学、学生德育、教育科研、人力资源、后勤保障等部门，分别承担相关领域的质量保障。学校党支部、工会、教代会都发挥了质量管理的政治保障、民主管理作用。

瞿溪路小学建立了质量保障组织机构，完善组织职能。建立了质量保障领导小组和质量保障督导小组，建立了职能管理部门，由学校教导处和德育处、教研组、备课组组成，全面负责校内教育质量保障管理体系的基本运作。

巨鹿路一小建有完备的质量保障体系组织机构，设立课程发展部、教学改革部、学生发展部、教师发展部、后勤总务部五个部门，承担各自的质量保障职责，实行高效简明的层级管理。学校还成立了质量保障专家指导团、社会家长督查团队，对学校教育质量予以诊断、指导、评估、建议。

（三）课程教学是主要环节

各校聚焦质量核心，运用多元评价，精细课程教学管理，逐步完善监控体系。各校在质量保障体系建设和推进中都充分认识到，课程与教学管理是提升质量的关键环节，质量保障必须重点关注学科建设和课程建设，从学校课堂教学改进、质量过程监控与反馈校正等环节整体推进，以达到教学质量保障的目的。各校在持续深化理解"绿色指标"内涵的基础上，通过加强课程教学质量管理、课程教学质量监控、课程教学质量评价和反馈等机制的建设与运行，不断完善课程教学等相关制度，探索建立具有合理内部结构的教学质量监控体系，关注学生个体和个性特长，实现减负增效，提升教育质量。

卢湾二中小学加强课程质量监控，逐步建立起一套行之有效的管理制度和管理办法，课程管理流程清晰，监控到位。开发了"L-ADDER"课程评估工具，通过评价的介入，促进校本课程优化；形成由课程领导实验室、课程文本审核部、课程教学评估部和学生成长评价部组成的课程管理机构，职责明确，分工具体。"课程文本审核部"负责课程开发技术的管理与领导，保证课程开发质量；"课程教学评估部"负责课程实施品质的管理与领导；"学生成长评价部"着力关注学生的学习过程与成效，促进学生多元发展。在课堂教学管理中，学校成立了由校级领导、中层干部和骨干教师组成的教学管理指导小组，对教师日常的教学进行全面的质量管理监控，为教与学的质量提供组织保障。完善了一整套以教学质量为中心的制度，包括教学质量检测制度、课堂教学质量分析制度、教学质量跟踪管理制度和学科研修制度等,提升学校的教育教学质量。

　　师专附小在整体有序推进学校教育质量保障体系建设中,围绕课程实施,制定、完善相关校本课程开发、审核、实施等制度,使教师有规可循、有章可依,先后制定了学校课程管理制度、课程申报制度、快乐活动日课程展示制度、快乐活动日任课教师教学制度等相关制度,用制度规范教学,保障课程的有效开展。学校建立教学质量预警机制,强化教学过程监控,关注教学五环节的落实,通过量化与质化相结合的分析方式,开展基于检测数据、发现问题、跟踪分析、持续改进的教学评估与诊断,提高教学有效性,保障学校教育过程质量和结果质量。

　　董家渡路二小依托课程领导共同体,架构课程管理网络系统,制定一系列的保障机制,以完善课程的研发、培训、评价、资源整合等管理制度,从人、财、物等方面系统地给予支持和保障,为学校课程建设的顺利进行提供保障。学校各项教学管理制度与时俱进,立足等第制评价,完善修改教学质量分析表、教学质量奖励条例、教学工作考核表等,使这些管理制度和措施能真正起到对教学质量的保障作用。学校建立"目标衡量"校本教学质量监测体系,依据各学科的"课程标准",从学习目标的达成度来衡量教学质量,对教学整个过程进行精细化管理,把教与学的目标所相应的表现标准,进一步细化为操作性更强的教学目标实施细则,提高教师对教学目标的整体把握,提升教学有效性。

　　卢湾一中心小学聚焦教育质量保障核心,根据学生的不同需求,设计、研发个性发展课程,形成了必修、限定选修和自主选修相结合的完备、丰富的三类课程体系。从教学质量监控入手,建立健全质量保障的规范性标准,以及促进标准达成的教育资源配置、管理制度和工作机制,并将之融合在每学期工作计划中加以落实;实施教育质量评价、激励制度,以绩效考核为载体,最大限度地提高教师的工作积极性,在学校推进"情感教育"和"云课堂"中各尽其能、发挥作用;教学质量监控从以往的浅层分析转向深层分析,关注学科之间的关联、学法的改进和对学生学习的跟踪分析、分类指导,为学生学习能力和水平的提升提供了有效的帮助。

　　上师大附属卢实小强化课程研发实施的认证与评估,注重"允能课堂"教学的解析与反思,以此保障学校的办学质量。学校以"五彩童梦课程研发与实施"的过程研究项目与"课程的认证与评估"的评价导向项目对接,形成校本课程开发、审核、实施与评价制度,先后研发开设了"周五快乐活动日课程""创智导学课程""双D课程"等课程,凸显体验性、融合度。学校基于"圆融"文化管理,重新梳理了内部管理职能部门，成立"课程师训部"，进一步厘清了管理职责，完善学校管理制度，修订了《卢实小学校管理制度大全》，制定了"教学流程管理方案"，建立了"课程的认证与评估"等教学质量预警机制，优化了备课、上课、作业、辅导、评价等教学环节，保障了教学质量。

应昌期围棋学校建立了一系列教育教学的常规职责与要求，坚持实施"质量跟踪分析"制度。对学生期中、期末阶段的学科活动和练习情况进行跟踪研究，定期召开年级组、教研组质量分析会议，从不同角度对学习困难学生，从智力、非智力以及家庭等因素做全面的分析，通过优化教学方法、疏导心理、家校联手等多种手段，寻找提高学生学业表现的对策。

曹光彪小学建立与完善了学校教学内部质量监控机制，形成了适合学校且易于操作的内部质量管理步骤，有程序且操作规范，并运用一定工具搜集、整理分析影响教学质量的相关信息；加强了教学质量过程管理，形成相对固化的长效机制，为进一步改进教学提供依据和建议，促使学校教育质量稳步提升。

裘锦秋实验学校构建了基础型、拓展型、探究型课程的管理与评价机制以及特色课程的开发机制，课堂教学与学业质量的监控机制，教师发展的考核与激励机制，学生发展的奖励机制。并以"学业质量绿色指标评价"为导向做实质量监控。学校建立了由教导处、教研组及教师构成的三级质量监控组织，各司其职、各展其能，针对教学全过程在不同层面上落实教学质量的自控、互控和调控；实施"学困生发展认定""合格率目标达成"等举措，引导教师重视面向全体学生的质量提升。

瞿溪路小学建立了完整的教学管理制度，以《"赏识课堂"指导手册》为依据，加强课堂教学优化的机制建设，对教育教学过程实施动态监控、考核评价、及时预警、跟踪改进，变终结性评价为过程性评价。为了保障教育教学质量进一步提升，学校在绩效考核中强化质量要求，保障教育教学工作的有效实施。

巨鹿路一小通过制订和落实制度化、系统化的管理措施，形成以课程质量的保障体系、教学质量的保障体系、学生发展的保障体系等为主要内容的完整、科学、规范的教育质量保障体系，在过程监控、预警、诊断、改进等方面，发挥了教育教学保障机制的监督管理职能。

（四）教师队伍是根本保障

各校搭建多种平台，学研训一体，实践反思改进结合，以提升教师专业素养厚实质量基础。各校在构建教育质量保障体系、促进质量提升的背景下，以全面提高师资队伍整体素质为核心，以促进不同层次和发展阶段教师共同成长为重点，搭建多种平台，加强质量保障下的教师专业发展水平和学科教学能力建设，并且都取得了较好成效。

1. 进一步优化了绩效考评制度，完善人事管理制度以保障教师发展

师专附小完善教师考评机制，规范教师教育教学行为，引导骨干教师、青年教师制定个人发展规划，保障学校教师队伍建设规范有序、凸显优势。

卢湾二中心小学倡导教师参与高一层次学历进修和培训，鼓励支持教师攻读硕士等学位，改善教师整体知识结构，提升教师学历层次。

董家渡路二小设立了高一层次学历奖、教师发展奖等激励性绩效奖励，建立"校骨干教师""特色教师"评选制度，发挥骨干教师在专业上的引领和辐射作用，培养了季蓓蕾等学科带头人，且其中艺术骨干教师的成长尤其突出。

曹光彪小学通过不断完善内部分配的激励机制、经费投入机制、骨干教师管理机制、教师绩效考核和评价改革机制等，激发教师专业发展的内驱力，营造积极向上、人才辈出的良好氛围。

瞿溪路小学通过考核评价机制的完善，激励教师主动发展，先后修订了"骨干教师评价细则"和"教师绩效考核细则"，建立了"瞿小智慧教师评价细则"等评价机制，注重个人与团队相结合的绩效考核，发挥考评的激励功能、导向功能、驱动功能，激发专业发展内需，不断提高教师的积极性和创造性。

2. 完善校本研修机制促进教师发展

卢湾二中心小学在"师德修炼""教学实践与反思""班主任工作与育德体验""专业发展与能力提升"等方面，形成专题系列为新教师提供培训课程。

师专附小针对不同年龄、不同发展阶段教师的需求，采取"抓两头带中间""请进来、走出去"等方式，搭建在职培训、海外学习、学术交流、展示研讨、民间沙龙等平台，以"专家诊断、同伴互助、团队分享、课题推进"强化教研组建设，引导教师成为专业发展的研究者和实践者。

董家渡路二小开展"启明星教师"培养计划，对青年教师开展针对性的校本培训，加快青年教师岗位成才。

卢湾一中心小学把内容丰富、形式多样的校本研修作为教师成长的主渠道，实施"专业引领，同伴互助，实践反思"策略。每年开展"教学研究月"活动，明确研修主题。

裘锦秋实验学校制订《"十三五"校本研修规划》，强化校本研修的规范管理，落

实评价激励机制；开展旨在促进课堂增值的"构建高效课堂教学模式的实践研究"，加强教研组、备课组建设，各类教研活动比较规范，有研究主题，有实践推进；实施优秀教研组评比制度，促进教研组在课题研究、课堂改进、教学质量等方面有所发展。

瞿溪路小学打造"教学研究共同体"，以"主动研究、团队研讨、共同提高"为目标，通过研究课标、钻研教材、文本细读、组团学习、专题推进、专家引领等方式，研讨来自教师日常教育教学的困惑或教改实践中的热点问题，促进教师全面发展。

巨鹿路一小注重教师阶梯式的群体发展，形成分层培养的机制。发挥"骨干教师队伍"的示范辐射作用，关注"青年教师"的自我成长发展。制定《巨一优秀人才培养规划》《巨一骨干教师专业成长工作职责》等制度文件，打造教师独特的教育教学风格，为优秀教师搭设学习展示舞台、创造条件，鼓励教师成才。

3. 加强科研引领提升教师发展

卢湾二中心在"上海市提升中小学课程领导力行动研究"签约项目课题"走上智慧成长的阶梯——优化阶梯式课程的实施研究""'L—ADDER'课程评估工具的开发及其使用研究"的引领下，坚持"一组一品"课题，在课题研究中成就教师，全面提高教育教学质量。

师专附小以市级课题"智立方——指向学生创新素养培育的课程设计与实施研究"和区级重点课题"多经历 漫成长——校本课程的再构与实践研究"为龙头课题，下设多个子课题，形成市、区、校三级科研课题网络，倡导"带着问题开展研究"，有效促进了教师专业发展和教学业务提升。

董家渡路二小通过对市级课题"'艺术育人'学校文化续构的实践研究""'艺术育人'学校文化特色课程的实践研究"的研究，促进了教师课程开发能力、课程领导实施能力、教学艺术探究能力。

卢湾一中心小学在市级课题"云课堂的学习分析与教学改进"引领下，开展十余个子课题研究，促进教师专业成长。曹光彪小学借助"《玩转上海》场馆课程建设"成为区优秀教科研成果应用推广项目，开展市集团化项目"场馆课程共建共享机制的研究"，尝试通过教师培训、课程交流等途径，促进教师成长。

应昌期围棋学校以重点课题"学校围棋特色课程建设的实践研究"引领，开展了多项教育教学实践研究，尽可能为教师提供进修培训、学习展示的机会，聘请专家培训辅导，不断探索围棋文化与德育、学科教学的整合，以行动研究提高办学品位。

裘锦秋实验学校利用"校所一体"优势,在上海市学习指导研究所专家指导下,结合市级研究子课题,开展"研究教学模式,打造实效课堂""引导学生自主构建理解的学习模式"等项目研究,通过大量案例梳理形成了适合学生学习的九类二十八项"课堂教学策略和方法",改进教师教学行为,着力解决教学中的具体问题。

巨鹿路一小立足"童心"课堂的架构与"会思慧玩"的教育教学实践,通过教育科研,聚焦教师的教育智慧,逐步完善教学"五环节"有效的策略,"会思慧玩"课堂的优质化的教学途径,促使教师在反思中不断调整教育策略,改变教育行为,确保教育质量保障体系的有效落实。

4. 聚焦教师成长需求提供发展路径

上师大附属卢实小依托高校资源,立足于市区级共享培训课程,为教师发展梯队匹配校本培训课程和相应的发展路径,并以区级课题"基于'圆融教育'理念的学校'卓越教师'培育与发展的实践研究"为引领,进行教师按需分层培养。对青年教师进行前置培养,施行一对一导师带教机制,通过微课设计、五四青年说课、市区级课题研究等促专业成长;成熟教师在允能教学平台中,通过团队研讨实现其教学理念的变革,在圆融讲坛、班主任沙龙等平台上,分享教育经验,获得其专业发展的被认同感;骨干教师走进市区名师工作室、骨干研修班进行研修,通过走进高校为师范生进行讲座与培训、带教上师大实习生、进行市区级各项汇报等活动在区域范围内发挥引领辐射作用。

(五)资源要素是有力支撑

各校注重空间设计,环境育人,整合校内外资源,形成育人合力,助力学校优质发展。现代教育越来越依赖于学校内外资源的配置和利用。各校注重资源要素对学校教育质量的保障和促进作用,善于利用各种资源,打造物质文化,形成和谐立体的育人环境,保障学校持续发展。

1. 依托市区项目平台,优化校园环境,发挥环境育人功能

卢湾二中心以创意空间项目申报为平台,先后建有"乐满地"、多功能视听室、"墨香斋"活动室,改造"生态实验房",完善"绿梦缘""创智坊"等学生动手实践的场地,打造"更儿童"的校园环境。

董家渡路二小把艺术化的校园环境建设作为艺术素质教育的隐形课程来积极创建,依托"市创新实验室"和"区空间环境创意"项目,打造了"书画童缘""科学创新""电脑绘画"等艺术教育特色专用室,空间设计集现代与艺术于一体,让学生在明快童趣的空间中充分享受艺术创作带来的愉悦心情。

师专附小充分利用"市创新实验室"和"区空间环境创意"项目，先后申报了"爱乐游创意心理室"、"智立方"艺术创意室、"智味馆"学生魔幻厨房体验所、"田园野趣"学生种植体验区以及小学体育兴趣化课程研究的"趣动馆——FUN SPORT"室内运动体验馆等，为特色课程的建设打造了适宜的实施空间。

卢湾一中心小学积极打造基于"云课堂"而开发的"彩云墙""VaVa 实验室""梦想馆""彩云图书馆""云厨房"等创意空间，为学生个性化学习提供服务。

瞿溪路小学努力打造绿色校园、文化校园、活动校园，改建了校门、二楼展示厅改建、教学大楼外立面等，将学校的办学理念、培养目标与校园美化巧妙地融合，既美化了校园环境，又彰显了"赏识"教育的思想和"慧溪"文化的价值追求。先后建设了 DIY 工坊的劳技室、小溪阳光屋的资源心辅室等，使"慧溪"课程的实施得到保障，发挥了育人作用。

上师大附属卢实小不断开发课程空间创意项目，延展课堂，充分整合了校内、校外、社区、家长等各类教育教学资源，建设与校园文化建设相匹配的校园环境。"丽园书苑""丽园足迹""丽园工坊""丽园消防安全宣传教室""丽园文化长廊""丽园水景观"等一系列校园文化环境资源成了丽园独特的风景。

2. 整合各方资源，参与课程开发，打破课程围墙

卢湾二中心小学与孙中山故居、江南造船厂等缔结共建单位，整合十大博物馆资源，开发《博物馆奇妙日》课程手册。

师专附小充分挖掘校内外资源，和社区单位、自然博物馆等共同开发形成的"芷澜课程""碟影重重"等特色课程。

董家渡路二小为进一步彰显艺术教育特色，与上海音乐学院、中华艺术宫、东方乐器博物馆等合理建设跨越围墙的大课堂，服务学生的发展。

卢湾一中心小学借力兴业中学、比乐中学等资源，为学生提供多渠道的学习体验活动空间。

应昌期围棋学校积极探索实践围棋文化的教育功能，立足"以棋育人、以棋益智、以棋冶情、以棋会友"的围棋教育理念，始终把围棋教育贯穿于学校整个教育、教学过程中，充分挖掘和利用各种校内外硬件和软件资源，拓展学习渠道。开设了以棋理、棋品、棋艺、棋礼、棋规、棋器六个方面的教育训练为主要内容的围棋课程，实现了人人都会下围棋，让学生在围棋文化的熏陶下体验、感悟围棋的精神所在。

裘锦秋实验学校充分利用校内外教育资源,拓展学习渠道,组织开展"跆拳道""体育舞蹈""魅力英语"等多样的社团活动,培养学生的科艺体特长,成就学生个性发展。学校结合"校园环境创意设计"项目,创意设计的"Q 长廊""V 科苑""藏书票教室"等实践体验区,为学生提供了具有浓厚科技艺术气息的环境和幸福学习的空间,在科技艺术氛围的熏陶下,感受学习科技艺术的乐趣。

瞿溪路小学与体育局合作开发跆拳道课程、与青少年活动中心合作开发童诗课程,与社区合作开发了非遗项目"灯彩制作"课程,还通过向社会机构购买 stem、围棋、茶道、竹笛等课程,较好地满足学生多性化的学习需求。

巨鹿路一小在充满童趣、开放、合作的教学实践中培养学生"会思慧玩"。构建2 + X 德育活动慧体验课程,形成了"乐行"——社会实践类、"乐庆"——节庆活动类、"乐秀"——文化节等为主体的活动板块。

上师大附属卢湾实验小学加强了与高校、社区、家委会的合作,邀约他们共同参与学校课程的开发与实施,不断开发符合办学理念、适合各年段学生参与的各种课程。如由家委会成员参与开发并实践的"小小金融家理财课程""我是小小大学生"课程等,进一步丰富了课程资源,凸显了体验性强、融合度高的学校特色。

3. 完善家校互动机制,共同服务学生成长

各校不断完善家校互动相关制度,保障家长参与学校建设的权利和义务。

卢湾二中心小学建立完备的家委会制度,并不断扩展家长深入学校的广度,从让家长知情走向参与学校管理,形成教育合力,开通了"上海市卢湾二中心微博",推送重要信息,和谐的学校氛围为办学创造基本条件。

师专附小以"利用家庭教育资源丰富学生经历的微课程开发的实践研究"为抓手,充分挖掘家长资源,参与课程建设,请家长走进学校,分别开设了保持口腔卫生、航模、银行理财等短期课程以及各年级的快乐活动日课程,在学校课程与家庭生活的有效链接中,形成了家校共同育人的合力。

董家渡路二小组建家长讲师团,通过家长开放日活动、社会实践活动、艺术节邀请家长参加,让家长走进学校、走进课堂、走进学生活动,参与学校管理;开展好家长评选、学习型家庭评选等活动,鼓励家长重视家庭教育,弘扬先进家长事迹;用心组织每一次家长会,向家长及时汇报学校方方面面的工作。在家长中建立班级微信群,及时给家长指导,共同营造了有利于学生健康成长的良好环境。

卢湾一中心小学构建完整的家校联系制度,以办学章程为依据、信息化平台为支

撑，形成长效运行机制，在校务公开、重大事项决策、家长义工等多方面发挥积极作用。

瞿溪路小学积极发挥学校、家庭、社会三位一体的教育功能，形成合力促进学生发展。通过家长会、家长学校、家长沙龙、家长论坛等多种途径，加强家庭教育指导，帮助家长学习家庭教育理念，掌握家教方法。学校积极开发并利用黄浦区德育基地、上海青少年活动基地等社会教育资源，开展了丰富多彩的实践活动，让学生接触社会、了解社会，感受生活的精彩，丰富实践经历。

巨鹿路一小积极构建家庭、社会和学校三位一体的共同教育格局，加强家校合作，群策群力，充分发挥家庭与学校对学生教育的相互作用。学校许多教育实践活动，如亲子运动会、亲子游园会等系列活动，得到了家委会、爱心妈妈团等志愿者队伍的支持和助力。

上师大附属卢实小立足本校特点及家长需求，创造性地开展家长委员会工作。学校编写了《卢实小家委会章程》，家长委员会形成"3+3"家校互动模式，即学校的三级家长委员会：校级家长委员会、年级家长委员会、班级家长委员会互动。其中学校家长委员会又分设三个组：家长学校创建组、宣传调研组、校本课程建设组。通过这样的家校双向互动沟通，递进性地引入家长资源全程参与学校规划、重大事件的决策与落实，促进学校更好地发展。

总之，质量主要是指学生的身心和谐发展，质量保障的出发点和根本目的都是为了学生发展。学校在过程和结果两个维度都呈现出学生成长发展的良好状态，黄浦区小学生的上海市绿色指标测试结果可以作为有力证据。督导调研结果也表明，样本学校学生的思想道德、学业水平、身心健康、个性爱好、学业负担、师生关系等方面的表现都在原有基础上得到了提高和改善。

区域质量保障体系建设呈现行政推动、专家指导、课题引领、系统建设、以点带面、整体推进的工作特点。

二、思考与建议

（一）进一步完善质量保障体系的运行机制

学校的质量保障体系建设需要分层构建、点面结合、持续改进、逐步完善，是一个动态的、自我调节、自我监控、促进学校科学有序发展的生态系统。虽然各学校在质量保障体系组织架构中，都架设了各个管理部门，但部分学校机构的职责比较笼统、泛化，各部门机构之间横向协作仍有较大的发挥余地和空间。建议学校基于质量保障体系组织架构中各部门机构的职能，在实施过程中归纳、总结、提炼，不断完善和细化各部门机构的职责和工作标准，明确具体责任，切实履行职责，以利于各部门机构职能的进一步有效发挥，强化体系实施的操作性和有效性。同时，要注重各部门机构之间相互协同合作，紧密联系，齐头并进，形成有效的联动运行机制，聚集各部门机构合力，互促共推质量保障体系实施效能的最大化。

（二）逐步建立系统完整的学校质量标准

学校质量保障体系应该是包含质量标准纲要、框架、流程与评价监测的一个完整体系，在整体思考教育质量保障体系各个环节和要素的前提下，要形成一个依据标准—开展实施—评价反馈—不断校正的整体运行系统，确保对教育教学全过程进行监控。学校在教学质量标准纲要的制定方面还比较欠缺，没有标准纲要的学校教育质量保障体系就像没有参照物的电车运行，无法检验其是否达到相应保障标准。建议学校加强对质量标准的研究，提升专业水平。在总结、提炼以往做法和经验的基础上，进一步贯彻市区有关文件精神，结合"中小学生学业质量绿色指标"的要求，逐步建立起课程教学质量标准，包括对课程建设以及对授课教师的有关要求。再形成学业质量标准，研究探索教育质量标准，健全科学、多元的质量评价体系，形成学校、家长、社会共同参与的质量评价机制。

（三）突出质量保障重点，孕育学校质量文化

学校教育质量保障体系应该是周延的，涉及学校办学的基本领域要面面俱到、全覆盖。与此同时，对于各个领域又不是等量齐观平均用力的，应该围绕一个阶段的重点发展目标，突出保障重点。建议不同学校根据其不同的发展阶段，围绕教育质量保障的两个目标层面——保障与促进，一是通过制度建设和完善管理等手段达到保障学校有序平稳运行，二是在达到一定发展阶段后，在梳理总结有效做法和成功经验的基础上，进一步集聚资源，重点形成保障办学特色发展的机制制度，可以从重点保障板块和领域做起，通过编制实践性、操作性强的质量保障手册，将经验固化下来，形成和弘扬具有校本特色的全面、全员、全程的教育质量保障文化，并使学校的质量文化成为熏陶师生、影响家长的重要教育资源，促进学校发展。

（黄浦区教育局、黄浦区人民政府教育督导室）

增效减负，科学务实

——上海市第八中学教学质量保障体系的建构与运行

教学质量是学校的生命线，是学校教育质量的重要组成部分，建立和完善学校教学质量保障机制并切实有效地运行是学校的重点工作。我校教学质量保障的目标是：在现代教育管理理念指引下，依托"增效减负"的策略引领，运用信息技术，通过职能部门多手段多途径对教学质量进行持续监控，重点实施对教学过程、教学评价环节的监控，定期收集信息，在分析整理的基础上发现存在的质量问题，对师生的教学行为及时进行干预、调整，稳定教学秩序，保障教学质量稳步提高。

在落实质量保障，提升办学水平过程中，我们确立一个策略，即增效减负；促进二维成长（即"以情增效、优教减负"促进学生全面成长、"目标激励、教学相长"促进教师专业成长）；突出五方抓手（即"完备高效"的组织管理架构、"增效减负"的教学管理模式、"增效减负"校本研修运行机制、"增效减负"课堂教学模式、"智诚教育"的监控评价和调整机制），构成了我校教学质量保障工作框架。

一、完备高效的组织管理架构

（一）纵横交错的教学质量保障系统构架

纵向：指由"分管校长—教导处—教研组—教师—学生"的垂直性监管，其中教导处是监控执行的中心，对全校所有教学活动、各个教学环节、各种教学管理制度、教学改革措施等进行经常性的随机督察、反馈和干预。

横向：指由"分管校长—年级部—班主任和科任教师—学生"的扁平化监管，实行监控重心下移，其中年级部是监管的主体，负责年级日常的教学秩序检查，及时了解和掌握教学中的动态问题，并直接干预协调，解决问题。

（二）各司其职的质量保障责任承担人

校长是学校教学质量保障的第一责任人，定期召开教学质量保障的会议，抽查教学质量保障要求的落实情况，及时会同相关部门处理突发事件。

教导主任是学校教学质量保障体系建设及维护管理的直接责任人,负责制订每学期优化教学过程的具体要求,检查教学活动各环节中发生的问题并及时处理,分析和检查考试质量分析报告中的问题和相关要求的落实情况,并根据行政的要求检查和落实整改。

教研组长是学校学科教学质量保障的直接责任人,把守好影响教学质量的三个关口:备课关,关注学情研究、目标预设、内容整合、策略选择等环节;把守好教学实施关,督促教师及时改进;把守好学业成绩检测关,关注命题的科学性、调整措施,递交学科教学质量报告。

科任教师是相应班级学科教学质量保障的直接责任人。科任教师应充分发挥学科教学的主导作用,遵循学科教学的规律,力行教学五环节的规范。

班主任是班级学业质量保障的直接责任人,充分运用班主任的工作优势,做好与学生、教师和家长的协调工作,使班级学业质量最大限度地提升。

二、科学务实的监控运行机制

(一)"增效减负"的教学管理模式

保障教学质量,必须建立在落实教学管理规章制度的基础上。学校建立了行政听课汇报制度、试卷得分率研究及命题科学性研究、周备课计划落实反馈制度、完善学生学习手册、各类质量分析会等制度,创立了具有民主性、开放性的校本研修制度,通过专家引领、师带徒研、志愿组合研修、经验提升、校际联合研修、网上研修、同伴互助来改进教师的教学行为,提升教学水平。

在教学过程监控中,采用例行检查(教学计划、教案、作业等)、随机或定向听课巡课、学生访谈、行政人员蹲点调研和干预调整等方法,强化流程的规范以及责任的落实,以保障教学质量监控工作的顺利运行。

以课堂教学为重点,实施课前监控、课堂监控、课后监控。课前监控:针对学科教研制度、集体备课制度、教案检查制度的落实情况,其主要监控点为课程标准校本化实施的策略定位、学情的把握、教学环节设计的科学性等。课堂监控:针对教师教学规范、课堂教学秩序、课堂教学效能等状况,其主要监控点为教学实施内容的科学性和手段的合理性,教学活动的针对性和有效性,学生思维激活度,学生学习经历的丰富性、学习活动体验的投入度,以及师生关系的和谐度等。课后监控:

针对教师教学反思、学生作业检查、学生个别辅导等情况，其主要监控点为教师对教学效果的自我评估及整改措施、周备课计划落实检查，以及学生作业布置、批改、反馈和学困生辅导等。

（二）"增效减负"的课堂教学范式

在课堂教学效率提高和教学内容的融会贯通等方面进行了较为有效的探索，形成了"任务驱动，激活储备；优化组合，融会贯通"的"十六字诀"课堂教学模式。任务驱动是指将学科知识的学习要求、学生的认识水平、知识的发生过程和应用等要素，作为一个整体形成学习任务，使学生明确学习目标。激活储备是指以完成学习任务为主线，在教师的帮助下，让学生尝试运用已有的知识积累和生活经历去完成学习任务；在教师的引导下，让学生不断理解并同化新的知识。优化组合是指在学生初步完成任务的基础上，教师选择小组（或全班）的组织形式，让学生进行研讨和分享完成任务的体验，在教师的辅导和点评中，拓展学生的视野和深化对知识的理解。融会贯通是指教师引导学生反思问题解决的过程，帮助学生内化所学知识，架起所学知识与整个知识结构之间联系的桥梁，从而实现知识学习的融会贯通。建构了十六字诀教学基本程序，如图 4-6。

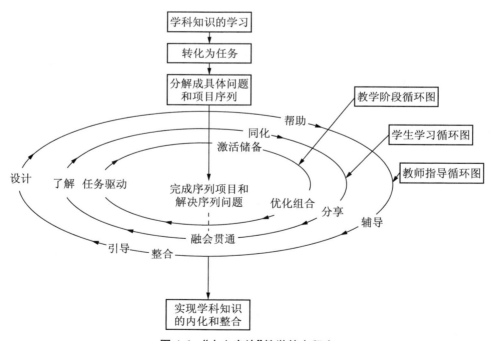

图 4-6 "十六字诀"教学基本程序

我校各教研组根据十六字诀的总则，结合自身学科的特色，也总结出个性化的教学模式，并注重学科教学中共性与个性并存。

（三）"增效减负"的"智诚教育"评价机制

围绕学生培养目标，采用学生问卷调查、学业检测、教师自评与同行互评、学校专业评聘委员会的考核等。形成"智诚教育"学生综合质量评价体系和调整机制。

以学业检测为重点，实施初态监控、阶段性学业检测及调整监控和终端监控。

初态监控：学情调查，其主要监控点为学生学业的知识储备、学习兴趣、学习习惯、学习能力，以及初态测试的数据分析、教学目标的预设等。阶段性学业检测及调整监控：各级各类学业检测（期中考试、期末考试、区统测、市学业水平考试、高考），区市督导及教研员的听课评价、学生家长和家长委员会的意见，其主要监控点为学业检测得分率分析、反思和补救措施，以及考核内容和方式的适切性等。终端监控：学生对课程的评价（高三学生学科学习模块问卷）、学生评教评学、高考，其主要监控点为学科教学检测的合格率、优秀率，学生高考的上线率，学生对课程和教学的满意度。

"智诚"教育的重要载体，"免监考生"的争创评选活动，从教育行为方面给予教学质量保障有益的补充。我们还制定了"增效减负"学科教学评价标准表，包括随堂听课评价表、学生作业情况综合检查统计表、教师教学工作考核评价等。

在学校质量保障机制的科学运行中，监管是手段，精细监管过程发现问题是前提，及时有力的干预调整是关键，提高质量是目的。正是基于这种认识，学校教学质量监控保障机制的建设正由粗放型向精细化转变、由经验型向专业型发展。

（上海市第八中学）

基于过程管理构建多元、立体、开放的
学生教育质量保障体系

一、项目背景

学校围绕促进学生全面发展这一核心目标，构建科学、公平、动态，且具有学校特色的"五色花评价体系"，推进绿色指标评价体系在基础教育阶段的有效量化。同时，基于学生质量评价的结果，发挥评价体系对整个教育质量保障的引领和监控作用，通过螺旋式循环实践，强调研究过程与行动过程相结合，有针对性地实施完善，逐渐形成以促进学生全面发展为导向的各种管理制度和工作机制，使我校师生树立起科学的教育质量观，关注学生的综合发展，优化日常教育教学活动，推动学校整体教育质量的不断提高与可持续发展。

二、项目实践

（一）基于绿色指标构建多元性的指标体系

在项目实施起始阶段，首先进行学校内、外部环境分析，研读"绿色指标"十大指数的基本内涵和指向，对我校"五色花评价体系"一、二级指标系统进行梳理，了解实施起点与基础。其次，以环境分析为基础，学校选取"绿色指标"中的五大关键指标（学生学业水平指数、学生学习动力指数、师生关系指数、学生品德行为指数与学生身心健康指数）开展深入实践，根据学校情况及办学特色，学校将五大指标进行重组，构建出符合校情且具有多元性的指标体系。

（二）搭建立体式的学生评价体系运作模式

学校探索立体式的学生评价运作模式，有效获取学生五大素养的发展信息，体现为以下三个方面。

（1）评价主体：学生、家长、教师三位一体。采取学生自评、同伴互评、家长参评、教师参评等方式，确保多方获得有关学生发展更为全面、客观的信息。

（2）评价方式:定性与定量相融合。为真实反映学生的整体素质水平,学校根据评价指标特点,采取灵活、多样的评价方法,比如测试、问卷、制做档案袋等。对于难以采取量化形式呈现的评价指标,学校采取质性评价,比如综合性评语、学生的成长收获等,对学生素质予以整体描述。

（3）评价程序:线上与线下相匹配。评价过程并行线上评估与线下评估,贯穿学生发展始终,线下评估以校本《学生发展手册》为载体,由学生自主随时记录,而线上评估以教育评价网络平台为载体,平台与《学生手发展册》相匹配,将纸质记录转化为电子化信息,用于数据分析、统计及档案管理与运用。

（三）基于学生质量评价全方位开放学校教育质量诊断与反馈机制

学校将学生质量评价结果作为保障教育质量的基础与证据,从两个维度对学生教育质量保障体系进行诊断和反馈。

从微观层面,通过过程与结果相结合,发挥评价促进学生发展的功能。学生借助《成长发展手册》,通过系列教育活动,不断完善成长档案袋的记录,完成阶段性的形成性评价,督促学生不断总结、反思,规划自己的成长经历。

从宏观层面,透过数据反思、调整教育发展过程中的偏差。首先,学校确立教育质量保障的关键点,包括课程建设、课堂教学、德育实践等维度;其次,搭建学生教育质量保障的诊断系统;再次,建立学生教育质量保障的信息反馈系统。

三、项目成效

（一）构建多元性"五色花评价体系"指标内容,链接格致一体化育人

学校基于绿色指标确立的"五色花评价体系"为"五能"评价体系,聚焦学生综合素养发展五个方面,即道德素养、学习素养、身体素养、心理素养和创新素养,并将其确立为"一级指标",简称德能、学能、身能、心能和创能。学校根据一级指标特点及重要程度,划分出数目不等的二级指标,并对五能在整个评价中的比重明确了分值比例,总分为 1000 分,如图 4-7 所示。学生"五能"评价与格致高中学生评价方案对接,实现了初高中育人的贯穿,让学生发展具有持续性。

在此基础上,学校依据校情,针对每个年级的具体情况与发展差异,为学生在校四年制定了"分年级评价体系",将 19 个二级指标细化为三级指标,以及相应的权重系数与评价标准,将指标框架具体化。

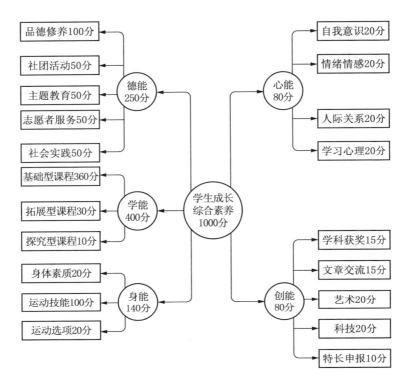

图 4-7　学生成长综合素养指标体系

（二）线下评价工具——校本化《学生发展手册》，培养学生成长自觉

"五色花评价体系"中的学能、体能与心能由相关教师负责评价同时导入网络平台的数据，德能、创能则需要学生收集相关信息进行填写。学校将市级《上海市学生成长记录册》与校级《学生发展手册》进行整合，制成集制度与成长档案于一体的记录性材料《上海市格致初级中学学生发展手册》。手册囊括学生在校学习生活的各个方面，包括校园争章、社团活动与志愿者服务等各类实践活动记录、获奖信息记录、学生自我评价、师生与家长评价等内容。学校以螺旋式循环实践方式，不断优化线下记录手册，逐步与线上平台数据并轨。

（三）线上评价工具——教育评价网络平台，实现数据统整与分析

教育评价网络平台各信息记录模块已与学校各项工作并轨，如"德能"与"创能"部分需填写的内容与校本化《学生发展手册》相匹配，且平台的数据接口也已延伸到每位教师、学生、各教学部门和各职能部门。平台每学年自动生成每位学生的终结性评价"评价雷达图"与"五色花"，帮助学生本人、家长与老师直观、全面地掌

握其各方面素养的发展情况,有助于对学生的可持续发展进行有效指导。

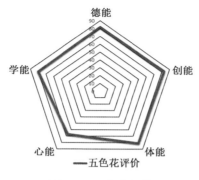

图 4-8　五色花评价

为确保教育评价网络平台的顺利运作,学校开展了两项工作:一是拟定《"五色花评价体系"网络平台操作方案》,从数据导入说明、具体填写安排、数据审核制度等方面制定了明晰具体的规定与要求;二是由相关部门协同编拟《教师评价系统填写指导手册》《学生评价系统填写指导手册》《学生信息预填表格》等,并针对不同对象开展全员式培训。

（四）搭建学校自我评估机制,优化各项管理制度与工作机制

学校透过数据发现所存在的问题,及时反思、分析其深层原因,调整教育发展过程中的偏差,搭建校内自我评估的实施流程。

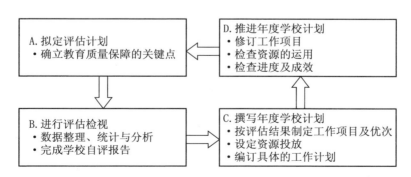

图 4-9　校内自我评估流程

通过校内自我评估,将"五色花评价体系"的学生质量评价结果作为保障教育

质量的基础与证据,并从以下几个维度进行诊断、改进与反馈,获得成效:

(1) 搭建助力学生创新能力培养的实践教学体系;

(2) 探索体育多样化课程改革与校本化实践;

(3) 探究少先队综合活动的评价方式;

(4) 运用大数据助力学生健康快乐成长;

(5) 施行"三位一体"家校互动新模式;

(6) 推行基于学生全面发展的评优新方案。

(上海市格致初级中学)

依托项目推进,完善学校质量保障体系

一、背景

当今中国教育改革不断走向现代化,正发生着根本性的转变,从教育体制到运行机制,从教育理念到办学模式,从课程到教学,再到评价,均紧系教育质量的提升。教育质量的保障是学校发展的核心,从中央教育精神到上海市绿色指标,再到黄浦区重要文件,乃至集团化办学的需求,均指引着学校对质量保障体系建构进行思考,以此促进办学质量的稳步提升。

上海师范大学附属卢湾实验小学在"质量保障体系构建与完善"的研究上有着较好的示范引领基础。2013年,学校便基于学业质量绿色指标和全面质量管理理论,展开关于构建质量保障体系的思考,相关研究先后被列为"2015上海市以校为本的教育质量保障体系建设试点项目"和"2016上海市基础教育质量综合评价改革试点项目",也属于"黄浦区推进教育综合改革"项目,2017年还成功立项为"上海市教育科研市级课题",为深化研究积累了经验。

二、实践

(一)理念先行:"项目制"实施方式的选择

上师大卢实小在中央教育精神与市、区精神指引下,关联学校的办学理念,梳理并提炼促进学校教育发展的机制、举措、制度等,搭建质量保障系统,落实立德树人的根本任务。在梳理过程中发现,质量保障体系中许多内容归属于学校发展项目,并与五年发展规划有对接。因此,改变以往传统的制度罗列方式,采用项目制推进的模式进行质量保障体系的建构。

之所以以项目制推进学校质量保障体系构建与实施,主要基于如下思考:一是项目制管理以其清晰的目标性、管理过程的动态性、管理流程的扁平优化在学校管理中凸显优势;二是以项目制实施,可以促进质量保障体系在落地过程中转化为学校教育教学改进的实践,形成学校质保体系与教育督导评估系统间的关联,为学校质保系统的构建与实施提供可借鉴、可操作、高效能的实践范式。

项目的设定相对稳定,但项目运作中相关的制度、举措、评价量规等又是在学校发展的过程中不断完善、不断优化的,呈现动态优化的过程。

(二)逐步完善:"133"质量保障体系的科学建构

1.系统架构:"133"质量保障体系 1.0 版

学校以上海市学业质量绿色指标为指引,依托《黄浦区关于加强中小学教育质量保障体系建设的若干意见》,基于"修德允能,圆融通达"的办学理念,构建了"133"质量保障体系。

"133"质量保障体系以"让教与学的品质落实到每一个人的身上"为核心理念,分列六项实施项目形成体系架构。对照上海市绿色指标和黄浦区质保建设意见,我们发现在 1.0 版本的质量保障体系中,过程研究项目"目标导向下的导学稿编制"与评价导向项目"质量监控评价",均更多关注教学质量,缺乏育人思考。此外,极为重要的"课程"板块在原有的质保体系中没有呈现,是项目架构的一大缺失。

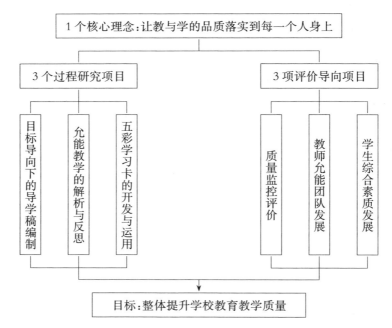

图 4-10 卢实小"133"质量保障体系 1.0 版

2. 调整完善:"133"质量保障体系 2.0 版

基于绿色指标中"校长课程领导力"这一影响因素和黄浦区质保建设意见中"课程质量的保障"要求,学校对原有的质量保障体系的框架进行了修正,将过程研究项目"目标导向下的导学稿编制"调整为"五彩童梦课程研发与实施",将学校原有的评价导向项目"质量监控评价"调整为"课程的认证与评估"。

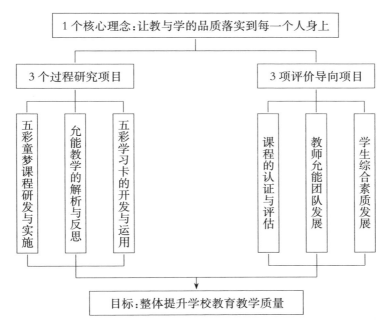

图 4-11　卢实小"133"质量保障体系 2.0 版

通过对两个项目的调整,进一步关注了课程的研发与认证、关注课程育人,有效落实黄浦区质保建设意见中的各项要求,令学校的保障体系更趋完善。

同时,我们进一步关注过程研究项目和评价导向项目间的横向关联,进行对应匹配,力争做到研究与评价的一致性。其中,"允能教学的解析与反思"项目与"教师允能团队发展"项目匹配对接,创新的教研模式激发了团队发展,促进教师专业成长;"五彩童梦课程研发与实施"与"课程的认证与评估"项目有序匹配,厘清课程理念、统整课程设置、落实课程实施、推进课程评价,形成有效的课程管理。

然而,过程研究项目"五彩学习卡的开发与运用"与"学生综合素质发展"项目匹配性较弱,不能全面体现学生综合发展的过程,与市绿色指标的行为过程三大指标尚不能高度匹配。

3. 迭代升级:"133"质量保障体系 3.0 版

基于"绿色指标"中师生关系指数,结合上海市"基于标准的教学与评价"的实施要求,将 2.0 版本中的"五彩学习卡的开发与运用"调整为与"学生综合素质发展"匹配关联度更高的"基于学习体验的目标细化"项目。同时,明晰学校质保体系核心的内涵要素,即"融合创新"。

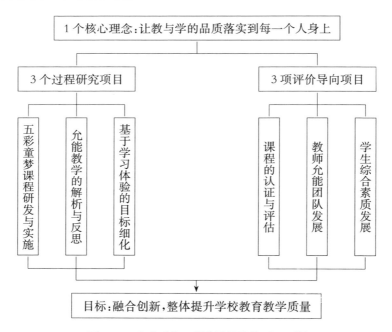

图 4-12　卢实小"133"质量保障体系 3.0 版

"融合创新"是指将各种创新要素通过创造性的融合,使各要素间互补匹配,从而使创新系统的整体功能发生质的飞跃,形成独特的不可复制、不可超越的创新能力和核心竞争力。

我们通过对三组项目中内涵要素的界定与核心要素匹配,通过项目的实施,最终保障实现"让教与学的品质落实到每一个人身上"的体系目标,促进师生融合创新能力的提升。

"133"质量保障体系以课程开发及实施为切入点,聚焦教育教学评价的变革,关注项目的自运作、自完善机制,紧紧围绕"让教与学的品质落实到每一个人身上"核心理念,开展过程研究和评价导向的项目实施,为学校质量的整体提升形成有效保障。

三、成效

(一)质保项目推进,促办学质量稳提升

"133"质量保障体系以项目制推进,过程中完善并匹配项目评价量规,使质保体系得以顺利运作。通过项目实施,扎实推进学校课程建设和教师团队发展,以丰富的课程体验与专业的师资队伍,为学生发展保驾护航。

以卢实小近年来的学情调研数据来看,我们发现学生对学校的喜爱度与满意度等远超区内平均水平,学生对学校办学质量等各个方面的认可度也都逐年提升。

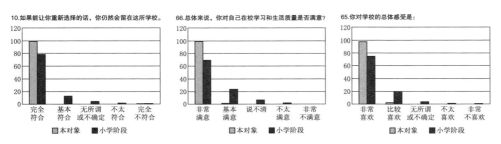

图 4-13　卢实小 2018 学年学情调研数据图(整体办学质量)

学生对学校课程的喜爱度与认可度、对教师教学能力的满意度与教学方式的认可度不断递增,学习自信与学习状态不断提升,学习表现取得了显著进步。

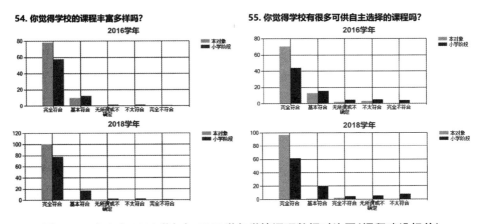

图 4-14　卢实小 2016 学年与 2018 学年学情调研数据对比图(课程建设相关)

调研项目编号与内容	2016 年	2017 年	2018 年涨幅
41. 老师非常注重教你们提高学习效率的方法	88.76%	92.22%	100% ↑ 11.24%
46. 总体来说，你对老师的教学能力是否满意？	92.13%	94.44%	98.94% ↑ 6.81%
52. 老师鼓励我们使用不同的学习方法（语）	87.64%	80%	96.81% ↑ 9.17%
老师鼓励我们使用不同的学习方法（数）	86.52%	72.22%	96.81% ↑ 10.29%
老师鼓励我们使用不同的学习方法（外）	88.76%	76.67%	96.81% ↑ 8.05%
53. 老师鼓励我们发现问题、解决问题（语）	86.52%	76.67%	96.81% ↑ 10.29%
老师鼓励我们发现问题、解决问题（数）	83.15%	81.11%	98.94% ↑ 15.79%
老师鼓励我们发现问题、解决问题（外）	93.26%	75.56%	97.87% ↑ 4.61%
71. 你觉得课堂中的自主学习时间	61.80%	78.89%	97.87% ↑ 36.07%

图 4-15　卢实小 2016 学年与 2018 学年学情调研数据对比图（教师教学方式相关）

调研项目编号与内容	2016 年	2017 年	2018 年涨幅
42. 你有机会在课堂中发言、参与讨论或上台演示等？	66.29%	80%	100% ↑ 33.71%
60. 你对自己在学校的表现是否满意？	61.80%	81.11%	95.74% ↑ 33.96%
63. 你对学习的总体感受，有信心吗？	66.29%	76.67%	95.74% ↑ 29.45%
69. 近两周来，你对自己的学习状态感觉如何？	64.04%	84.44%	97.87% ↑ 33.83%
70. 你觉得自己的学习方法是否有效？	57.30%	75.56%	95.74% ↑ 38.44%

图 4-16　卢实小 2016 学年与 2018 学年学情调研数据对比图（学生学习方式相关）

（二）共建质保体系，促协作块均衡发展

在完善学校"133"质量保障体系的基础上，我们提炼了工作原理，并在教育集团协作块内进行推广分享。协作块各校在龙头校的引领分享下，分别关联各自学校的办学理念，梳理并提炼出促进学校教育发展的机制、举措、制度等，搭建质量保障体系，并以项目制落实推进。一个个项目有效保障了协作块各校的办学质量。在历年的黄浦区学情调研中，上师大卢实小协作块呈现出整体高位均衡发展的态势。

（上海师范大学附属卢湾实验小学）

动态构建学校教学质量监控机制

学校质量保障体系是指通过实施贯穿整个教育管理过程和办学过程的质量管理体系，引导、促进学校建立一种自身教育教学质量持续改进与提高的机制，以实现对教育教学全过程、全环节、全方位的质量保障。要构建学校质量保障体系就应该在全面质量观视野下，基于本校实际，充分认识学校办学的价值，明确构建过程的关键要素，以体现学校的办学理念与办学特色；建立一个动态的、自我监控和自我调节的生态系统，对教育质量进行及时监测和诊断，以促进学校的科学有序发展。

我们的实践思路：一是整体、系统思考、分层构建、点面结合、持续改进、逐步完善；二是根据变动着的各种需求，经常性诊断学校在发展中的关键因素和存在的问题，通过动态化的改进与完善，不断增强学校的发展潜力和发展可能。多年来，在具体实践的过程中，学校形成了一些成功经验。

一、学校教学管理组织结构的优化

（一）管理重心下移，简化管理层次

我校的质量管理路径为"学校决策，处室督导，年级管理，教师落实"。减少管理幅度，增强工作向心力、凝聚力，探索形成教育合力的有效途径。此系统强化了年级管理职能，把管理重心下移到年级，把年级组建成学校教育教学与管理实体，强化了教研组的管理职能与研究功能。

（二）淡化行政干预，强化专业引领

为尊重专业地位，使学校的课程领导力和执行力得以提升，学校根据本校师资特点，探索内部教学管理模式的转变，淡化行政干预，在数学、语文、德育学科中设立学科责任人，委以学科建设的重任，突出专业引领的作用。学科责任人在本学科内对教师培养、梯队建设、资源配置，甚至奖惩分配等方面都有着很大的话语权。设立责任人的学科不再设分管领导，在校长直接领导下，由学科责任人主持制订本学科建设的方案，分析学科现状，确立发展目标，梳理工作头绪。扁平式管理的推进，缩小了管理的层级和跨度，提高了教学管理的效能。

二、学校教学质量内部监控机制的动态完善

如何动态化构建、完善长效机制的形成，我们以"教学质量监控机制"为例，近年来围绕学校"寻找适合每个孩子的教育"新一轮发展目标，构建了有制度、有职责、有标准的教育质量保障体系。并在体系的指引下，进一步建立与完善了学校教学内部质量监控机制，以形成适合学校且易于操作的内部质量管理步骤，有程序且规范操作，并运用一定工具搜集、整理分析影响教学质量的相关信息，以加强教学质量过程管理，形成相对固化的长效机制，为进一步改进教学提供依据和建议，促使学校教育质量能够稳步提升。

特别是一、二年级取消了期末纸笔测试，为有效检验教师落实基于课程标准的教学和学生学习情况，我们成立教学质量管理核心：由校长担任组长，组员为分管教学的副校长、教导主任和学科负责人。结合学校实情确定标准化、动态化的教学质量监控流程，并按照流程分类别制定监控方案与步骤。

（一）教学过程监控以课堂监控为主

主要步骤：

（1）确定监控年级；

（2）根据该年级该学科学生学习的要求，确定课堂教学监控工作的方案；

（3）确定监控班级；

（4）以课堂观察为主要课堂教学监控工具，制定课堂观察指标；

（5）分析影响课堂教学质量的因素。

（二）教学效果监控以期中随机监控和期终学业水平监控为主

在市教委为减轻小学生的学业负担，取消了期中考试这一改革背景下，每学期期中学校进行内部学业质量监测，在期终进行各年级的考试（查）。教导处期初预定期中监测的方案，包括监测时间、年级、学科与形式。了解年（班）级、各学科学习情况。三至五年级期中监测只提前1天告知全校教师与学生。期终考试（查）以一学期的基础知识和综合运用能力为主，时间由区教研室确定。

表 4-1　教学效果监控安排

年级	期中监控		期终监控	
	学　科	形　式	学　科	形　式
一	单项学科技能比赛	语文:查字典数学:口算英语:口语表达	语数英	学科综合活动
二			语数英	学科综合活动＋考试(查)
三	单项学科	阶段性知识检测	语数英	学业考试(查)
四			语数英	学业考试(查)
五	双项学科	小初衔接学生运用知识综合能力检测	语数英	学业考试(查)

　　学校依据改革方案,在研究等第制分项的评价方式的同时,寻找更适切的方式来描述各年段学生的学习情况,以此促进学校对整体教育教学质量的关注和调控。质量分析的目的在于能定期阶段性分析学生学业状况,通过各类图表了解年级中班级的差异;结合绿色指标,分析学生发展水平,及时调整教学和管理的思路、策略,保证质量持续稳定提高。

　　主要步骤(见流程图)如下:

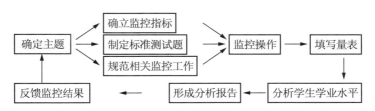

图 4-17　学生学业状况监控分析步骤

　　教导处组织各学科召开质量保障会议,有针对性地反馈监控结果。年级制会议以年级组为单位,教师交流本年级学生的基本知识与基本技能掌握的情况,自省本学科的全面教学情况(包括知识、习惯等)、数据背后的问题、特殊个案的分析以及合理的建议与对策、关注学生的学业水平及影响水平的因素,关心特殊学生,提出调整教学的方法与措施。

　　学科制会议则由命题者与执教教师互相沟通教学要求与学生学习情况,使日常学习要求与学业检测要求一致,讨论监测数据过高或过低的原因,以避免今后命题和教学的不一致性。分管行政和教师共同对质量管理中出现的有针对性的反馈测评结果予以详细分析，分析学生学习情况，寻找调整和改进策略。而其他学科则举行教研组小结会，交流学生活动中所反映出的与课堂教学中有关的共性问题，如学生体质测试的数据与以往情况的比较等，把育人的价值指向了学生个体精神发展的全部。

2015年至2019年，学校先后接受了市督导的交流研讨、市教委飞行督导、市教研室课程与教学视导、区教研室常态督导、区政府综合督导。无论是听课、交流，还是查阅资料，学校的课程与教学工作都得到市区领导、教研员的好评。近几年的绿色指标反馈显示：各项指标都高于黄浦区的平均值，尤其是"高阶思维能力""教师教学方式"等指标进步明显。学生全面发展，学有所长。学校办学成效显著，连续被评为上海市文明单位、上海市中小学行为规范示范校、上海市安全文明校园、上海市少先队工作示范校、上海市科技特色示范校、上海市OM特色校、上海市体育传统项目（游泳）学校、上海市场馆课程（科普、艺术类）实验基地学校。

学校作为质量保障体系的责任主体，把质量的完善看作学校和教师自我控制的过程，是一个学校和教师在自我激励的基础上不断创新的过程。紧紧围绕"学生"这个主体，强调研究学生，关注学生个体和个性特长，体系中每一个环节与过程都有许多可探索、可积累的空间与生长点，它是一个持续改进的、开放性的、系统化的过程。当然，如何逐步提高动态构建过程的科学性和准确性；建立内外部结合，依托政府、社会，确立从规范到优质的保障运行，助推学校的特色发展，追求更高的质量目标，还需要我们凝聚教师的集体智慧去不懈地实践与探索，努力让体系的效能最大化。

（上海市黄浦区曹光彪小学）

探索保教质量监测新路径，促幼儿园高质量发展

高水准的保教质量对于儿童的发展至关重要，这已然成为全世界学前教育改革所关注的重要问题之一。在上海一期、二期课改的背景下，荷花池幼儿园一直在探索优质的学前教育，体现在对高质量保教的追求。

一、背景：对保教质量高位优质的追求

幼儿园保教质量监测是指相关部门系统地收集和分析幼儿园日常保教工作中的有关问题或信息，并对各保教工作进行观测、检查、监督与指导，以保证工作的有效开展，是体现幼儿园整体办学水平的关键要素。荷花池幼儿园在长期的实践中发现，真正的保教质量体现在以保育者与儿童的关系质量为中心的日常教育实践中，高质量的幼儿园保教应该能够满足幼儿不同层次的需求。保教质量监测和评价机制的形成，有助于全面推进和深化幼儿园的课程建设，帮助教师建立质量意识，关注保教实施的过程与质量，提升教师的专业素养与课程领导力。

我园聚焦保教质量监控的内涵与价值，在 PDCA 管理理论和精细化管理的理论指引下，关注日常保教实践，从园长到教师全员参与。探索从园长、教研组长、教师多元主体共同进行的过程，不断完善从三级到"三级＋"的保教质量监控机制，注重教师的自主监测，实施保教精细化管理，确保每一项计划有执行、有落实、有反馈，实现幼儿园课程高效实施和保教质量的提升。

二、实践：从三级到"三级十"质量监测

（一）三级监测，分层提升

建立保教质量监测领导小组，由园长、保教主任及教师构成，根据各自的监测职能，在不同层面上实施质量监测。一级监测是对三类课程实施的成功经验和存在问题进行的全面性监测；二级监测是对不同时间、不同阶段园本课程中各类计划的实施

情况进行计划性监测；三级监测是教师对自己实施课程的情况进行的经常性监测。

1. 开展一级监测，加强园长课程管理领导力

一级监测，即幼儿园监测，由园长和副园长开展，主要任务是明确质量监测功能价值，制定配套制度，提炼保教质量监测流程。我园建立了《荷花池幼儿园保教质量监控方案》，出台了《荷花池幼儿园新教师工作指南》《荷花池幼儿园保育工作操作细则》以及《荷花池幼儿园一日活动安全工作实施要点》等三份操作性文件，让保教人员可以有所对照，自觉行动。

2. 开展二级监测，提升部门课程管理执行力

二级监测即教研组监测，由保教主任和教研组长开展，主要任务是对各年龄段的一日活动的保教质量进行日常监测和阶段监测。

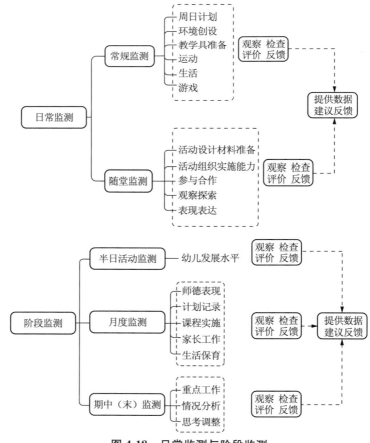

图 4-18　日常监测与阶段监测

其中日常监测包括常规监测(如表 4-1 所示部分监测记录表)与随堂监测;阶段监测包括半日活动监测、月度监测和期中(末)监测,由幼儿园保教质量监测领导小组对照标准与内容实施监测。通过对保教工作进行即时和有效的监测,我们不断地细化监测的内容,运用观察、检查、评价、反馈的方法,在提供数据的基础上,给予教师进一步工作的建议与反馈,不断完善一日活动的常规评价与管理。

表 4-2　2019 学年度第二学期 6 月教师工作监测记录表

2019 学年度第二学期 6 月教师日常工作监测记录表——常规工作

班级:＿＿＿＿＿＿＿　　　　　　　　　　　　　　　　　　　　　　教师:＿＿＿＿＿＿＿

内容	标　准	等第分值	监测记录													月总评	备注
			等第	分值	日期	等第	分值	日期	等第	分值	日期	等第	分值	日期		
周日计划	1. 独立性:独立设计计划,能体现年龄特点和班级特点	好(计划创新):8～10 分 一般(计划创新):4～7 分 有待改进(计划独立):1～3 分														
	2. 适切性:根据主题开展的现状设计相应的活动内容,能体现现有水平,具有适宜性、丰富性															
	3. 创新性:计划和安排具有延续性和递进性,有创新意识,有助幼儿潜能发挥															
游戏与环境创设	1. 及时变换:及时变换环境布置与区域环境创设内容	好(领域平衡):8～10 分 一般(主题吻合):4～7 分 有待改进(及时更换):1～3 分														
	2. 与主题吻合:围绕预设的主题和自主生成的主题,创设活动情境,有相适应的内容与材料提供															
	3. 领域平衡:环境与区域内容创设能注意各领域整合,能有效整合相关经验与各种能力。能激发幼儿兴趣,注意面向全体和个性发展															

内容	标　准	等第分值	监测记录													月总评	备注
			等第	分值	日期	等第	分值	日期	等第	分值	日期	等第	分值	日期		
活动准备	1. 按计划执行:能根据周、日计划,实施具体活动	好(教具适宜):4~5分 一般(有教学具):2~3分 有待改进(按计划执行):1分														
	2. 有教学具:能根据活动内容准备好相匹配的教学具,促进活动正常开展															
	3. 教学具适宜:教学具准备与目标匹配,具有针对性、操作性,有助于幼儿多种能力与经验的整合															

3. 开展三级监测,重视教师课程管理自主力

三级监测即教师自主监测,由全体教师对自身开展监测,包括月度保教工作监测表的自评、周计划中的自主反思、日计划中的活动反思。

表 4-3　2020 学年度第一学期教师月保教工作监测表

2020 学年度第一学期教师月保教工作评价表

姓名:_____　　　　　　　　　　　　　　　　　　　　　　日期:2020.10

项　　目		要求与内容	分值	自评	他评	认定
师德表现	仪表端庄教态亲切	着装规范整洁:语言文明亲切,待人主动热情	5			
计划与记录	认真制定各类计划	按时完成规定的各类计划(质与量) 正:主题预设表、班级计划与每月反馈 副:周计划	10			
	效果反思	按时优质地完成主题记录(主题五件套) 正:大主题 副:生成性主题	8			
课程实施	基础课程	● 按时开展各类活动,时间有保证 ● 根据幼儿生心理特点设计活动。体现自主性、游戏性和多种资源有效利用 ● 全身心投入各类活动,形成有效师幼互动,注重活动过程与教育的整合;体现个别指导	25			
	特色课程	小社团、活动的计划设计、环境创设、资料积累、活动现状等	15			
	选择性课程	艺术月、分室活动、专用室活动的计划设计、环境创设、资料积累、活动现状等				

续表

项 目		要求与内容	分值	自评	他评	认定
环境创设	环境布置要求"三化"	● 教育化:根据主题推进及时更换,互动性强 ● 儿童化:选择内容符合年龄特点 具有典型性幼儿作品的完整呈现 ● 美化:具有一定艺术性 封面更换内容(填写):	10			
	各类活动准备	半日活动所需环境材料准备齐全,具有层次性、差异性	5			
家长工作	家园通信	内容完整,更换及时	5			
	信息工作	及时更新班级信息网,内容全面受欢迎	6			
	日常联系	关注幼儿生理、心理特点,了解不同家长需要,采取不同的沟通方式,分层分类进行沟通	3			
生活保育	生活习惯	包括:午餐与午睡,日常生活习惯,离园整理等	10			
其他	接受任务					
	各类评比	请根据实际情况进行填写				
	意外事故					
	考勤工作					
总计						

他评:_____   认定:_____

（二）"三级＋"监测,推崇发展性质量

发展性教育质量是幼儿园可持续发展的战略要求,它以现代教育发展观为基础,以幼儿园教育质量发展为目标,以保障幼儿园质量持续发展。因此,我园根据《上海市中长期教育改革和发展规划纲要》的精神,对原有的保教质量三级监控进行了修订与完善,通过"明确目标—重点突破—践行调整"三步递进的方式,开展发展性保教质量评价研究,注重对各种评价工具的优化,努力做到关注获得质量的过程,关注幼儿学习的体验与感受,关注幼儿的全面发展。

1. 重点突破,设计质量核心指标

我园围绕"健康、语言、艺术、社会、科学"五大领域,从"评价核心指标、评价标准、监测场景"三个方面来设计基于幼儿生理、心理发展规律与特点的发展性保教质量核心指标,结合《3～6岁儿童学习与发展指南》中各领域的培养目标,将"核心指标"的操作性、过程性放在首要位置,历经多次操作、反馈、修改、再操作,初步构建体现荷幼特色的"核心指标"评价表,并分健康与体能、习惯与自理、自我与社会性、语言与交流、探究与认知、美感与表现六个领域展开。

2. 践行调整,加强一日活动管理

结合我园原有的三级监测体系,由园长、保教主任及教师构成三级监测组织对试行的艺术、社会、健康领域进行"场景监测",从幼儿一日活动中进行日常监测和阶段监测,对评价表中的评价标准和监测场景通过"班级教师—教研组长—保教主任—园长"这个反馈流程进行意见梳理和汇总,对保教工作展开即时和有效的监测。此外,根据日常活动的保教质量监控,我园对每月教师保教工作考核表进行了修改和完善,如为加大幼儿园日常保教工作考核力度,将环境创设作为常态考核内容之一。我们不断地细化监测的内容,运用观察、检查、评价、反馈的方法,在提供数据的基础上,给予教师进一步评价幼儿的建议与反馈,不断完善一日活动的这三个领域的评价与管理。

（三）规范管理,实施开放监测

在实践中,我园的保教质量监测由园长室进行管理指导,保教办公室直接负责,形成职责分明的监测团队,以 PDCA 管理的理论为指引,制定并完善了循环互动的保教质量监控的流程,通过循环把三级监测有机结合起来,彼此协调,互相促进。

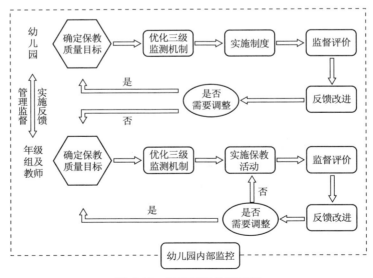

图 4-19 保教质量监测网络

三、成效

(一)捕捉有效数据,让保教监测有质有量

从三级到"三级+",我园加大了幼儿园日常保教工作考核力度,注重保教工作的过程,对随机监测获得的数据从园长、保教主任等不同层面进行汇总、分析,发现问题,总结经验(见表4-4),提出进一步思考与实践的方向。通过逐步完善的幼儿园保教质量监测体系,我园一日活动呈现出"运动显乐趣、生活多温馨、游戏重自主、学习深互动"的多领域共融的良好态势,在黄浦区学前教育绿色评价中,幼儿发展水平呈逐年上升趋势。

保教质量教师是主体。教师既是被监测的对象又是保教质量监测具体的执行者、操作者。因此,教师是实施保教质量监测最直接与最关键的人员。通过"三级+"开放性质量监测,荷幼的教师们逐步成为课堂教学改革的亲历者、课改实践的研究者、课改实验的积极推进者,呈现出生机勃勃、阶梯合理、各有成长的样态。

表4-4 荷花池幼儿园保教工作分析汇总表

具体工作内容		分析汇总时间	
		分析汇总人员	
情况与分析			
思考与调整			

(二)形成质量监控方案,提高可推广性

在对高质量的保教实践过程中,我园建立了《荷花池幼儿园保教质量监控方案》,出台了《荷花池幼儿园教师工作指南》和《荷花池幼儿园保育工作操作细则》两份操作性文件,形成了保教质量监测流程和管理网络,让保教人员在实践过程中各有所依。这些文本资料可以为一线幼儿园提供可借鉴的、可模仿的蓝本参考。

(上海市黄浦区荷花池幼儿园)

第五章

开放多元、民主管理，营造教育健康发展"生态圈"

发挥社区、家长在参与和监督学校管理、教育活动中的作用，对于完善学校治理结构具有重要意义。黄浦区各中小学校积极推进民主管理建设，扩大学校办学与管理的渠道与方式，动员社会各界支持学校工作，探索借助社会、家长资源和力量，形成教育合力，优化育人环境，依法健全社会、家长等多方参与学校治理的机制，形成社区、家长支持和参与学校管理的制度保障。

社区及相关组织机构作为学校发展的重要伙伴力量，立足于现代学校制度建设，黄浦区各中小学校引入社会和利益相关者的监督，构建与所在社区及相关组织机构合作共建的体制机制。加强学校与社区的密切联系，促进社区代表参与学校治理，以多种方式向社区单位和公众通报学校办学情况，了解和吸收社区等对学校发展情况的意见，促进学校决策和管理的科学、民主与开放。

推进家长委员会制度建立，发挥家长在学校管理与改革中的积极作用，支持和配合学校管理和教育教学工作，是构建学校、家庭、社会三位一体育人体系的重大举措，也有利于学校治理结构的完善。黄浦区各中小学校积极探索完善家委会的组织形式和运行规则，明确家长委员会的职责，保障家委会对学校管理和教育教学活动的监督，帮助学校改进工作。促进学校与家庭沟通、合作，对学校工作计划和重要决策，特别是事关学生和家长切身利益的事项，充分听取和吸纳家委会提出的意见、建议，不断扩大家长对学校办学活动和管理行为的知情权、参与权和监督权，提高家长在学校治理中的参与度。

第一节　学生参与——我的地盘我做主

在教育改革的浪潮中，如何让学生成为学校治理的参与者之一，而不再是被动的接受者，让学生发自内心地感觉到自己是学校的主人，产生对学校的认同感和归属感是现代教育治理必须回应的重要命题。鼓励学生参与班级与学校的民主管理，让学生在一种平等、民主关系的体验和实践中，增强民主、法治和主人翁意识，也是让教育治理发挥育人功能的重要途径。

设立学生参事制度，充分尊重学生主体地位

一、我们的思考

如何让学生成为学校治理的参与者，产生对学校的认同感和归属感是尚文人一直在思考的问题。在传统的做法中，召开少先队代表会议是学生们发表自己见解的好时机，也是学校推进依法治校的平台。但少代会一年只有一次，代表数量有限，大多数提案要通过行政会传达并由相关部门解决，问题的整改缺乏时效，提案的落实往往缺乏反馈和跟踪。尚文中学为了提升学生参与学校治理的能力和水平，积极搭建平台，建立长效机制。2011 年开始，在学校行政会议的多次讨论之后，一个大胆的计划应运而生：设立尚文中学学生参事制度。

学生参事比任何一个老师都要更贴近尚文学子的真实生活世界，更了解同伴们的真实需求，也能够从学生的视角来反映校领导在日常管理中不易发现的一些问题，为学校改进工作提供重要参考和及时反馈。参事由自下而上民主推荐产生，

图 5-1　尚文中学举行"学生参事"启动仪式

每个学生只要有主观意愿，并具备基本素养，都可能成为参事，各班通过学生自荐与年级组推荐的形式产生校级参事和年级参事人选，每两个月轮换，期满不再续聘，让更多的学生都能表达自己的心声，参与到学校管理中来。学生参事机构中设有秘书组、调研组和联络组，与学校领导和各部门建立起一种学校治理快速反应机制。

二、我们的实践

尚文学生参事制度运行近十年，学生参事机构中秘书组、调研组和联络组各司其职，相互配合，完成参事遴选、基础调研访谈、上传下达和报告撰写等工作，在学校教育改革中扮演着不可或缺的角色。

以 2019 年为例，学生参事议事成功案例中较为典型就是"关于优化垃圾分类自主管理的提案"。在学生参事优化垃圾分类自主管理的过程中，调研组的参事设计了尚文中学垃圾分类情况的调查问卷，经过与联络组和秘书组的商量修改后，通过微信小程序向学生发送问卷，共计收到有效问卷 87 份。调查对象涉及全校 23个班级，包含每班 1～2 名学生干部，1～2 名普通学生。

学生参事对保洁阿姨进行了访谈，她们提出值日生会把教室里的垃圾一整袋地放入垃圾桶，并没有进行分类。调研组对最终数据统计结果进行整理，汇总学生填写的建议，形成书面报告，在学校行政会上与校领导面对面交流，提出了优化垃

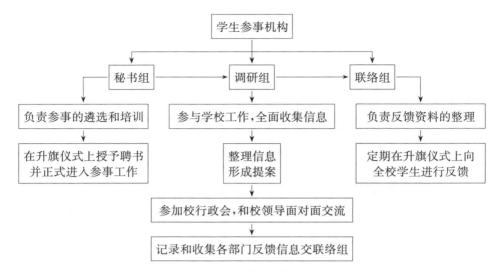

图 5-2　尚文中学学生参事组织架构图

圾分类自主管理的建议。学校相关部门的行政干部和校领导认真聆听学生参事发言，并做好记录，针对相应的问题及时给予答复。涉及垃圾分类自主管理工作机制完善的具体落实，则由德育室、大队部召开会议进行专门布置和落实，邀请联络组学生参事旁听，让参事能在第一时间跟踪最新进程。

图 5-3　尚文中学学生参事向校领导汇报学生垃圾分类调研情况

对于项目的跟踪和反馈情况主要由联络组负责,学生参事利用升旗仪式进行宣讲。后续垃圾分类主题活动是否纠正了学生易错易混淆的分类行为? 在中午和放学督促学生进行正确垃圾分类的学生检查员工作时有什么发现? 遇到了什么阻碍? 有多少学生参与到了自主管理中? ……两个月的时间里,学生参事从发现问题、提出问题、解决问题到最后的反馈成效,见证了 150 余套"尚文牌"环保筷和水杯套装问世并送到学生手中,也见证了 46 名学生志愿成为垃圾分类检查员,更见证了学生从事垃圾分类宣传和检查的项目成为公益劳动的有机组成部分。

此外,学生参事提出并组织了"关于尚文文创作品设计征集"活动,在公开网络投票阶段,后台统计总投票数达一万余票,最终呼声最高的"SHANGWEN FAMILY"创意 T 恤诞生,尚文四季手绘墙于 2019 年暑假由 2019 届毕业生志愿者绘制完成。学生参事还提出并跟进了《尚文新生入学导航手册》的编辑活动,"那年初入尚文,你最想知道的事"的调研问卷收到 200 余条评论回复,为尚文中学编撰《尚文新生入学导航手册》指明了方向,学生手册再也不是教师"一言堂"。学生参事还参与了学生社会实践人文行走路线征集及确定,从路线征集、场馆挑选到联络组邀请历史老师共同试走完善,最终完成了人文行走路线确定。2019 年 6 月 30 日,学校党团员教师、团员和少先队员代表共同从上海历史博物馆集结出发,以徒步行走的方式用脚步丈量黄浦这片红色的热土,路线行经中共一大会址、团中央旧址,最后抵达思南公馆,该活动得到了上海新闻综合频道的新闻报道。

三、获得的成效

(一)为学生的成长成才搭建了平台

学生参事有别于学生干部,担任的工作、关注的角度不一样。学生干部的工作比较单一,学生参事需要关注教育教学、学校管理、环境设施等方方面面,涉及的范围广。担任学生干部大多数是成绩较好的同学,而普通学生没有参与管理的舞台。学生参事制度的设立,是为了倾听更多学生的心声,因此校级参事、年级参事涉及的学生面比较广。随着参事工作的不断深化、推进,越来越多的学生参与进来,为学生的成长、成才搭建了平台。小冯同学是 2017 级六年级新生,她通过自荐和年级推荐当上了校级参事,通过在升旗仪式上颁发聘书、挂牌,增强了学生参事的责任感;通过参加学校培训,提升了学生参事的能力;一个月里,她跟随高年级参事巡视校园、接触年级参事、撰写提案报告、参加行政会等。渐渐地,她的人际交往能力强了,胆子大了,观察问题更细致了。

（二）提升学生参与学校管理的意识

透过学生参事制度这一平台,激发了学生参与学校管理的热情,大大提升了学生参与学校管理的深度。学生参事为了在面对面沟通中增强自己的说服力,让校领导接纳提出改进的建议,他们在前期做了大量的调查和访谈,形成调研报告,方才有底气大胆"拿数据说话"。学生参事制度大大扩展了参与面,参与学校管理不再是个别学生的"特权",而是面向全体学生的工作,实现更大范围的集思广益,大大提升了学生参与学校管理的广度,在学生心中树立"每个人都是学校的小主人"的信念。如今,在尚文校园里,随处可见小参事的身影,他们自信满满地活跃在各个角落。

（三）为学校依法治校拓展了途径

学生参事制度对学生作为主体的合法权益予以充分尊重,并在学校管理者、家长和教师等各个主体之间保持了一种动态的平衡,从而协调和保护各方的合法权益。学校曾经设置校长信箱、举办家长开放日、问卷调查等来了解学生、家长的需求,但存在着反映的问题不够全面、整改落实不够及时和缺乏跟踪反馈等问题。而学生参事的提案内容来源于校园生活的点点滴滴,具有真实性、及时性和广泛性,弥补了以往学情调研的不足,为学校更广泛、及时地倾听民意拓展了途径,明显加快了对学校各项工作进行完善的脚步,体现了时效性。同时,学生参事因亲身参与到学校治理和部分规定的完善中,加深了其对于民主管理、接受监督等观念的理解并内化为自身的行动,自觉地遵守学校各项规章制度,共同维护好良好的校园氛围。

（上海市尚文中学）

倾听"星"声,共建"星空"

——星光幼儿园幼儿代表大会

多元主体是幼儿园治理工作的重要主体。而幼儿是幼儿园数量最多的人,是幼儿园和幼儿园课程存在的意义,他们的发展和利益,通常被置于幼儿园主体关系的最顶层。为了尊重幼儿的主体地位,我们将他们纳为幼儿园治理多元主体中的"重要成员",倾听他们的心声,了解他们的需求,捍卫他们在幼儿园治理工作中的参与权、选择权和发言权,让他们真正成为幼儿园的小主人。基于此,星光幼儿园"幼儿代表大会"应运而生了。

一、倾听每一颗"星"声

(一)基于需求与期望

幼儿代表大会倾听来自每一个孩子内心的声音。每届大会前,幼儿园各个班级都会展开议题的征询,对孩子的需求进行调查与访谈,所以每届议题的产生都来源于星光孩子真实的想法与期望。

表 5-1　幼代会议题内容列举表

活动内容	幼儿需求	议题内容
午　餐	● 我们希望能多吃点鱼! ● 我们想要多吃几次面食! ……	聊聊幼儿园的午餐(日常午餐、自助餐)
特色活动	● 在"星光市集"活动里我们要玩沙! ● 我们要增加玩具! ● 在操场上玩太热,我们需要增加大雨伞! ……	你喜欢怎样的"星光市集"?

续表

活动内容	幼儿需求	议题内容
运 动	● 幼儿园的悬挂器械很有趣但有点难！ ● 有很多运动的地方不安全,比如:跳台太高了,滑滑梯感觉不安全！ ● 希望操场上增加一台跑步机！ ……	"我的运动我做主" 你们的运动开心吗? 要既能锻炼身体又能开心运动,你有什么好办法?
幼小衔接	● 马上要毕业了,我好想做一件从来没做过但很想做的事！ ● 我们想要举行一场操场上的下午茶！ ● 我想体验当一天小园长！ ……	毕业季,我们的心愿?
……		

（二）关注"每一个"

幼儿代表大会有为期三周的议题讨论阶段,每一个星光的孩子都有权遵循自己的经验水平和逻辑,对于议题表达各自的想法。那如何做到关注"每一个"呢？首先,由每位幼儿参与自由选举,推选出每班的幼儿代表。然后,由各班幼儿代表发起、倾听、收集班级每一个同伴对于议题的想法和建议。同时,各班幼儿可以在为期三周内用绘画表征的方式继续表达自己的想法。最后,在幼代会"与园长妈妈面对面"环节中,各班幼儿代表将每一个同伴对于议题的想法和建议进行反馈,并携手园长妈妈共同为幼儿园的各类事务出谋划策。

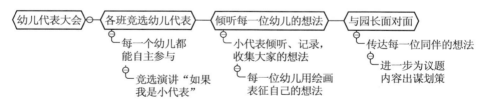

图 5-4　幼代会进程图

二、携手共建美好"星空"

（一）建构平等互动格局

从多元主体合作关系建构出发,幼儿代表大会使幼儿园各方主体（幼儿、教师、园长、家长）就幼儿园的发展展开平等对话。在幼儿代表大会上幼儿代表直面园长与教师，首先传达各班幼儿对于议题的想法和建议，然后幼儿分组与教师家长通过交流与协商共同为幼儿园的各类事务出谋划策，最后在幼儿代表大会闭幕式上，园长妈妈以面对面的方式反馈园方的调整和优化措施。通过幼儿代表大会建构平等互动格局，在了解幼儿需求之后进行课程调整，最终让星光孩子们感到满意、快乐。

图 5-5　和园长面对面

图 5-6　分组讨论

图 5-7　园长解答

（二）优化课程获得共赢

　　幼儿代表大会让幼儿园的课程建设，逐步从"园长管理设计课程—教师忠实执行课程—幼儿被动接受课程"这种自上而下的课程结构，转变为幼儿、教师、园长等多元主体携手共建的课程结构，幼儿不再是被动个体的集合，而是幼儿园"合力"的重要一员，他们都在为课程的完善和优化贡献着智慧，最终使幼儿园的课程获得共赢。

表 5-2　幼代会课程共建列举表

议题内容	幼儿建议	幼儿园答复	课程优化
我们的图书馆我们来管理	● 老师和小朋友一起管理，如果遇到困难可以请老师帮忙 ● 每周五借书，周二还书，或者周五借周五还 ……	● 变原来只有老师管理为现在老师和幼儿共同管理 ● 借书和还书：用一个星期的时间阅读书籍，一个星期后还书 ……	● 调整书吧管理模式，幼儿是馆长，老师是副馆长 ● 形成幼儿借阅长效机制 ……
毕业季，我们的心愿	● 有很多话想说没有机会说 ● 想体验园长的角色 ……	● 每周四中午"星星直播间"，可以让大班孩子说说心里话 ● 组织大班孩子体验一下园长等幼儿园各个岗位，做做小当家 ……	● 每周"星星直播间"，增设"说出自己的心声"栏目板块 ● 建立"小小园长"幼儿参与管理机制 ……

续表

议题内容	幼儿建议	幼儿园答复	课程优化
在幼儿园里，哪些事情我们可以自己做	● 自己盛饭、分筷子 ● 自己叠被子 ● 自己穿衣服、脱衣服、包肚子 ……	● 不会做的事情要学着做，困难的事情要动脑筋试着做，已经会的事情每次都认真做。期盼着你们在这过程中学会克服困难，慢慢长大 ……	● 开展"放手——让孩子们自己来"的保教研究 ……
……			

三、成效

（一）相信幼儿的能力，推动幼儿自主发展

我园课程一直秉持"相信幼儿是有能力的自主发展个体"的理念，所以幼儿代表大会充分给予幼儿参与幼儿园课程建设的机会与权力，例如：幼儿自主发起活动内容——提出议题；表达需求——用不同方式表达想法；讨论解决——直面园长和教师，共同出谋划策……幼儿代表大会促使幼儿在亲自参与、亲身体验、参与评价、尝试解决问题等多种机会中获得经历，从而推动自身语言沟通、表达表现、同伴交往、解决问题等多方面的自主发展，同时，幼儿代表大会建构了让每一个幼儿都有归属感的氛围，让幼儿真正成为幼儿园的主人，让每一个幼儿都能找到爱上幼儿园的理由。

（二）教师视角的转变，关注幼儿真实需求

在幼儿代表大会整个过程中，我们教师持以平等、接纳、尊重的态度，倾听幼儿的真实需求，有意识地将幼儿置于幼儿园的主体地位，在幼代会的不断互动中与幼儿逐渐达成"共建"契约。在此过程中，教师们发现幼儿真正参与幼儿园的各类治理事务后，他们更愿意遵守并主动维护规则。教师们开始逐渐转变视角：从关注教育者眼中发现有价值的问题转变为关注幼儿通过亲身经验所产生的需求。这就是尊重幼儿的视角和立场，发挥幼儿的主动性的结果。

（三）凝聚多元"合力",让课程具有生命力

借助幼儿园代表大会,通过幼儿与园方的"合作"来了解幼儿对现有生活的需求,并共同探寻解决各类问题的方案,教师站在"支持幼儿"的立场上回归幼儿生活并进行优化实施,进一步通过幼儿的一日生活观察实施效果。幼代会让园长和教师从幼儿视角去发现、分析、解决幼儿园课程相关问题,聚合以幼儿为主体的课程共同体的核心力量,共同推动幼儿园课程的优化,最终促进幼儿的发展。

（上海市黄浦区星光幼儿园）

第二节 家长参与——家校共育爱同行

随着教育现代化的发展,现代学校治理体系逐步完善,"家委会"成为学校治理体系中日益重要的一部分。《国家中长期教育改革和发展规划纲要(2010—2020年)》明确要求"建立中小学家长委员会",推进现代学校制度建设。如何建设好家委会,发挥家委会在学校教育中的价值,让家委会真正成为参与学校教育改革的重要力量,建立起家长、学校、社区等共同参与的学校治理体系,是现代学校制度建设中的一个重要课题。

充分发挥家委会作用,推进学校管理

——卢湾高级中学家委会参与学校治理的实践探索

一、学校积极探索家委会工作实践

家委会是学校与家长之间沟通的桥梁,是联系学校和家庭的纽带。为了让家委会发挥更好的作用,学校健全家委会组织机制,提升运作实效,探索家委会工作着力点,发挥家长作用,推进家校合作,从而营造良好的育人环境。

(一)健全家委会组织机制,保障家委会参与学校治理的机会

制度的建立,是家委会长效运行的有力保障。学校遵循民主、公开、自愿的原则,根据"家长自愿报名、家长民主推选、教师推荐、学校审核"的原则,逐级成立"班级—年级—校级"三级家委会,为家长广泛参与学校管理搭建了平台,并制定《卢湾高级中学家长管理委员会章程》,通过顶层架构明确家委会职责,推进家长委员会

分级管理。学校建立三级家委会联席会议制度：每学期，校级家委会、年级家委会、班级家委会根据实际情况分别召开两次全体会议，通报学校发展情况、重大决策、重要活动等，使家委会了解学校工作，沟通共商学校、年级组、班级的教育教学等重要工作，同时学校会收集反馈家长提出的意见与建议等，并把学校食宿管理、校服选购等重点决策交给家委会，保障家委会有效行使其知情权、参与权、评议权和监督权。

（二）开放学校各类教育活动，丰富家委会参与学校教育的途径

学校鼓励家委会参与校园开放日、课堂开放日，发挥家委会在教育中的督导指导作用：家委会成员定期带领全体家长走进学校，参与管理，走进教室，观摩课堂，全面了解学校教育的相关举措等，并通过问卷反馈，让家长建言献策；鼓励家委会参与家长沙龙、家长论坛的共建共办，发挥家委会在家庭教育中的示范作用：举办以家委会骨干为核心的家长沙龙活动，每学期开展主题为"关注学生成长，分享教育智慧"的家长论坛，聚焦家庭教育中的典型问题，如学生在家庭中的手机管理问题、有效沟通问题等，分享家庭教育中的智慧，提升家长家教技能；鼓励家委会协助学校策划组织家长会、家长接待日，发挥支持协助作用：协助学校定期组织家长会、家长接待日等活动，发挥家委会"智囊团"的作用，促进活动内容做实、主题做精、形式做新；家委会积极参与学校校园文化活动，发挥宣传作用：家委会积极组织家长参与十八岁成人仪式和毕业典礼等重大庆典活动，使家长在校园文化活动的参与中进一步明确学校的教育理念，达到宣传、理解学校的目的，并构建家委会、家长的QQ群、微信群等，实现家校及时沟通。

（三）推进家校课程资源共建，扩大家委会参与学校教育的广度

"高中学校家庭教育导师团功能发挥和运作机制研究"是学校新一轮办学规划家庭教育项目，家委会积极参与该项目的建设，协同学校共同挖掘与整合家长资源，为学生生涯指导、安全法制指导、创新实践活动指导等多方面提供丰富的课程资源。如为学生提供研学基地、职业体验岗位、志愿者服务岗位等；开设系列家长进课堂活动，开展主题为"参与·分享·唤醒"的家长职业分享活动；邀请不同行业的家长们与学生们分享自身的职业体验，介绍职业特点、职业发展情况；家委会组织家长运用行业专业知识为学生开展"发生在我们身边的网络安全事件"等安全教育讲座，增强学生安全防范意识与防灾减灾意识；家委会参与学校大型主题活动如艺术节、科技节等策划，家委会有效的广泛参与为学生课程的实践活动引入了资

源、注入了活力。

（四）推进家校共育课题研究，提升家委会参与学校教育的深度

在推进学校家庭教育指导工作中，家委会协同家长积极参与家校共育课题研究，如"人的成长阶段性和家庭教育指导系统性研究""学校、家庭、社会一体化心理健康教育模式研究""高中学校家庭教育导师团功能发挥和运作机制研究""新高考背景下基于生涯教育的家校共育研究"等各级各类课题研究，通过课题的参与，帮助更多家长认识家庭教育的问题、孩子心理状况、学习问题等，促进家长建立正确的家庭教育观，也更好地指导学校、班主任和教师做好家庭教育指导；家委会积极协助专家团队建设"家庭教育指导课程库"，联合开发家庭教育校本课程，推出"家长课程菜单"，各年级家委会可以根据家庭教育的需求从中选择适合的课程，或邀请专家开展家长学校系列讲座，或通过分类指导的形式组织家长开展专题性学习指导，增强家庭教育指导的科学性、规范性和系统性。

二、学校家委会工作取得一定成效

（一）助推家庭教育系列课程和活动的开展，有效促进家校共育

学校通过家长委员会有效的参与，推动了学校家庭教育系列课程的开发和实施，促进了家庭教育系列指导活动的开展，家长的家庭教育意识得到有效提升，家庭教育的指导能力得到有效增强。学校被评为家庭教育示范校，荣获全国中小学心理健康教育特色校殊荣。

（二）改变教师和家长的合作方式，促进教师正确认识家校合作

让家长参与的管理理念已经被教师应用到年级组及班级管理中，教师学会了引导家长共同参与学校、年级、班级管理，进行年级组和班级文化建设、制度建设等，并梳理家长的需求，从以往指挥家长到与家长共同研究、探讨教育问题，家长沙龙、主题型家长会、有家长参与的互动式班会等多种家校合作形式在教师对班级的管理中逐渐展开。

（三）推进学校的民主管理，有效促进学校依法治校

学校支持家长通过家长委员会参与学校管理，有效促进了家校沟通，特别是在涉及学生利益的事项上保障家长、家长委员会的发言权甚至是决策权，学校逐步建立完善了家委会制度、家长参与班级教育教学评价制度、家长志愿者工作条例、家

委会参与决策制度等常规制度，保障家委会能够依法、规范、有序地参与学校治理，有效地促进学校的依法治校。

　　家长委员会是学校现代化治理的有机组成部分，完善家长委员会的建设机制，进一步发挥家长委员会的功能，是一项长期系统的工作，还有待于我们不断探索，不断提高。

（上海市卢湾高级中学）

常乐藤家校联盟参与学校治理的探索与实践

一、现状与思考

上海市向明初级中学于 1902 年由教育家马相伯先生创立,是一所享有盛名的百年名校。20 世纪 50 年代,当时的震旦大学附中、震旦女子文理学院附中、私立晓光中学等三所沪上知名学校调整与合并成了向明中学,学校即为初中部。20 世纪 90 年代以来学校又历经初高中脱离、转制、迁址、更名等过程,最终被命名为向明初级中学。学校秉承创造教育传统,在"教给学生一个创新的头脑,为学生的未来发展奠定基础"教育理念指引下,不断深化教育教学改革,坚持追求学生整体素质的和谐发展,努力推动新时代向明初中的品牌塑造,努力培养每个向明初中学生具有良好的学习素养、丰富的精神内涵、强烈的民族意识、积极的创新能力和广阔的国际视野,形成了奋发进取、明理向上的校风,显著的办学成效得到社会各界广泛认可与好评。

在办学历程中,学校不断完善多元治理格局,与家长、社区、校外资源开展合作,积累了一定的建设经验。但与此同时我们也发现,随着社会的不断发展,学校治理格局也面临着新的挑战,单纯的家校社三方合作难以满足学生的全面发展,治理"外溢",向家长、向社会寻求更多的交流互通与支撑帮助是必然的发展趋势。

为了进一步完善适应新时代发展的学校多元治理格局,确保学校良性发展,更好地为学生服务,我校对自身的发展现状进行了全面的梳理与反思:从学校角度来看,作为创造教育特色示范校,不断创新学校发展、夯实学校地位、培养具有创造力的学生,是我们坚定不移的发展方向;从学生角度来看,初中生正值世界观、人生观、价值观逐渐形成的"黄金年代",也是规划学业、职业、人生的起始时期,科学全面的治理能帮助学生摆正位置、立足长远;从家长角度来看,我们的家长综合素质较好,社会资源广泛,在家庭教育指导及参与学校管理建设方面颇具热情与心得,应当充分挖掘家长资源、探索合作方式、搭建共育平台,给予家长更广泛的参与学校治理的途径,从而突破学校发展的局限。

二、策略与举措

（一）创新家校合作模式,提高治理参与度与广泛度

基于对学校治理现状的思考,我校在总结原有家委会工作的基础上,经过比较不同地区的家委会制度,在一些热心学校治理的家长的共同倡议下,开始筹划、创办由家长自愿参加组成的支教、助教的群众性组织——常乐藤家校联盟,联盟由热心学校教育事业的家长、教师、社会贤达人士志愿组成,负责协助学校课程建设,参与重大活动保障等工作,同时为广大家长排忧解难,提供科学的家庭教育指导和各项丰富的亲子活动,成为学校合力育人的亲密伙伴。联盟于2012年12月25日正式宣布成立并挂牌工作,希望借助这一新型育人机制,完善学校和家长间的关系,促进良性沟通,形成良好互动,为创建适应新时期需要的"教育伙伴"关系提供可能;进一步拓展、整合各种教育资源,尤其是家长资源,形成家校合作育人新方式;突出并确立家长参与学校管理的主体地位,真正提高家长参与学校管理的主动性和有效性。

（二）规范联盟运行机制,确保治理常态化与规范化

我们规范联盟运行机制,完善各项工作制度,定期召开工作会议,监督学校办学情况,配合学校开展工作,为学生提供广泛的服务与帮助,联盟实行校级、年级、班级三级管理制度,自主运转、按期换届。班级委员会由3～5人组成,设召集人1人,主要负责沟通班内各项情况;年级委员会由各班级委员会召集人组成,设主任委员1人,负责建立年级委员会微信群,定期交流并反馈各班情况;校级委员会从各年级委员会成员中推选,同时聘请有关校领导、部门负责人、社会贤达人士参加,设主席1人、副主席3～4人、秘书长1人,由秘书长负责主持日常各项工作、设立部门,分别参与到学校的各项管理中。

（三）整合联盟社会资源,提升治理丰富性与全面性

我们整合联盟社会资源,从课程建设、学校管理及重大活动支持三个板块出发,引导联盟成员根据自身所长发挥优势,参与到不同板块的治理中,同时根据联盟资源情况,细化各板块的具体内容,以提升联盟参与治理的丰富性与全面性。在课程建设方面,随着联盟的更新换代,不断扩充课程建设资源,及时进行课程建设体系的反思与调整,积极吸纳更多联盟储备力量,为学校课程建设提供新鲜活力;

在学校管理方面,联盟定期听取学校领导工作通报,及学校三年规划实施情况调研汇报会,提供学校日常管理建议,参与学校科研工作,以及与学生有关的研讨、访谈、座谈会等,同时利用自身资源给予学校更科学的意见建议;在重大活动支持方面,联盟按照学校学年规划主动参与学校重大活动,提供活动各项支持,以及活动策划、参与方案等,为学校重大活动保驾护航。

表 5-3　联盟资源板块划分

﹡您能提供的资源和希望服务的领域		
课程建设	学校管理	重大活动支持
课程建设咨询服务	校园改扩建工程技术支持	重大活动策划
开设中短期课程	校园信息化建设支持	场地支持
联络各类专题讲座	参与学校日常管理	舞台技术支持
科研工作指导	提供师生法律援助	交通支持
心理咨询辅导	提供奖学助学服务	媒体宣传支持
职场体验及学生课外活动场所提供	提供后勤保障资源（午餐课间点心校服等）	服装道具支持
其他	其他	其他

三、实践与成效

（一）变被动支持为主动参与

如果说邀请家长参加每学期或每学年一次的"学雷锋活动""14 岁生日活动""艺术节""开学第一课""教学开放日",以及参与"头脑奥林匹克"比赛等大型活动,是家长们参与学校教育活动的初始行为;而邀请家长参加学校"文文明明幸福行"公民道德建设、市级教育科研课题"探索完善家校结合的新型育人机制"课题研究、学校"三年工作计划"专家论证会,以及区督导组对学校三年教育、教学规划实施情况调研考核汇报会等重要工作,应该说家校联盟之间的合作已经进入到核心层次的阶段。

特别感人的是,在一些家长中逐步形成了一股"争做向明人"的热潮。这些家长的孩子虽然已经毕业离校,有的甚至已经考入高等学校学习,但是他们仍对向明初中不离不弃，钟爱不减，始终参加学校的各项活动，热心学校的教育事业。倪同学的爸爸为做好家校联盟工作，主动参加了全国家庭教育专业培训班，并获得"高级家庭教育指导师"证书；已在高三读书的江同学的爸爸自愿创办了向明初中博客，并多年如一日地精心维护；刘同学妈妈说，感谢向明培育孩子之恩，誓做终身的向明人；今年已考入上海交大的冯同学的爷爷、奶奶，不顾七十多岁的高龄与病痛，数年如一日，坚持参加家校联盟组织的各项活动，积极为向明建设出谋划策。

联盟骨干积极热情的工作，感动并带动了身边的一些家长参与学校的支教、助教活动。学校也在校舍紧张的情况下，专门腾出一间房子给家校联盟管理委员会做办公室，并安装了空调，配置了电脑、电话等办公设备，并为工作人员制做出入学校的胸牌，以保证家校联盟的工作人员日常工作。

运用共同的身份和归属感把家长、教师凝聚在一起，以学生为纽带，共同构筑学校教育目标、价值观和使命感的综合愿景。在共同愿景的感召下，家校联盟通过一个个有组织的活动，将家长的潜能逐步调动起来。

（二）整合资源搭建广阔平台

"家校联盟"的特殊工作体制，一改原来家委会消极、被动的平面工作体制，形成积极主动的立体式、上下联动、分级协调、横向全覆盖、专业性较强的工作格局。而且在充分保持各班级特色的基础上，有效地实行资源共享，极大地发挥有限资源的效能作用。

家长主动邀请专家、教授来校做大型的专题讲座。例如：初二（5）班家校联盟成员朱同学妈妈牵头，邀请了中国儿童少年基金会心理援助专项基金首席讲师、中国妇女发展基金会家长教育基金亲子专家、高级家庭教育指导师阿甘老师，就"如何提高亲子间幸福指数"为全校家长、教师进行一次公益讲座。还有初二（6）班徐同学的妈妈邀请沈志隆教授为全校教师、家长作了高层次的关于艺术与教育——"多元智能"的专题讲座。班级小型的家长讲座也较多，例如举办初一全体女生青春期教育专题报告，由学生家长主讲"知性女孩真可爱"，多名女生家长出席，现场指导。

从2012年常乐藤家校联盟成立至今，已发展成员总人数近700人，家校联盟成员已登记在册的占全校学生家长总数的74%。各年级联盟成员人数为110到210人不等，现初三年级入盟比例为86%，初二年级入盟比例为87%，初一年级入盟比例为49%，预备年级全入盟比例86%，全校总入盟比例超过77%。

表 5-4　家长申报资源开发统计表

课程建设咨询服务	6次	校园改扩建工程技术支持	2次	重大活动策划	2次
开设中、短期课程	3次	校园信息化建设支持	1次	场地支持	2次
联络各类专题讲座	12次	参与学校日常管理	长期	舞台技术支持	3次
科研工作指导	1次	提供师生法律援助	长期	交通支持	
心理咨询辅导	2次	提供奖学助学服务		媒体宣传支持	长期
职场体验及学生课外活动场所提供	长期	提供后勤保障资源（午餐、课间水果点心、校服等）		服装道具支持	1次

常乐藤家校联盟参与学校治理的实践与探索告诉我们，在广大的家长中间，蕴藏着丰富、宝贵的教育资源，他们资深、多样的专业修养，以及丰富的工作经验和生活历练，无论哪方面都是对学校教育工作的重要支持与补充，联盟参与学校的各项治理不仅帮助学校完善了自身的治理格局，也充分调动起了家长对学校教育的极大关心与热情，家校携手，必将为学生的健康成长和全面发展提供更多宝贵的财富。

（上海市向明初级中学）

童心飞扬，"三心"护航

——"三心家长工作坊"在家庭教育中的运作机制研究

一、背景

上海市黄浦区卢湾三中心小学，毗邻上海市地标"新天地"和"中共一大会址"，具有85年的悠久办学历史。学校先后获得全国优秀家长学校、上海市优秀示范性家长学校等荣誉称号，2015年被评为上海市中小学心理健康教育示范校，2016年被评为上海市中小学家庭教育示范校（首批），2008、2012、2017年被评为上海市中小学行为规范示范校。

学校历来重视家校社协同共育，始终把家庭教育放到学校发展的重要日程上。力求根据儿童成长发展规律及正确把脉家长对家庭教育指导的需求，以"三心家长工作坊"为特色载体，坚守教育服务理念，坚持基于学情原则，在学校"童味教育"的指引下，建立家校双方互动的模式，引导家长主动参与策划及实施各项家校合作活动，逐渐优化和提升家校共育工作的内涵，在更高层次上更全面地赋予家庭教育指导的意义和地位，形成了具有校本特色的家庭教育创新路径，力求创出"童心飞扬，三心护航"的家庭教育品牌。

二、实践

（一）"三心家长工作坊"的运作机制

1. "三心家长工作坊"的创建

基于对卢湾三中心小学家长群体家庭教育现状的再认识，我们进一步从儿童的视角构建"以儿童为本，基于儿童立场"的学校家庭教育工作框架，力求创出"童心飞扬，三心护航"的家庭教育品牌。

（1）"童心飞扬"，即在学校"童味教育"的教育哲学引领下，使儿童回归"天真淳朴"，让儿童的活泼烂漫弥漫在校园中，让学校教育充满"儿童味"，这也是一种基于儿童立场的教育。

为了更好地将学校的教育指导转化为满足家庭需求的教育服务，将家长的教育需求转化为和谐丰富的家庭文化活动，将学校、家庭、社区的教育资源整合为家校共育持续开发的资源基础，我们成立了"三心家长工作坊"。

（2）"三心护航"，即对"三心家长"的标准定义为"用知心发现儿童，用爱心呵护儿童，用慧心引领儿童"。

所谓"知心"，是指彼此非常了解而且关系密切。我们希望三中心小学的家长，能够从尊重孩子的角度出发，把自己的孩子当作孩子，顺其天性去发现孩子的多元特质和发展潜能，从而让孩子能够始终保有童真。

所谓"爱心"，是指关怀、爱护人的思想感情。我们希望三中心小学的家长，能够对孩子成长过程中所经历的种种问题，多一些关注和包容，小心翼翼地保护孩子的想象力和好奇心，从而守护孩子的童心。

所谓"慧心"，是指聪慧之心。我们希望三中心小学的家长，能够运用正确且科学的家教理念，充满智慧和艺术的家教手段，去引领我们的孩子健康成长，从而使我们孩子的童年生活充满童趣。

工作坊下设四个职能部门：即课程研发部、活动策划部、校园巡访部、杂志编辑部。

2."三心家长工作坊"的管理模式

"三心家长工作坊"隶属于校级家委会。每年由学校家庭教育领导小组和校级家委会共同协商推选新一届工作坊主任，由学校家庭教育项目负责人担任秘书长。每年向新生家长发出邀请函，加入者根据自身的兴趣和能力自愿提出申请，工作坊根据条件择优录取。每个职能部人数控制在 20 人左右，整个工作坊的总人数占全校人数的 20％左右。

（二）"三心家长工作坊"的实施路径

1. 课程研发部，创设家教课程

在"体现儿童立场的学校课程设计与开发研究"市级课题的研究大背景下，"三心家长课程"也冲破了一般意义上"课程即讲座"的概念。它拓宽了课程的内涵与外延，实际意义上是一种大课程观。"三心家长课程"不仅仅针对家长的个体学习，它还是一种强调亲子共同参与，整合及优化学校、家长、社区、社会各种资源的"草根式"课程。这种课程犹如生活场景般能够强烈地吸引家庭参与，使家庭成员在"三心家长课程"中愉快学习，健康成长，同时也能催化教师的专业成长和学校的长远发展。

2. 活动策划部,策划家教活动

我们以服务广大家长的初心,每学年通过问卷的形式,深入到每个学生的家庭中,了解真实的家教指导需求状况,引导家长感悟家庭教育的真谛,寻找适合自己家庭教育现状的策略。工作思路导向的改变,使原本高高在上、一本正经指点家长如何进行家庭教育的现象得到了颠覆。尤其是"家长沙龙活动"的开展,为家长提供了交流家庭教育心得、表达想法和需求的空间。

活动策划部的家长们大部分是志愿者。一到节假日,我们的孩子和家长志愿者的身影就会出现在社区。在我们的早期生涯规划校本课程中,活动部的家长们也提供了大量让孩子们参与体验的场所和资源。家长志愿者也主动参与到少先队活动中,不仅提升了活动品质,也让学校教育得到有效的拓展。

3. 校园巡访部,构建家校"互联网"

校园巡访部的家长大都对学校教育工作具有关注的热情和参与的愿望,因此,我们把校园巡访部的成员分为两个部分。一部分以值日家长的形式,直接来校进行巡访,并填写值班日志,协助校方处理紧急事件。另一部分在网上进行轮流值班,收集 QQ 群或班级微信群中家长的意见和建议,并及时汇总提交校级家委会。

4. 杂志编辑部,"发行"家教读本

杂志编辑部自主编辑了家长学校的家教读本,包括《与你同行》《亲子活动手册》等,辅导和推进家长学校"自助与他助"相结合的运行模式。这一本本小册子,把现代家庭教育的时代性、实用性、操作性及教育艺术与误区、成长辅导等问题,悉数展现在家长面前,受到了广大家长的喜爱和好评。

三、成效

近年来,我们坚守教育服务理念,坚持基于学情原则,在"童味教育"的指引下,逐渐优化和提升家校共育工作的内涵,形成了具有校本特色的家庭教育创新路径,并获得了首批"上海市中小学家庭教育示范校"的称号。

(一)彰显了"童味教育"的办学特色

在"三心家长工作坊"的有效自主运作之初,我们思考的是如何基于儿童立场,如何实现教育价值追求。因此,在思考的过程中,达成三中心小学家庭教育要践行

"在这里，童言可以无忌；在这里，童心可以飞扬；在这里，童年可以难忘"的办学理念。家庭教育课程的开发、设计与实施要以培育童心踊跃、飞扬梦想的"童真学生"，开发浸润童味、满足需求的"童味课程"，实施弥漫童趣、放大童声的"童味课堂"，通过富有"童味"的家庭教育方式促进亲子关系和谐，家校联动踊跃，教师、学生、家长快乐地共同成长，从而体现本校独有的办学特色。

（二）形成了"三心家长工作坊"的主要特质

在"三心家长工作坊"的运作过程中，我们不断地梳理和提炼一些标志性的特征，形成了四大特质。

1. 包容性

"三心家长工作坊"作为整个家教工作的原点，向各个层面辐射，其工作对象、工作内容和参与人员，来源于学生家长、学校教师的各个层面，而其本身的工作性质也是为学校乃至社区的各个层面服务。

2. 指引性

"三心家长工作坊"要引领家长成为学校的"三心家长"，是有明确目标的。我们希望借助"三心家长工作坊"的平台，让"知心、爱心和慧心"指引家长们看待儿童、对待儿童，形成正确的家庭教育观。

3. 生成性

"三心家长工作坊"的组建是一种自主选择并参与，而并非被动邀约，因此工作坊中的工作氛围是能动的，各种资源也是生成性的，不是一成不变的。工作坊要能够相互对话沟通、共同思考，并进行调查与分析、提出规划或方案，付诸实际行动，这也是我校区别于其他学校的做法。

4. 互动性

"三心家长工作坊"作为学校与家长沟通的桥梁，聚集了来自各行各业的家长。在这里，大家分享学习心得，结交志同道合的朋友，通过组织并参与丰富多彩的校园内外活动，体验团队协作精神，加强了学校与家长、学生之间的互动。

（三）架构了满足家长需求的家教课程

"三心家长工作坊"的课程研发部根据家长实际需要，在市区家教指导专家的引领下，进一步开发具有"三心"内涵的家庭教育课程。

1. 基础课程保"知心"

每学年，我们落实好网上"家长慕课"，吸引家长全员参与，并安排四次家长学校家庭教育指导基础普及课程，由班主任老师利用学校自编的《家庭教育指导基础读本》，对各班家长进行家教指导。

2. 亲子课程护"爱心"

在各种家校互动的平台中，工作坊家长了解到一些家庭的特殊辅导需求。针对这些需求，设计了"通向幸福的阶梯"特色亲子辅导系列课程。每学年以团体辅导或亲子沙龙的形式，由学校家庭教育指导师、心理专职教师和家长代表共同实施课程辅导。

3. 游戏课程炼"慧心"

很多家长抱怨孩子学习效率低，成绩不理想。由此应运而生的校本游戏课程"玩出学习力"，指导家长每天花 10 分钟，在家和孩子做一些趣味训练，着眼于影响孩子的一些"非智力因素"，尝试换个角度来解决孩子的学习问题。

（四）提升了家长的家教课程参与意识

在六年的发展历程中，家长参与学校家庭教育课程的指导互动活动达 8000 多人次；评选出了五届校级"三心家长"，累计 200 余人；在校刊《童行》中发表了优秀家庭教育事迹 25 篇；编辑 14 期家长读本《与你同行》，共发表了原创家长征文 100 多篇，收到家长经验分享 5000 多篇。

"三心家长工作坊"的运作，最终让更多家长成为家教课程的开发者、实施者和推动者，让更多孩子成为张扬童心的自主探索者，使童真、童心和童趣弥漫在其整个童年之中。

（上海市黄浦区卢湾三中心小学）

第三节 社会参与——众人拾柴火焰高

现代教育治理强调以共治实现善治,完善教育治理体系、提升教育治理能力需要不断创新社会参与机制,一方面需要教育具有更大的开放度,要进一步加强社会、家长与学校的联系,形成教育合力,拓展学生学习和发展空间;另一方面,需要整合社会资源,实现共建、共治、共享、共赢,进一步提升学校办学效能,增强学校对社会发展的贡献度。

理事会制度:翻开现代学校制度建设新篇章

一、理事会制度的催生

经过了多年的快速发展,我校管理制度日益精细,办学特色日趋突出,教学质量稳步提升,办学水平不断提高。在此基础上,我校审视过去,展望未来,开始思索走向教育现代化的发展之路。

我们设想,通过建立学校理事会,让社区、家长、政府代表、社会人士等各方参与到学校管理中来,为学校的发展出谋划策、监督学校的办学情况、拓展学校的发展空间,从而促进学校办学水平的不断提高。

二、理事会制度的酝酿与成长

(一)理事会制度建设的设想

作为一所义务教育阶段的公办学校,理事会制度没有先例可循。与企事业和民办学校相比，我们所成立的理事会其功能定位应当有所不同。在反复思考和研究之后，我们对学校的理事会成员构成和作用，产生了一些初步的设想：学校理事会由学校代表、社区、教育学院、教育专家、家长代表、律师、企事业单位代表、教师代表等组成；理事会主要职责为参与制定和修改学校章程和重要规章制度，参与学校发展规划和年度工作计划等的咨询，参与监督评估学校工作。

此外，理事会社区代表协助学校协调学校与社区关系，实现学校资源与社区资源的相互开放与共享；理事会教育学院代表协助学校协调学校与学院关系，为学校教学、科研、人才培养提供建议和资源；理事会家长代表协助学校协调学校与家长关系，负责组织学校家委会；理事会律师为学校依法办学提供咨询，进行监督；理事会教师代表负责理事会与教代会之间的沟通与联系。

（二）理事会的功能定位与主要实践项目

在经历一年的反复思考和磨合之后，我校正式出台了《学校理事会章程》。其中对理事会的目标、功能定位、组织机构、职责等重要事项进行了明确的规定。

1. 学校理事会的基本目标

探索吸引社会各界人士参与学校民主管理的模式，建立有利于学校发展的多元参与机制；探索协调政府、学校、社会三方关系的模式，促进和保障学校依法自主管理；探索开发公共教育资源的模式，整合学校、社会及其他教育资源，进一步开放学校资源，合理利用社会资源，从而促进学生全面发展、教师专业化发展、学校内涵发展。

2. 学校理事会的功能定位

民主参与、决策咨询、工作评议。

3. 学校理事会的组织机构

设理事长一名（由学校校长担任），副理事长两名（由教育学院领导和街道领导担任），理事十名（由学校代表、教师代表、家长代表、社区代表、教育专家、法律顾问、企事业单位代表、政府代表等组成），另设名誉理事，人数不限。下设秘书处，秘书长一名，秘书数名。

4. 学校理事会的职责

民主参与学校重大活动，参与学校重大项目的决策咨询，参与学校主要工作的评议。

（三）理事会参与的学校发展项目

1. 理事会参与学校新三年规划的制定

我校理事会成立大会召开的同时，理事会也开始履行自己的职责。成立仪式结束之后,我校理事会就学校制定的新三年发展规划进行了研讨。各位理事从自己的视角出发,对学校的发展规划进行了评议,提出了各自的意见和建议。

我校理事会的企业代表就从企业战略规划制定策略的角度对我校的发展规划提出了富有建设性的意见。他提出,作为一项关系到学校发展的规划,要尽可能地细化规划的每个部分,每一阶段的目标都要有具体的操作点,并且在三年规划的基础上,要预设学校中长期发展规划,使得学校的发展步骤明确,具有前瞻性。作为家长代表的理事以家长的视角关注学校的发展规划,他提出学校要更关注学生综合能力的培养,为学生将来更好的发展打下良好基础;作为教育学院代表的理事更关注学校的可持续发展和科学发展,并为学校提出了许多专业建议。

在我校理事会中还有来自高校的教育研究专家以及本区的教育专家、名校长,他们都积极地为学校的发展规划出谋划策。本次研讨会犹如一场激烈的头脑风暴,让我们思路大开,对学校新三年发展有了更明确的方向和深入的思考。也让我们初尝理事会民主参与学校管理、担当决策咨询之后的甜头。

2. 理事会盘活了学校与社区资源

在我校理事会社区代表的牵线搭桥下,我校首先与上海公安博物馆签订了建立生命教育基地的合作协议。此后,学校的社会课程资源不断得到丰富。社区广泛参与到学校的教育教学中,使学校教育变得更加生动和丰富。我校的实践活动基地日益丰富,学生可以参与的社区活动也日趋增多。

同时,我们还与所在居委会签订了创建文明小区的合作协议,为社区的发展和建设提供支持。学校资源全面向社区开放,社区的老年舞蹈团、拳操队、合唱队定时来我们学校专用教室活动,社区的大型活动经常在我校开展,社区文化建设蒸蒸日上。

3. 理事会为学校提供专业支撑

区教育学院是我校的指导单位,也是重要的理事会成员。我校与学院签订了教研员工作室合作项目。区教育学院的教研员们定期来到我校参与教学研究,辅导我校的青年教师,为我校软件建设提供有力支撑。区教育学院也把研究课题和研究项目在我校试点,如教研员下沉蹲点我校,带来教学改革实验的课题和项目,帮助我校教师开展教学实践,提升教师的专业发展能力。

三、理事会制度带来的改变

理事会参与办学,使学校得以用企业管理的视野来细品学校管理水平,以家长的视野来细看学校教育质量,以行业专家的视野来细读学校教育的内涵。学校理事会制度在提升学校办学水平上展现了突出的作用。

（一）提升了学校的管理水平

理事会参与办学,促进了学校管理理念的现代化,促进了学校管理制度和机制的现代化。在理事会的参与下,我校改革和完善了教师招聘制度,使其更为科学规范,体现合理设岗、合理用人、评聘分离、竞争上岗的学校聘用原则,形成了充分调动教师工作积极性、主动性、创造性的多元化激励机制。此外,运用理事会所引进的现代企业的管理理念,学校建立和完善了教学质量管理系统,实现科学、精细、规范、全面、全程的管理,保障了教学过程的科学规范。

（二）拓展了学校的课程资源

借助理事会力量,我校充分利用起社区、教育学院、企事业单位等社会资源,进行学校课程开发,丰富了学校的课程,拓展了学生的学习领域。依托各类资源,学校"实践教育"办学特色更为凸显,以"实践教育"为特色的现代学校课程体系初现雏形。

（三）完善了学校的评价机制

理事会参与学校的评价,使学校得以从不同的角度对学校的各项教育教学工作,以及学校的总体办学水平进行反思,对学校的真实情况有了更为客观的认识。

此外,理事会制度使学校与社区、家长形成了互相支持、互相配合的良好互动关系,凝聚了教育的合力,助力学校发展,让学校为学生喜欢、人民满意。

（上海市黄浦区教育学院附属中山学校）

聘请"两大员"参与民主监督,加大依法治教力度

2017年初,一份黄浦区政协第二届第一次会议上个人联名,共四位区政协委员提出的《对学校教育督导回访现状的思考建议(第0014号提案)》的提案上了区教育局的局务会议,这让区政府教育督导室的专职督学感到振奋:这么多年来,第一次有政协委员以督导工作为主题提出提案,而且内容相当专业,这说明随着督导体制机制的健全完善,特别是国务院、上海市《教育督导条例》颁布后,教育督导科学化、规范化建设水平的提高,越来越多的人关注教育督导,重视教育督导的独特作用。深入一了解,原来提出提案的区政协委员罗云是民盟副主委,在政协讨论区域教育事业发展时,听到政协委员中的特约教育督导员经常谈起督导,就与其他三位了解教育情况的政协委员一道,认真学习了国家教育基本制度——教育督导制度的一系列文件精神,结合自己的体会,联名做出了提案。说到底,还是特约教育督导员的话题影响了这些关心教育的人士。

原来,为进一步发挥人大代表和民主党派、无党派人士对区教育工作的参政议政和民主监督作用,加强教育督导工作,加大依法治教的力度,早在2013年,原黄浦区、卢湾区组建新的黄浦区不久,区人民政府教育督导室就依据《上海市教育委员会关于完善本市人民教育督察员制度的若干意见》等文件精神,由区教育党工委办公室与区委统战部、区人大教科文卫委员会共同协商推荐,聘请了熟悉教育法律法规和政策,了解学校办学基本规律、热心为公众服务和为教育事业服务的民主党派人士和人大代表各10人,组建了共20人的第一届特约教育督导员、人民教育督察员队伍(以下简称"两大员")。

特约教育督导员主要由民主党派成员担任,大多数是区政协委员;特约教育督导员主要是市区人大代表,他们的政治身份,决定了在教育督导工作中肩负着独特的政治使命。"两大员"具有与专职督学同等的职权,他们在社会各界比较有影响力,在监督学校落实有关教育法律法规的实施情况方面有着独特的作用,他们与专职督学一样,可以随时到学校开展工作,对教育行政部门和学校办学情况进行监督、检查、评估、指导,并及时反馈督察情况,提出意见建议,保证国家有关教育的方

针、政策、法规的贯彻执行和教育目标的实现。建立特约教育督导员、人民教育督察员制度，对于多元参与教育监督，推进教育决策的科学化、民主化，促进学校依法自主办学，提高教育质量和水平具有十分重要的意义。

区政府教育督导室高度重视罗云等四位政协委员的提案，认真研究分析，及时拟出处理意见，并专程拜访罗云等区政协委员、民盟成员给予答复。区教育督导室虚心采纳提案建议，依据教育督导法规完善督前、督中和督后的实施程序，强化了督导实施程序的规范性、科学性和专业性，在原有中期回访核查实施的基础上，将健全中期回访核查列入黄浦教育督导年度工作重点，制定了《黄浦区学校综合督导中期回访核查工作实施方案》，以"问题"和"发展"为导向，使回访核查工作更加科学、合理、简便、专业，成为促进学校依法自主办学，提升教育督导效能的一个重要的环节。

督导室还定期召开"两大员"座谈会，邀请他们参与学校办学水平综合督导及专项督导，虚心听取他们的意见建议。事实表明，"两大员"队伍是做好教育督导工作必须紧紧依靠的力量，在教育督导工作中发挥了日趋重要的作用，进一步加强了人民群众参与和管理教育事业的作用。"两大员"与社会各界联系紧密，对于广开言路、广求善策，为区域教育和学校发展谋良策、出实招，促进学校遵循教育规律，保障学校实施素质教育，起了不可替代的作用，也成为提升教育督导工作影响的有力支柱。

"两大员"在与督学共同参与教育督导工作的实践过程中，既向熟悉教育工作的督学们了解和学习有关教育管理的知识，掌握有关教育教学规律，了解有关教育评估的程序和各种指标，同时也以其自身的政治素养、不同领域的专业造诣和实践经验，开展专项调查研究，传达社会公众和各民主党派、社会团体对教育问题的关注和思考，督促依法治教、依法办学，回应人民群众关切的问题，通过督导的身份发挥了人大代表、民主党派对教育工作进行民主监督的作用。

第一届特约教育督导员钱汝虎来自市科协主管的《动手做》报社，是一位科普爱好者，热心支持教育，他应邀参与了回民小学、董家渡路第二小学等的综合督导，不仅进课堂听课，了解校情学情，与师生广泛访谈对话，而且发挥自身特长，为学校科技教育指点迷津，出谋划策，提升学生科技素养与实践能力，使学校特色项目更加彰显，受到学校欢迎。

在第一届"两大员"五年聘期届满后，经过人员调整，2019 年，区政府教育督导室聘任了第二届区人民教育督察员九名、特约教育督导员十位。这次聘任的"两大员"行业覆盖更加全面，具有广泛的代表性，普遍具有高度的政策水平和社会知名度。考虑到民盟副主委罗云委员，能够从推进社会主义民主政治的角度，自觉肩负自身所属民主党派赋予的参政议政使命，履行其相应的以依法实施民主监督为核心的职责，特别是关心教育和支持督导，能传递社会对教育的需求，督导室特别邀请罗云担任第二届区特约教育督导员。在第二届"两大员"座谈会上，大家积极发言，提出了许多好的意见建议。罗云表示，要发挥自己经济方面的专业特长，研究教育成本问题、学校绩效奖励问题，从经济学的角度为学校提高办学效益提供有益借鉴。

多年来，我区特约教育督导员、人民教育督察员积极参与教育治理，认真行使参政议政和监督保障的职权，在全力推进依法行政和依法办学的教育督导中，从不同角度发挥了监督和保障作用；针对教育改革发展的热点与难点问题，又发挥了各自领域的专业特长，起到了专家咨询与发展参谋的积极作用，提出了许多有见地的专业意见和建议，助理教育行政科学决策；同时正确引导社会对教育工作的认识，积极宣传本市教育政策，以提案议案的形式，推动建立全社会关心支持教育工作的良好氛围。"两大员"卓有成效的工作，推进了黄浦教育依法执教工作不断迈上新台阶。

（黄浦区人民政府教育督导室）

后 记

2015年,黄浦区颁布了《黄浦区推进教育综合改革实验实施计划(试行稿)》,由此进入了全区教育综合改革的推进阶段。区教育局组织各教育单位以申报龙头课题的方式,开展综合改革的实践研究与探索。几年来,在研究与探索的过程中,区域和学校都积累了一些经验,形成了自己的成果,也取得了一定的成效。为了进一步做好研究成果的提炼和推广工作,做好教育综合改革成果总结和经验提炼的相关要求,拟编撰一套《面向现代化的黄浦教育综合改革》丛书,该丛书共分7册,本书就是这套丛书的其中一个分册。本书主要从政府履职、依法治教、深化督导、自主办学、多方参与等方面,梳理阐述了"十三五"期间黄浦教育在促进教育治理体系和能力现代化过程中所进行的思考和探索。

书稿编写过程中,黄浦区教育党工委、区教育局陈亮、姚晓红、蔡蓉、胡宏、吴刚、严奕等领导对本书编写给予高度重视和精湛指导,并协调相关部门予以支持配合;黄浦区人民政府教育督导室(下简称"区政府教育督导室")张瑞田副主任亲自策划,拟定各章节主题,提出各章节撰写的具体安排及要求;区教育党工委办公室、区教育局行政办公室与区政府教育督导室共同落实相关书稿撰写并向多个部门和学校约稿,后续带领、协调相关人员对书稿进行了多轮的修改和完善。区政府相关部门、区教育局相关科室、区内多所学校、幼儿园以及区内多位责任督学积极供稿。在此,对所有支持本书编写的领导、专家以及参与书稿撰写、编辑、校对等工作的老师一并表示感谢。同时,还要感谢上海教育出版社编辑邹楠及其她的同事们为确保本书高质量的出版付出了大量的心血。

由于能力有限和时间仓促,书中难免会有一些错误,恳请读者批评指正!